北京外国语大学一流学科建设科研项目成果

中国文化“走出去”研究报告

北京外国语大学中国文化走出去协同创新中心
北京外国语大学比较文明与人文交流高等研究院 主办
北 京 中 外 文 化 交 流 研 究 基 地 协办

张西平 张朝意／总主编
郭景红 薛维华 管永前／副总主编

中国文化“走出去”研究报告总论

（2018）

GENERAL RESEARCH ON
CHINESE CULTURE "GOING-GLOBAL" (2018)

主 编／张西平
副主编／薛维华

社会科学文献出版社
SOCIAL SCIENCES ACADEMIC PRESS (CHINA)

中国文化“走出去”研究报告
编　委　会

总序言

中国，一个有着悠久历史文化的东方大国，一个历经苦难、不断奋斗而快速崛起的大国，一个已经走进世界舞台中心的大国。她需要向世界展示自己灿烂悠久的文明，她需要让世界了解东方的智慧，她希望与世界分享一个发展中国家走向成功的经验。

中国的崛起是一个文明型大国的崛起，世界文化的版图也将因此而改写。中国文化在走向世界的过程中，向世界学习，在讲述自己的故事的时候，聆听着世界各国文化的交响。文化是一个国家、一个民族的灵魂。文明因交流而多彩，文明因互鉴而丰富。中华文化向世界展示的过程就是一个以文明交流超越文明隔阂，以文明互鉴超越文明冲突，以文明共存超越文明优越的伟大历史过程。

党的十八大以来，我国的文化影响力日益扩大，国际舆论格局“西强我弱”的差距正在缩小。我国提出的构建人类命运共同体、共建“一带一路”等得到国际社会的广泛认同，我国的国际影响力、感召力、塑造力日益提升。另一方面，世界正处于百年未有之大变局之中，增强国际话语权、提升国家文化软实力任务之艰巨前所未有。

文明的中国、发展的中国是一个完整的中国。中华优秀传统文化是中华民族的文化根脉，其蕴含的思想观念、人文精神、道德规范，不仅是我们中国人思想和精神的内核，对解决人类问题也有重要价值。当代中国以其前所未有的蓬勃力量，创造了人类历史上前所未有的发展速度，中国道路正在展现其无穷的魅力。我们有着厚重的历史，我们有着精彩的今天，中国人民正在探索如何向世界展示自己的文明，如何向世界讲述自己精彩的故事。

中国文化在世界的展开已经成为崛起的中国伟大交响曲中的一支，我们应该不断总结自己走向世界的历程，不断完善展示自己文化的方法，不断提高中国文化国际传播力。

中国文化“走出去”研究报告丛书将书写中华文化与世界各国文明交流互鉴、交融发展的历史，将积累在这个崭新伟大的事业中的点点滴滴的进步，将记载因向外部世界传播，中华文化的精神不断变革发展的历程，将见证中国文化产业在世界的发展与壮大，将总结中华文化国际影响力不断提高的历史过程。传播力决定影响力，话语权决定主动权。通过不断提高中华文化国际影响力，让中华文化更好地走向世界，让世界更好地了解中国，为实现“两个一百年”奋斗目标和中华民族伟大复兴的中国梦营造良好的国际舆论环境。本丛书正是为此而作。

张西平

2018 年 8 月 16 日

目　录

第一章　中国文化“走出去”综述*

习近平总书记在十九大报告中指出，我们比历史上任何时期都更接近、更有信心和能力实现中华民族伟大复兴的目标。在习近平中国特色社会主义理论指引下，中国文化国际影响力日益提高，中国文化“走出去”事业蓬勃发展。讲述中国故事、传递中国声音、分享中国智慧，文化架起了中国与世界沟通的桥梁，一个东方大国的崭新面貌，一个快速发展的中国呈现在世界文化舞台上。

近年来，我国文化“走出去”在理论体系创新、战略意识树立、体制机制完善、活动实践提质增效等各方面取得了显著成果。“一带一路”文化交流合作方兴未艾，孔子学院遍布全球，“欢乐春节”等大型对外文化活动在世界范围内广泛举办，文化交流、文化传播、文化贸易融合发展，中国文化国际影响力日益提升，为我国在政府间文化合作和国际组织以及多边活动中争取了主导权、话语权，为“一带一路”行稳致远奠定了广泛深厚的社会基础。越来越多的中国文学作品走出国门，以各自的方式讲述中国故事、传播中国声音、阐发中国精神、展现中国风貌，让外国民众通过欣赏艺术作品、参与文化活动深化对中国的认识，增进对中国的了解，让外国民众在文化交流过程中加深对中华文化的认识和理解。

第一节　理论创新提供思想遵循和行动指南

以习近平同志为核心的党中央一系列涉及对外文化工作的创新理论，充

---

* 张西平，北京外国语大学比较文明与人文交流高等研究院院长、中国海外汉学研究中心主任、中国文化走出去协同创新中心主任。

分说明了文化“走出去”事业在建设中国特色社会主义事业中的地位日益凸显。一系列理论、理念的提出和完善，一系列重要文件的制定、出台，为新时代文化交流与合作的创新发展明确了基本途径、主要手段和核心使命。

一 中国特色大国外交理论体系

党的十八大以来，以习近平同志为核心的党中央把握国际形势新变化，着眼中国发展新要求，形成了中国特色大国外交理论体系的基本架构，明确了中国特色大国外交的追求目标、基本途径、核心原则、主要手段和价值取向。

在 2014 年 11 月召开的中央外事工作会议上，习近平总书记强调，中国外交必须坚持中国共产党领导和中国特色社会主义、坚持独立自主的和平外交方针、坚持国际关系民主化、坚持合作共赢、坚持正确义利观。这“五个坚持”是中国特色对外工作理念的重要组成部分，成为开展中国特色大国外交遵循的重要原则。

中央外事工作会议后，由中共中央政治局常委会审议通过的《关于进一步加强对外和对港澳台文化工作的意见》印发，为对外文化工作的创新开展描绘了蓝图，成为文化领域贯彻中央外事工作会议精神的重要指引。

习近平总书记关于中国特色大国外交的重要讲话包含着许多与对外文化工作密切相关的内容。习近平总书记强调，要坚持我国的发展道路、社会制度、文化传统、价值观念。十八大以来的对外文化交流更加注重中国文化传统和价值观念的国际传播，持续深化中外思想交流与对话，讲好中国故事、传播好中国声音，增强当代中国价值观的国际认同，充分展现平等相待、和而不同、立己达人等中华优秀传统文化价值观，给国际关系带来新风范、注入正能量。习近平总书记就拓展和深化外交战略布局提出了“深化同周边国家的互利合作和互联互通”，“做好对外援助工作”，“真正做到弘义融利”等要求，对外文化工作积极践行对周边“亲诚惠容”、对非“真实亲诚”等理念和方针①，密切同各国的文化交流与合作，不断加大文化援助力度，做

① 摘自习近平《论坚持推动构建人类命运共同体》，中央文献出版社。

好“人心工程”，夯实了中国与各国长期友好的民意基础。习近平总书记提出坚持互利共赢的开放战略，要求把合作共赢理念体现到政治、经济、安全、文化等对外合作的方方面面，对外文化工作致力于全方位推进文化交流与合作，不断推动中华文化与世界文化的深度交融和共同发展。

二　构建人类命运共同体理念

中国旗帜鲜明地提出了构建人类命运共同体的倡议，呼吁世界各国一起做世界和平的建设者、全球发展的贡献者和国际秩序的维护者。构建人类命运共同体不仅是“一带一路”的理想愿景和建设目标，也是中国对世界前途和中国道路的一种战略判断和战略选择。

在十八大报告中，“命运共同体”作为一种合作共赢的观念而被明确提出。习近平主席在国际国内重要场合先后100多次谈及“命运共同体”，不断与国际社会就人类命运共同体理念与实践加强沟通，推动双边、地区、全球等多层次命运共同体的构建。2015年9月，习近平主席在联合国发表《携手构建合作共赢新伙伴　同心打造人类命运共同体》的演讲，这是习近平主席第一次在联合国讲坛系统阐述人类命运共同体的内涵和途径，对人类命运共同体做出系统和详尽的阐述。2017年1月18日，习近平主席在联合国日内瓦总部发表《共同构建人类命运共同体》演讲，将文明交流互鉴思想放置在历史与时代的背景中进行论述，对人类命运共同体理念做出进一步完善。2月10日，人类命运共同体理念首次被写入联合国决议。3月17日，人类命运共同体理念首次被写入联合国安理会决议。3月23日，人类命运共同体理念首次被载入人权理事会决议。在党的十九大报告中，“坚持推动构建人类命运共同体”成为新时代坚持和发展中国特色社会主义的一条基本方略。

人类命运共同体理念作为一项思考人类未来的“中国方略”，已获得广泛的国际和国内认同。在构建人类命运共同体的过程中，文化交流与合作是必不可少的重要一环。文化的交流与交融能够推动人类命运共同体意识的形成，为人类命运共同体的最终形成铺理解之路、架人心之桥。

三　“一带一路”重大倡议

全面推进“一带一路”建设是党中央做出的以全球视野面向未来的倡议。2013 年 9 月 7 日，习近平主席在哈萨克斯坦纳扎尔巴耶夫大学发表演讲并提出了共建“丝绸之路经济带”；2013 年 10 月 3 日，习近平主席在印度尼西亚国会发表演讲时提出共建“21 世纪海上丝绸之路”。习近平主席指出：“中国提出建设丝绸之路经济带和 21 世纪海上丝绸之路倡议，是在新形势下扩大全方位开放的重要举措，也是要致力于使更多国家共享发展机遇和成果。我们希望同‘一带一路’沿线国家加强合作，实现道路联通、贸易畅通、资金融通、政策沟通、民心相通，共同打造开放合作平台，为地区可持续发展提供新动力。”① 习近平总书记在中央政治局第三十一次集体学习中进一步强调，真正要建成“一带一路”，必须在沿线国家民众中形成一个相互欣赏、相互理解、相互尊重的人文格局。

在“一带一路”倡议中，文化交流与合作担负着重要使命。“一带一路”所倡导的“五通”之一的“民心相通”离不开文化工作。“民心相通”是“一带一路”建设的人文基础，文化系统精耕细作，尊重各国历史文化、风俗习惯，加强同沿线国家人民的友好往来，为“一带一路”建设打下了广泛而深厚的社会基础。正如习近平总书记所说的，“一带一路”建设不是中国一家的独奏，而是沿线国家的合唱。开展对外文化交流有利于增进各国对中国的理解和信任，为中外各国间的互信互利和深度合作筑牢民意。“一带一路”沿线国家为中外文化交流与合作的持续发展提供了广阔空间，成为文化“走出去”的重点区域。

四　文明交流互鉴思想

2014 年 3 月 27 日，习近平主席在联合国教科文组织总部发表的演讲，

① 习近平主席在巴基斯坦议会的演讲《构建中巴命运共同体，开辟合作共赢新征程》，2015 年 4 月 21 日。

被国际舆论称为“新文明观”和“文明宣言”。演讲系统地提出文明交流互鉴思想。同年，习近平在纪念孔子诞辰2565周年国际学术研讨会上，发表关于正确对待不同国家和民族的文明、正确对待传统文化和现实文化的演讲，进一步阐释了文明交流互鉴思想的历史意义和现实价值。

习近平总书记在多个重要场合强调：“要以文明交流超越文明隔阂、文明互鉴超越文明冲突、文明共存超越文明优越，推动各国相互理解、相互尊重、相互信任。”[①] 文明交流互鉴思想既彰显出中国开放、包容、博大的文化胸怀，又宣示了中国的文化自信和文化理想。中国需要以文化自立的姿态承担起推动社会主义先进文化发展的使命，以文化自觉的行动承担起传承中华民族优秀文化的重任，以文化自信的态度承担起传播国外优秀文化和世界文明成果的重任，以中华文化品牌的推广搭建起文明对话和文明交融的桥梁。

近年来，文明交流互鉴思想内涵不断丰富，影响与日俱增，极大地推动了世界更深入研究中国、更客观看待中国、更全面认识中国，有力推动了世界各国人民的相互了解，也成为中华文化“走出去”的重要思想遵循。对外文化交流与合作在尊重彼此文化差异的前提下，坚持不同文明的兼容并蓄、交流互鉴，积极促进不同文明、不同发展模式之间的交流对话，在竞争比较中取长补短，在交流互鉴中共同发展，形成“各美其美，美人之美，美美与共，天下大同”的局面，在推动中华文化走向世界的同时，使世界优秀文化成果为我所用，助力国内文化建设的繁荣发展。

五　提高文化开放水平

党的十八届三中全会将“提高文化开放水平”作为全面深化改革的重要任务，国家“十三五”规划纲要也将“提高文化开放水平”单独列为一章。《中共中央关于全面深化改革若干重大问题的决定》将“提高文化开放

① 习近平总书记在中国共产党第十九次全国代表大会上的报告《决胜全面建成小康社会　夺取新时代中国特色社会主义伟大胜利》。

水平”列为重要的深化改革举措，并提出要积极吸收借鉴国外一切优秀文化成果，引进有利于我国文化发展的人才、技术、经营管理经验。

文化开放水平对于对外文化工作、文化强国建设乃至中国特色社会主义事业全局有着重要意义。扩大文化领域对外开放，是推动中华文化“走出去”、提升国家文化软实力的迫切需要，也是吸收各国优秀文明成果、促进文化繁荣发展的必然选择。

文化开放水平的稳步持续提升离不开有利于激发各类主体积极性、主动性和创造性的体制机制的形成。基于这种认识，文化系统特别是文化和旅游部在体制机制改革创新上下功夫，积极探索在对外文化工作领域切实转变政府职能，力争形成服务与管理相辅相成、相互促进的良好局面。一方面，不断提升服务水平，通过政策引导，激发社会各界参与对外文化交流与合作的热情和潜能，形成政府、企业、社会组织、个人共同推动文化“走出去”的生动局面。另一方面，通过梳理权责清单等手段不断提升管理水平，在继续简政放权的同时，加强事中事后监管，提升对外文化工作资源的使用效力，确保对外文化交流有序进行、汇成合力。

六　坚定文化自信

2016年7月1日，习近平总书记在庆祝中国共产党成立95周年大会上的重要讲话中强调：“全党要坚定道路自信、理论自信、制度自信、文化自信。”“文化自信，是更基础、更广泛、更深厚的自信。”[①] 这些重要论述把文化自信提到了极为重要的地位，彰显了当前坚定文化自信的重大意义。

坚定文化自信是讲好中国故事、推动中华文化“走出去”的基础。在中国日益走向世界舞台中心的过程中，要积极讲好中国故事、传播好中国声音，要把中华优秀传统文化的价值彰显出来，把当代中国发展进步的主流凸显出来，把中国人民蓬勃向上的风貌展示出来。以传承和弘扬中华民族优秀文化的历史责任感与担当精神，坚定文化自信，坚守中华文化立场，传承中

① 《习近平在庆祝中国共产党成立95周年大会上的讲话》。

华文化基因，展现中华审美风范，创新中华文化元素、文化形象、文化符号的表达方式，推动我国尽快从文化资源大国向文化强国转变，不断增强中国文化在国际上的亲和力、感召力和影响力。

第二节　顶层设计进一步完善

近年来，一系列文化“走出去”相关政策文件先后印发，统筹对外文化交流、文化传播和文化贸易，文化“走出去”顶层设计进一步完善，推动文化“走出去”的力度空前加大。

国务院《关于加快发展对外文化贸易的意见》指出，近年来随着改革开放的推进，我国对外文化贸易的规模不断扩大、结构逐步优化，但核心文化产品和服务贸易逆差仍然存在，对外文化贸易占对外贸易总额的比重还较低，有待进一步提高。加快发展对外文化贸易，对于拓展我国文化发展空间、提高对外贸易发展质量，对于继续扩大改革开放、转变经济发展方式，对于稳增长促就业惠民生、提升国家软实力、全面建成小康社会具有重要意义。《关于加快发展对外文化贸易的意见》提出，加快发展传统文化产业和新兴文化产业，扩大文化产品和服务出口，加大文化领域对外投资，力争到2020年，培育一批具有国际竞争力的外向型文化企业，形成一批具有核心竞争力的文化产品，打造一批具有国际影响力的文化品牌，搭建若干具有较强辐射力的国际文化交易平台，使核心文化产品和服务贸易逆差状况得以扭转，对外文化贸易额在对外贸易总额中的比重大幅提高，我国文化产品和服务在国际市场的份额进一步扩大，我国文化整体实力和竞争力显著提升。

《关于实施中华优秀传统文化传承发展工程的意见》指出，坚持交流互鉴、开放包容。以我为主、为我所用，取长补短、择善而从，既不简单拿来，也不盲目排外，吸收借鉴国外优秀文明成果，积极参与世界文化的对话交流，不断丰富和发展中华文化。《关于实施中华优秀传统文化传承发展工程的意见》将“推动中外文化交流互鉴”列为重点之一。要求加强对外文化交流合作，创新人文交流方式，丰富文化交流内容，不断提高文化交流水平。充分运用海外中国文化中心、孔子学院、文化节展、文物展览、博览会、书展、电影节、体育活动、旅游推介和各类品牌活动，助推中华优秀传统文化的国际传播。支持中华医药、中华烹饪、中华武术、中华典籍、中国文物、中国园林、中国节日等中华传统文化代表性项目“走出去”。积极宣传推介戏曲、民乐、书法、国画等我国优秀传统文化艺术，让国外民众在审美过程中获得愉悦、感受魅力。加强与“一带一路”沿线国家文化交流合作，鼓励发展对外文化贸易，让更多体现中华文化特色、具有较强竞争力的文化产品走向国际市场。探索中华文化国际传播与交流新模式，综合运用大众传播、群体传播、人际传播等方式构建全方位、多层次、宽领域的中华文化传播格局。推进国际汉学交流和中外智库合作，加强中国出版物国际推广与传播，扶持汉学家和海外出版机构翻译出版中国图书，通过华侨华人、文化体育名人、各方面出境人员，依托我国驻外机构、中资企业、与我国友好合作机构和世界各地的中餐馆等，讲好中国故事、传播好中国声音、阐释好中国特色、展示好中国形象。

《关于加强和改进中外人文交流工作的若干意见》强调，加强和改进中外人文交流工作要坚持以人为本、平等互鉴、开放包容、机制示范、多方参与、以我为主、改革创新等原则，着力推动人文交流理念更加深入人心。各地区、各部门以及全社会开展人文交流与合作的能力进一步增强，各负其责、协同联动的工作机制基本形成；着力推动中外人文交流渠道更加畅通，平台更加多元，形式内容更加丰富，形成一批具有中国特色和国际影响力的人文交流品牌；着力推动我国吸收借鉴国外先进文明成果取得更大进展。《关于加强和改进中外人文交流工作的若干意见》指出，要丰富和拓展人文交流的内涵和领域，打造人文交流国际知名品牌。坚持“走出去”和“引进来”双向发力，重点支持汉语、中医药、武术、美食、节日民俗以及其他非物质文化遗产等代表性项目“走出去”，深化中外留学与合作办学，推动高校和科研机构国际协同创新，加强文物、美术和音乐展演、大型体育赛事举办和重点体育项目发展等方面的合作。在人文交流各领域形成一批有国际影响力的品牌项目，进一步丰富中外人文交流年度主题。

除此之外，还有《关于进一步加强和改进中华文化走出去工作的指导意见》《关于加强“一带一路”软力量建设的指导意见》《文化部“一带一路”文化发展行动计划（2016—2020 年）》《海外中国文化中心发展规划（2012—2020 年）》《开拓海外文化市场行动计划（2016—2020 年）》等多份文件。文件都强调坚定中国特色社会主义道路自信、理论自信、制度自信、文化自信，加强顶层设计和统筹协调，创新内容形式和体制机制，拓展渠道平台，创新方法手段，增强中华文化亲和力、感染力、吸引力、竞争力，向世界阐释推介更多具有中国特色、体现中国精神、蕴藏中国智慧的优秀文化，提高国家文化软实力。

上述文件的出台，为更好地发挥党中央一系列涉及对外文化工作创新理论的引领和约束作用，确保各项目标任务有效落实提供了有力遵循。为确保上述文件落地、取得实效，各地区、各有关部门按照以上意见的要求，加强对外文化工作的组织领导，明确任务落实责任，制定相应的具体实施方案，完善和细化相关政策措施。

第三节　文化传播新成果

伴随着我国经济在全球的展开，在一系列新理念、新政策、新方法的指引下，中国文化在近几年得到快速的发展和传播，中国文化的国际影响力日益提高。

在文化艺术方面，海外“欢乐春节”活动是春节成为世界性节日的重要推动力。近年来，“欢乐春节”沿着品牌化、本土化、市场化方向不断发展，活动规模和质量稳步提升，影响力不断增强。中国外文局对外传播研究中心 2016 年组织实施的春节文化“走出去”全球调查显示，海外民众对中国春节的认知程度达到了 58% 的新高；有超过半数的被访者听说过“欢乐春节”，“欢乐春节”成为认知度很高的春节文化品牌。2017 年，“欢乐春节”活动在全球 140 个国家和地区的 500 多座城市举办了 2000 多场演出，海外受众突破 2.8 亿人次，近 20 个语种的上千家国际主流媒体对“欢乐春节”活动进行密集报道，覆盖受众近30亿人，影响遍及全球，成为向世界各国展示中华文化魅力的重要平台。

中国艺术剧目节目进入外国主流市场也是近年来的一个新特征。在中国对外文化集团公司等与外国主流艺术机构、主流剧院、主流媒体的合作下，中国艺术剧目节目实现了对外国主流观众的人性化传播。近几年，在纽约林肯中心、华盛顿肯尼迪中心等北美、西欧、大洋洲等30多座城市中心剧院都有中国演出定期推出，《丝路花雨》《十里红妆》《牡丹亭》《一把酸枣》《梁祝》等十余部来自中国的舞剧通过当地主流票务网络进行市场化推广营销。2016年12月11～13日，中央民族乐团全团130多人携《又见国乐》赴华盛顿和纽约演出。肯尼迪表演艺术中心副总裁米奇·贝拉对《又见国乐》给予高度评价："不可思议、国际顶级水平、具有震撼效果。"中国艺术家的创新和努力被美国观众理解和感知。美国首演结束后，在导演王潮歌和作曲家姜莹的现场沟通会上，近200位美国观众自发留下来，听国乐幕后的故事，排着长队等着签售海报和CD。值得注意的是，这些演出全为商业演出，用商业交流的形式走进美国的主流观众群体，既获得了票房，又获得了国外观众对中国艺术家的认可。

此外，中国的演艺机构参与美国表演艺术家协会演交会，进一步拓展了中国节目的国外市场渠道。美国表演艺术家协会演交会是世界最大的演出节目交易会。2016年，各国演出商有3800多位代表参会，350多个展位在交易会现场亮相。美国纽约的中小剧场共有500多家，具有较强的购买力，是光顾、购买中国节目最主要的买家群体。上海演艺代表团20多位代表积极努力与国际演出市场对接，其青年马戏团等获得8份演出意向书，话剧中心等与多个国际演出机构签署8个合作项目。

在电视电影方面，经过近20年的不懈努力，中国已建立起覆盖全球的广播影视传输覆盖网络，渠道平台日益多元，中国影视节目内容国际市场不断拓展，并进入全球五大洲200多个国家和地区播出，题材类型和节目形态不断丰富，国际影响力不断提高。2016年，全国影视内容产品和服务出口共约6.66亿美元。其中，影视内容产品（含电视剧、电视电影、动画片、纪录片、综艺专题节目，不包括电影故事片）出口时长约32217小时，比2015年的28447小时增长13.3%；出口金额约1.21亿美元，比2015年的1.14亿美元提高6.1%。[①]

在新闻的微传播方面，近几年，中国媒体在国际传播能力建设方面持续发力，国际微传播建设步伐显著加快，《人民日报》、新华社、CGTN、《中国日报》等国家级媒体纷纷布局海外社交平台。中央电视台、《环球时报》、《中国日报》早在2009年就已经开通Twitter账号，中国网、《人民日报》、新华社分别于2010年、2011年、2012年开通，成为最早一批在海外社交媒体布局的中国主流媒体。

2017年，中国主流媒体账号粉丝量获得较大提升，其中有些社交媒体账号粉丝覆盖面接近西方国家的主要媒体。据笔者统计，截至2017年12月，新华社Twitter主账号@XHNews共计发布帖文超过11万条，粉丝量超过1200万人，接近美联社的Twitter粉丝量；《人民日报》Facebook账号@People's Daily获得点赞量约4268万次，远高于同期西方主流媒体CNN的2971万次和《纽约时报》的1533万次。良好的国际微传播效果既得益于中国国际地位的提升，亦得益于中国媒体对海外社交媒体平台运营的重视和传播技巧的不断探索。在Twitter平台上，中国主流媒体的粉丝数量增长迅速，已经超过了一些西方主流媒体（见图1-1）。

在受众互动上，中国媒体也交出较好的成绩单。笔者随机抽取2017年9月15家中国媒体海外社交媒体运营数据作为参考：在Twitter平台，15家中国媒体旗下的主要账号累计发文1.5万条，被各国网民转发617597次，点赞量达到1369478次；在Facebook平台，15家中国媒体旗下的主要账号累计发文1.1万条，被各国网民转发2034990次，点赞量达到24390971次，评论量也有318337条。

在动漫游戏方面，近几年，中国动漫游戏文化产业发展异常迅猛，其产业规模和增长速度大大超过传统的主流文化产业（如电影、电视、舞台表

① 国家新闻出版广电总局财务司：《2016年全国广播电影电视业发展指标统计》，第116~117页。

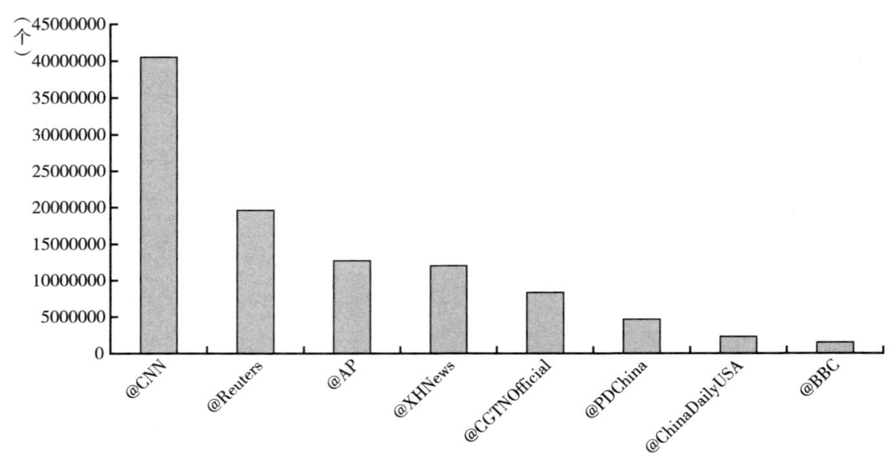

图1-1　2017年中外主要媒体Twitter粉丝数量对比

资料来源：Twitter平台。

演等），特别是其在海外的文化贸易中表现越来越突出，现在已真正成为中国文化“走出去”的第一军团。仅从经济角度比较，电影和游戏产业的差距已经很大。《中国电影报》2018年1月报道，2017年本土市场年票房为559亿元人民币，国产电影海外票房和销售收入为42.53亿元人民币，比2016年的38.25亿元人民币增长11.19%。而根据《2017年中国游戏产业报告》，2017年的中国游戏市场总收入为2036.1亿元人民币，中国游戏出口额为82.80亿美元（约合人民币573亿元）。可见中国游戏出口额是中国电影出口额的十多倍。

在文学作品的传播方面，在点数中国当代小说和诗歌海外发展成绩的同时，我们需要特别强调2015~2016年度中国当代科幻文学海外发展所取得的成绩。科幻小说成为中国文学海外传播的新名片。基于中国科幻文学在国际科幻文学界不断引发关注，我们在《中国文学海外发展报告（2018）》中设立专章，详细梳理2015~2016年度中国科幻文学在海外的发展情况，以期较为全面、准确、客观地呈现这两年中国科幻文学在世界多国被翻译、介绍、评论、出版、发行、研究、收藏等方面的情况，这不仅可以有效呈现中国科幻文学在海外发展的成绩和效果，而且可以及时总结中国科幻文学在海外发展的经验，从而为中国科幻文学未来在海外世界的发展提供具有针对性的应对策略。中国科幻文学成为中国文学海外发展的新名片，自然离不开中国当代科幻文学近年来呈现的繁荣兴盛局面。2015～2016 年，中国科幻文学共有 4 部长篇小说、65 部中短篇小说获得英译并且首版或再版。4 部长篇小说中有 3 部来自刘慈欣《三体》三部曲。其中《三体问题》（*The Three-Body Problem*）是由伦敦著名书商宙斯之首（Head of Zeus）再版的 2014 年美国版本，分别在英国和澳大利亚发行。其他两部《黑暗森林》（*The Dark Forest*）和《死神永生》（*Death's End*）是首版，前者的译者为周华（Joel Martinsen），由全球知名科幻出版社美国托尔出版社（Tor Books）于 2015 年 8 月出版，宙斯之首于 2015 年 11 月再版；后者的译者为刘宇昆（Ken Liu），于 2016 年 9 月分别由托尔出版社和宙斯之首在美、英、澳三地同时首发。另一部长篇小说是王晋康的《四级恐慌》（*Pathological*），译者为程异（Jeremy Tiang），该作品于 2016 年 12 月由美国亚马逊旗下的亚马逊交叉口（Amazon Crossing）出版。在 65 篇英译中国科幻文学中短篇小说中，有 23 篇为再版。这些中国科幻文学中短篇小说的出版模式主要为电子杂志、纸质杂志、小说集及网站刊登四种类型。2015～2016 年，刊登中国科幻小说的主力军为美国科幻电子杂志《克拉克世界》（*Clarkesworld*，20 篇），基本为每年 10 篇，其他如《顶尖》（*Apex*）、《银河边缘》（*Galaxy's Edge*）、《光速》（*Lightspeed*）、《不可思议》（*Uncanny*）、托尔在线（Tor. com）等则大多刊登了 1～2 篇。在纸质杂志中，美国老牌科幻杂志《奇幻与科幻杂志》（*The Magazine of Fantasy and Science Fiction*）于 2015 年 3 月刊登了宝树的《大时代》（*What Has Passed Shall in Kinder Light Appear*），而顶级学术期刊《自然》（*Nature*）在其 2015 年 5 月和 6 月的“未来”（Future）专栏分别刊发了中国科幻作家李恬的《水落石出》（*Tempus Omnia Revelat*）和夏笳的《黑屋》（*Let's Have a Talk*），这是该栏目开创 15 年来首次刊登中国科幻小说家的作品。小说集也是中国科幻文学中短篇小说“输出”的主要力量，其中 2016 年由托尔出版社出版、宙斯之首再版的《看不见的星球：中国当代科幻小说选集》（*Invisible Planets: Contemporary Chinese Science Fiction in*

Translation）和2016年11月由宙斯之首再版的《流浪地球》（*The Wandering Earth*，Kindle电子版）都是中国科幻小说集。前者收录了刘慈欣、郝景芳、陈楸帆、程婧波、夏笳、马伯庸等著名作家的13篇作品，文末还附有3篇关于中国科幻文学的评论文章；而后者则是刘慈欣科幻文学短篇小说集，收录了他的11篇作品。其他一些小说集，如2015年10月的《听盐生长的声音：80后短篇小说集》（*The Sound of Salt Forming*：*Short Stories by the Post－1980s Generation in China*）首次收录了陈楸帆的《G代表女神》（*G is for Goddess*）、飞氘的《一个末世的故事》（*A Story of the End of the World*）和郝景芳的《看不见的星球》（*Invisible Planets*）；2016年2月的《克拉克世界年刊：8》（*Clarkesworld*：*Year Eight*）收录了程婧波的《萤火虫之墓》（*Grave of the Fireflies*）和夏笳的《2044年春节旧事》（*Spring Festival*：*Happiness*，*Anger*，*Love*，*Sorrow*，*Joy*）；2016年7月的《年度最佳科幻小说和幻想小说：2016》（*The Year's Best Science Fiction and Fantasy Novellas*：*2016 Edition*）再次收录了宝树和郝景芳的作品。另外，网站刊登也是中国科幻文学对外传播中一股不可忽视的力量。2015年4月，飞氘的小说《一个末世的故事》（*A Story of the End of the World*）刊登在网站蚁山（the Anthill）上，译者为亚历克·阿什（Alec Ash），他是蚁山的创始人。汉语世界（The World of Chinese）在2015年1月刊登了迟卉的《冷》（*The Cold*），该网站为英文多媒体平台，既展示杂志内容，又有丰富的论坛和博客，集发布、交流、沟通等多种功能于一身，在英语世界有一定知名度。纸托邦（Paper Republic）是一个将中国文学译介给英语读者的翻译网站，其在2011年与《人民文学》合作，在海外发行《路灯》（*Pathlight*）杂志，目的是宣传介绍中国的诗歌及小说。《路灯》在2015年春季刊发表过夏笳的《热岛》（*Hot Island*），而纸托邦在2016年12月刊登了糖匪的《自由之路》（*The Path to Freedom*）。

在汉语国际教育方面，根据孔子学院总部发布的最新数据，截至2017年12月，全球已经建立了525所孔子学院和1113个孔子课堂，它们分布在全球146个国家和地区，其中在亚洲34个国家和地区共有118所孔子学院和101个孔子课堂，在欧洲43国共有173所孔子学院和307个孔子课堂，在非洲41国共有54所孔子学院和30个孔子课堂，在美洲22国共有161所孔子学院和574个孔子课堂，在大洋洲6国共有19所孔子学院和101个孔子课堂。这些孔子学院和孔子课堂，涵括了当今世界主要的语种和国别地域。

在学术“走出去”方面，仅从学术期刊的引证来看，清华大学《中国学术期刊（光盘版）》电子杂志社肖宏等学者，基于《中国学术期刊国际引证年报》（2012～2016），运用文献计量学和对比分析方法，定量分析了我国哲学社会科学论文在2011～2015年的各项评价指标和数据，为系统、客观地评估我国哲学社会科学的国际影响力规模与程度提供了一种新的客观分析方法和参考依据。①

根据《中国学术期刊国际引证年报》统计，我国每年约有2100种哲学社会科学期刊及其成果至少被国际期刊引用1次。在统计年2011～2015年中，共计有2687种国内哲学社会科学期刊产生了国际引用频次。根据2016年《中国学术期刊国际引证年报》数据统计，15149种统计源期刊分别来自全球103个国家和地区，具有相当程度的代表性、广泛性。入选统计源期刊最多的20个国家中又以美国和英国最多，分别为5412种和4567种，远超其他国家。数据统计显示，我国2600余种哲学社会科学期刊在统计年2011～2015年各年的国际他引总被引频次从2011年的15157次提高到2015年的40494次，年均增长率为27.8%，呈现较快增长趋势，社会科学类成果约占74%，远大于人文学科26%的占比。从中文刊、英文刊和中英文刊国际影响力的各项指标对比可以看出，英文期刊品种规模虽小，但刊均国际他引影响因子、刊均国际他引总被引则分别是中文期刊的14.2倍和1.7倍，其国际影响力整体高于中文期刊。

从以上的简要介绍中可以看出，2015～2016年，中国文化在全球得到快速发展，取得了辉煌的成就，但同时也应看到，文化“走出去”发展并不平衡，“一带一路”倡议提出后有许多新的问题亟待我们研究和应对。

---

① 肖宏、张义川、汤丽云、伍军红、孙秀坤、孙隽、李芳芳：《我国哲学社会科学国际影响力研究——基于国际文献大数据的分析（2011—2015年）》，《中国社会科学评价》2017年第4期。

第二章　新形势、新问题、新对策*

第一节　“一带一路”对文化传播提出的新挑战

尽管中国文化在“一带一路”沿线国家的传播开了好局，但随着文化交流的深入发展，国家语言能力的不足和国家人文学术能力的薄弱开始显现出来。

国家语言能力的不足表现在我国外语专业设置和发展与中文的全球传播两个方面。

从国家外语能力建设来说，“一带一路”沿线65个国家中，除波黑未在宪法中明确规定其官方语言外，其余国家都有明确的官方语言。其中50个国家只有1种官方语言，12个国家有2种官方语言。官方语言情况复杂的是新加坡，其官方语言包括英语、马来语、华语及泰米尔语4种。上述国家的官方语言中，现代标准阿拉伯语使用最为广泛，是阿联酋、阿曼、科威特、沙特阿拉伯、叙利亚、也门、约旦、埃及、巴林、卡塔尔、巴勒斯坦、黎巴嫩、伊拉克和以色列14个国家的官方语言。其次为英语，是巴基斯坦、菲律宾、孟加拉国、印度和新加坡5个国家的官方语言。再次为俄语，是俄罗斯、白俄罗斯、哈萨克斯坦和吉尔吉斯斯坦的官方语言。马来语是文莱、马来西亚、新加坡的官方语言，而斯里兰卡和新加坡则同将泰米尔语作为官方语言。排除上述同一种语言作为多个国家官方语言的情况，“一带一路”

---

* 张西平，北京外国语大学比较文明与人文交流高等研究院院长、中国海外汉学研究中心主任、中国文化走出去协同创新中心主任。

沿线国家的官方语言（不包括华语）共计54种，涉及汉藏、印欧、乌拉尔、阿尔泰、闪—含、高加索及达罗毗荼等主要语系。

从目前国内高校开设的非通用语来看，尽管北京外国语大学目前对外公布已经开设98个语种，但有的只是在教育部的备案开设语种，目前的教学并未展开。在如何应对非通用语快速发展，尽快满足国家的急需，深化教学体制改革方面，外语类大学仍有大量的工作要做。从经济发展对外语人才的需求来说，非通用语人才稀缺仍是一个急需解决的问题。在新的历史时期，如何走出苏联模式的外语院校建设模式，开创中国特色的外语类大学的建设之路，从单一语言文化教学向地区研究教学转型，这仍是我国外语类大学需要解决的问题。

更为重要的是，至今尚无一个对全国外语能力建设规划和指导的统一单位。全国高校外语学科的发展由教育部高教司负责，但高中与初中的外语教育则由其他司管理。国家外语能力整体设计，全国外语人才的管理与使用，国家紧急事件外语人才的调集与使用，国家经济全球发展与国家外语能力之间的协调与战略规划，这些事关国家外语能力的重大问题至今尚没有整体性研究，国家外语能力建设大体仍停留在外语教学这个层面，而且主要是英语教学层面。“一带一路”对我国外语能力的挑战是全局性问题，绝非仅靠增加一些语种就可以解决。

国强，语言强，走进世界舞台中心的中国必须重新塑造自己的国家形象，经济的腾飞必须插上外语的翅膀，国家外语能力的整体设计与规划迫在眉睫。

国家语言能力的不足还表现在至今国家高层语言管理部门没有一个对国家整体语言能力统一规划、设计的部门，[①] 尤其是在中国走向世界的时刻，

① 教育部国家语言应用管理司只是对国内语言政策进行管理与规划的部门。它的主要任务是拟订语言文字工作的方针、政策和中长期规划；组织实施语言文字规范化工作；监督检查语言文字的应用情况；组织推行《汉语拼音方案》，指导推广普通话工作以及普通话师资培训工作；承办国家语言文字工作委员会的具体工作。在严格的意义上，它并不负责全国的外语教育和外语政策。所以，国家至今没有一个负责国家国内语言和外语统一管理，并制定汉语全球发展规划的机构。

如何从长远战略设计、规划外语的发展，以支持中国走向世界；如何在全球发展中文，以提升中国的国家文化影响力。将这两个方面综合起来，对国家语言能力统一加以规划和设计，至今没有专门的部门负责。尽管有一些研究机构开始意识到这个问题，但真正从国家语言能力整体加以研究的机构并不多。

国家整体语言能力规划和设计的缺乏，在“一带一路”倡议提出后，不仅暴露出国家在外语能力、非通用语建设上的短板，而且在中文的全球发展上也产生了问题。应该看到，孔子学院作为中外合作的汉语业余教育机构，取得了非凡的成就，但随着我们国家经济在“一带一路”沿线国家的发展，仅仅依靠孔子学院这种模式来解决沿线国家的汉语高级人才的短缺问题已经不可能完成。因为，孔子学院只是在各国大学体制外的非学历教育，它的主要功能是进行基础汉语的普及与传播，从它最初的设计到现在的实际运作，它都无法承担沿线国家对高端汉语人才培养的任务。①孔子学院是汉语国际传播的一种成功的形式，但不是唯一的形式。西方发达国家的汉学研究已经有400年历史，欧美高校已经有成熟的中国语言文学的培养系统，而“一带一路”沿线国家则不同。他们的中国研究刚刚开始，在大学设立专门汉学专业的寥寥无几，高端汉语专业人才奇缺成为这些国家的普遍现象。

面对“一带一路”沿线国家这一新的需求，如何协助沿线国家使汉语进入国民教育体系，尤其是在各国高校设立汉语言文学专业，培养高端汉语人才已经迫在眉睫。从一般汉语教学到汉语文化专业教学，从低端的汉语普及教育到高端的专业汉语文化传授，从高校外的业余语言教育到进入国民高等教育体系中的汉学系的设立，“一带一路”沿线国家的汉语学科发展面临着一个历史性的转变。

---

① 国家汉办作为向世界各国提供汉语言文化教学资源和服务，最大限度地满足海外汉语学习者的需求，为携手发展多元文化，共同建设和谐世界做贡献的机构，目前创造性地开辟的孔子学院的汉语传播模式，取得了很大的成功。但从历史和现状来看，它主要从事汉语教学推广工作。

这样一个急迫的任务，依托国家汉办有一定的困难，因为在国外高校设立汉语言文学专业，语言教学只是其中的一部分，中国文学的多个门类都在其中。这些教学任务的设计都超出了当年所确定的国家汉办的职责。建议将国家汉办和孔子学院工作剥离，赋予国家汉办中国语言文学全球发展的战略设计和管理功能，孔子学院隶属国家汉办，但它只是完成汉语在全球传播的一种形式，并承担汉语教学任务。

国家学术能力的不足表现在全国各校的世界史研究专业绝大多数学者集中研究欧美发达国家，对“一带一路”沿线国家的历史文化有深入研究的学者凤毛麟角。目前所出版的关于这些国家的历史和文化的书籍，从西方翻译来的著作占了大多数。尤其严重的是我国宗教学学科至今仍在哲学学科中发展，尚未作为一个独立学科展开。尽管这些年我国宗教学的发展取得长足的进步，但随着“一带一路”倡议的提出，学术界在沿线国家的宗教文化研究上的短缺明显表现出来。

“一带一路”沿线国家聚集了全球几乎所有的宗教类型。在“一带一路”沿线国家的总人口中，有宗教信仰的人口大约占总人口的80%，其中穆斯林、基督徒、印度教徒、佛教徒、民间宗教信仰人口数之比大致为16∶14∶10∶15∶15。文化特点、社会风尚、意识形态、教育模式与人才培育机制、政治集团分布与合作模式是我们理解“一带一路”沿线国家重要的指标。无论是陆上丝绸之路国家还是海上丝绸之路国家，不同宗教在各国错杂分布，它既是各国文明发展多样化的重要来源，也是不少国家内部社会冲突的重要根源。在宗教势力与社会各种因素的综合作用之下，“一带一路”沿线核心国家的宗教人口及其社会影响力也处在动态发展过程中。美国皮尤研究中心专项研究报告的预测数据显示，在“一带一路”核心地带的佛教、印度教和民间宗教增长态势相对平稳的情况下，基督教势力与穆斯林势力在未来的一段时间会显现竞争的态势，其中在撒哈拉以南非洲国家尤其明显。

建议在全国高校尽快设立宗教学专业，已经建立宗教学专业的几所高校，其宗教系尽快从哲学系中独立出来。历史一级学科一分为三后，世界史专业大都仍在原来的历史系中发展，建议国家加大对宗教学专业、世界史专业的投入，大力引进国际人才，为国家的腾飞提供智慧。面对如此复杂多元的世界文化，面对“一带一路”沿线国家如此丰富、厚重的历史文化，没有知识上的支撑，没有学界提供历史、宗教文化的智慧，中国文化无法走进沿线国家民众的心中，文化的传播只会停留在表面的活动之中，热闹而不深刻，喧哗而文不对题。同时，建议在北京建设世界历史博物馆，通过世界历史博物馆提高民众的文化素养。

文明因交流而多彩，文明因互鉴而丰富。文明交流互鉴，是推动人类文明进步和世界和平发展的重要动力。中华文化的传播需要深入了解多样的文明，中国的民众要有世界的眼光。“走出去”的中国企业需要中国教育系统提供充足的外语人才，尤其是“一带一路”沿线国家的非通用语人才，中国教育系统无法满足走出国门的企业的需求；走出国门的中国民众，开展各种文化交流的文化企业，从事中国文化海外传播的相关行业急需这些国家的历史文化与现状的知识，知识界无法满足这些需求。

中国国家语言整体能力的不足，中国学术能力的薄弱在此刻明显地暴露出来，“一带一路”给我们的文化传播提出了新的挑战，这些困境并非从事文化传播的行业所致，而是中国的经济快速发展对我们国家的教育事业提出的挑战，也是对所有从事中国文化海外发展的行业的挑战。我们必须面对这一挑战，在走向世界的历程中，不断改造我们的教育体系，不断扩展我们的视野，在向外发展中，不断推动内部的发展，把改革进行到底。

第二节　学术“走出去”已成为重点

在文化“走出去”中要“坚持价值引领、凸显文化内涵，强化中外思想文化之间的深层互动，实现中华文化海外推广和中国理念国际认同的有机统一”。目前的文化传播中最为薄弱的环节就是中国思想和价值的传播，中国话语权的提高。究其原因根本在于国内人文社会科学“走出去”严重滞后。在文化传播中语言是基础、文化是外围、思想是核心。目前从国家投入的费用来看，主要精力和费用是在语言和文化上，对人文社会科学“走出去”，让世界了解一个“学术的中国”“思想的中国”“理论的中国”做得不够理想。虽然已经有了“中华学术外译”等项目，但仍显不够。

我们应该从更长时段、更宏大视野来看待中国话语的重建。当今的人文社会学科体系是西方在19世纪和20世纪建立的，这些学科体系在推进学术发展的同时，也有着严重的问题。特别是在国际关系学科、法律学科、经济学科，即便在社会学、人类学、哲学、历史、文学学科上也都深深烙上西方思想偏见的印迹。学术话语是思想话语的基础。中国话语权的重建不仅要在国内激活传统文化的价值，阐述其世界性的文化和价值意义，同时，要鼓励中国人文社会科学在全球化时代走向世界，特别是在“一带一路”倡议中，要有计划地推动中国学术界各个学科的学者走向发展中国家，走向亚洲、走向非洲，矫正当代流行的西方学术体系，使中国学术界在世界学术建设中发挥重大作用。唯有此，才能改变在学术话语上、思想话语上西强我弱的局面。

这样，中国学术“走出去”就不再仅仅是宣扬中华文化本身，重点是在文明互鉴的基础上，学习多样文明，要走进考古现场、走进多种语言深处、走进丰富多彩民族生活的核心，唯有此，才能真正发现东方的价值、多元文化的价值，反思西方的学术体系和话语的不足与问题。我们必须认识到超越西方现代学术体系，建立更为完善的现代学术体系和话语体系是中国真正作为一个强国的重要标志。但这样的工作需要国家给予支持，从学术上周密规划，需要几代学者卧薪尝胆地潜心基础学术研究。中国文化“走出去”的终极目标是创立真正反映多样文明成就的现代学术体系和话语。如果永远跟随西方19世纪以来的学术观念和方法，对其顶礼膜拜，不敢越雷池一步，那么中国学术界永远是西方学术界的跟班生。从做多样文明的基础学术开始，到埃及去考古、到印度去研究语言、到南美去研究玛雅文明，重绘一个新的文化世界和一个多彩的学术世界，这才是展示中国学术原创性的根本所在。中国学术“走出去”并不是仅仅展示中国文化研究的成就，而是在文明互鉴的基础上，以世界文明为对象，展示中国学术界的视野和胸怀，展示中国学术对整个人类文明的贡献。历史表明，社会大变革的时代，一定是哲学社会科学大发展的时代。当代中国正经历着我国历史上最为广泛而深刻的社会变革，也正在进行着人类历史上最为宏大而独特的实践创新。这种前无古人的伟大实践，必将给理论创造、学术繁荣提供强大动力和广阔空间。这是一个需要理论而且一定能够产生理论的时代，这是一个需要思想而且一定能够产生思想的时代。我们不能辜负了这个时代。自古以来，我国知识分子就有“为天地立心，为生民立命，为往圣继绝学，为万世开太平”的志向和传统。一切有理想、有抱负的哲学社会科学工作者都应该立时代之潮头、通古今之变化、发思想之先声，积极为党和人民述学立论、建言献策，担负起历史赋予的光荣使命。

同时，为推动人类命运共同体建设，应根据中国文化在全球发展的新特点，可以考虑与国外高校和研究机构合作创办或者独立建立海外中国研究中心的计划，使中国学术“走出去”有一个体制性保证。

第三节　创建文化传播效果评估体系与评估机制

中国文化“走出去”是一个系统工程，不仅要追求规模，更要关注质量效果，确保中华文化不仅能“走出去”还能“走进去”，切实发挥中华文化服务中国全球发展的正能量。这就需要我们加快建立科学有效的中华文化“走出去”效果评估体系。这是一项具有战略性、开拓性的崭新工作，同时，它涉及不同的行业和专业，每一个部门行业都有自己独特的评判标准。同时，评估是检测文化传播在对象国的效果与影响，这不仅涉及不同的语言能力建设，同时，也涉及不同的地区和国家的不同设计标准。因此，这是异常庞大、复杂的系统工程。我们必须建立一个多语种的庞大的效果评估平台。此外，这涉及文化海外传播的效果评估体系、标准、规格、范围等一系列问题，亟待展开系统研究。

对于文化产品和传播活动的效果评估体系的内容，主要是从质量和数量上加以确定。“以价值导向、艺术标准、受众反馈、社会影响、经营业绩为主要指标。”所谓传播效果的质量就是文化活动与文化产品的思想内涵和价值导向，要充分反映中华文化的内核与特质，实现中华文化海外推广和中国理念国际认同的有机统一。所谓传播效果的数量就是各行业、文化产品在海外传播的范围、规模和经营业绩。对传播效果的检测要做到定性评估与定量评估的统一。

如何制定文化传播的质量检测和效果评估标准呢？有两个维度应加以考虑，这就是一般性维度和地区性维度。一般性维度标准的制定是指中华文化在海外传播时通过各类不同的文化传播主体和不同的行业来实施和完成。因此，评估体系标准的制定，主要通过行业标准来完成。例如，新闻报刊多语种的海外发行，中国出版企业“走出去”的发展，文化产业中的动漫、游戏、电影在海外的发展等，这些都需要根据不同行业的专业特点来设计符合其行业特点的效果评估标准。地区性维度是指同类文化活动和文化产业的精英，在不同的地区和国家有着不同的标准，应该大体按照几个大的地区来详细制定评估标准。如北美地区、欧洲地区、非洲地区、亚洲地区等。

这两个维度都涉及量的标准和质的标准，量的标准各个行业是完全不同的，而质的标准，应吸收对象国行业专家，尤其是对象国文化专家、汉学家、思想家参与制定。文化传播的效果主要依据在对象国的影响力和效果来检测，国内传播者的意见不应占主导地位。“实现中华文化的海外推广和中国理念国际认同的有机统一”，这是检测文化传播效果的根本原则。

至今为止，在这项工作上仍未有成熟的经验和有效的方法，但建立文化传播效果的评估工作已经成为学术界和文化传播业界的共识，希望国家能委托具有语言能力和文化传播研究能力的学术机构承担这项研究工作，提出一个可行的方案。笔者在《中国文化“走出去”年度研究报告（2015卷）》中曾提到，我们必须认识到中国文化“走出去”绝非一路凯歌，一路轻歌曼舞。中国文化将随着中国国家整体实力的崛起，重新回到世界文化的中心，在整个过程中伴随着与西方文化占主导地位的世界文化格局的博弈，这个历史过程必将充满变数，一切都是崭新的，我们需要认真地向世界学习、向西方学习，同时，西方国家也应适应整个历史的变革。

从西方来说，中国重新回到世界重要地位，不仅要改写世界的经济格局和政治格局，世界文化的格局也必将重新洗牌。由于我国政治制度和文化传统与西方国家存在重大差异，西方媒体至今仍惯用冷战思维来看待中国，他们往往从一些政治性文化问题入手，频频发起攻势。目前在西方国家舆论占主导地位的情况下，如何应对其在文化上的不理解、误解乃至进攻挑衅，这是在文化“走出去”时必须考虑的问题。

目前，在世界文化的大格局中西方文化仍处于主导地位，西方文化价值观念在传播的体制上、舆论的控制规模上占有绝对的优势。尽管中国以新的文化姿态、新的话语内容展示中国的智慧，但让世界理解中国，理解一个文明的中国和当代强大起来的中国的精神联系，理解历史文明的中国和当代发展的中国的一致性，认识中国这个五千年的文明的深刻内涵及其世界性意义，这仍是一个难题，特别是对于已经傲慢了近一百年的西方文化来说是一个艰难的课题。

中国文化的海外传播并非一路凯歌，思想的斗争、文化的分歧仍然存在，如何在习主席提出的新的文明观指导下，以文明交流超越文明隔阂，以文明互鉴超越文明冲突，以文明共存超越文明优越，这是在中华文化海外传播中必须回答和解决的问题。以新的文明观为指导，中华文化的海外传播必将不断发展。

第三章　汉语国际教育发展总论*

本章主要围绕汉语国际教育的相关政策、孔子学院和孔子课堂的发展、专业人才培养、师资培训、教学资源建设和新技术应用等方面，系统总结了2015～2016年汉语国际教育的发展状况和特点。在此基础上，本章提出了持续推动汉语国际教育进入有关国家国民教育体系，进一步加强对“一带一路”沿线国家汉语国际教育的支持力度，重视大数据时代的国际汉语教学资源研发等推动汉语国际教育可持续发展的思考和建议，希望能为汉语国际教育的宏观决策和相关学术研究提供参考。

第一节　国内外在国家层面对汉语国际教育的推进状况

一　新出台有关汉语国际教育与中华文化传播的政策

2015年和2016年，在国家实力持续提升和“一带一路”建设不断深化的基础上，“一带一路”倡议在沿线国家中获得了广泛的理解和认同，汉语和中华文化“走出去”的步伐日趋坚实，一些与汉语国际教育及中华文化

---

* 本章原文载于《辽宁师范大学学报》（社会科学版）2019年第3期。本章为国家社会科学基金重大项目“汉语国际传播动态数据库建设及发展监测研究”（17ZDA306）阶段性成果。曾小燕，中央民族大学博士后，助理研究员，研究方向为汉语国际传播；吴应辉，北京语言大学教授，博士生导师，研究方向为汉语国际传播；袁萍，中央民族大学博士后，助理研究员，主要研究方向为国际汉语教学；郭晶，中央民族大学博士研究生，研究方向为汉语国际传播；梁宇，博士，编审，高等教育出版社国际语言文化出版中心，主要从事汉语国际传播、国际汉语教学资源研究；李东伟，博士，华北理工大学外国语学院副教授，主要从事国际汉语师资培养研究。

传播相关的政策相继出台，其中与汉语国际教育密切相关的有3项。这些政策为汉语国际教育事业发展提供了重要保障，详见表3－1。

表3－1　2015～2016年新出台有关汉语国际教育与中华文化传播的政策

政策类型	发布时间	政策名称	发布单位
与汉语国际教育相关的政策	2015年1月	《关于完善中国政府奖学金资助体系和提高资助标准的通知》	财政部、教育部
	2016年4月	《关于做好新时期教育对外开放工作的若干意见》	中共中央办公厅、国务院办公厅
	2016年7月	《推进共建“一带一路”教育行动》	教育部
与中华文化传播相关的政策	2015年3月	《推动共建丝绸之路经济带和21世纪海上丝绸之路的愿景与行动》	国家发展改革委、外交部、商务部三部委经国务院授权联合发布
	2016年8月	《国家语言文字事业“十三五”发展规划》	教育部、国家语委
	2016年11月	《关于进一步加强和改进中华文化走出去工作的指导意见》	中央全面深化改革领导小组
	2016年12月	《关于加强“一带一路”软力量建设的指导意见》	中央全面深化改革领导小组
	2016年12月	《文化部“一带一路”文化发展行动计划(2016—2020年)》	文化部

资料来源：笔者根据国家出台的相关政策文件整理。

二　国家领导人参与汉语国际教育相关活动

国家领导人出席孔子学院、孔子课堂、华文学校等相关组织机构举办的各项活动成为外交活动的重要组成部分。2015年国家领导人出席汉语国际教育相关活动11场，2016年国家领导人出席汉语国际教育相关活动12场。国家领导人多次在重大场合提及孔子学院在传播中国文化中发挥的重要作用。2015年10月，国家主席习近平在伦敦出席全英孔子学院和孔子课堂年会开幕式并致辞，“希望孔子学院继续秉承‘相互尊重、友好协商、平等互利’的校训，为传播文化、沟通心灵、促进世界文明多样性做出新的更大贡献”①。2016 年 10 月，习近平主席与孟加拉国总理谢赫·哈西娜共同为孟加拉国达卡大学孔子学院揭牌。2016 年 4 月，全国政协主席俞正声访问加纳大学孔子学院等。2015 年 9 月，国务院副总理刘延东和英国首席国务大臣兼财政大臣乔治·奥斯本共同见证由孔子学院总部与英国东亚委员会合作发起的“中英未来领袖项目”备忘录签署。2015 年 10 月，全国人大常委会副委员长向巴平措访问摩尔多瓦自由国际大学孔子学院。2016 年 3 月，国务院副总理刘延东出席开罗大学示范孔子学院大楼奠基仪式；全国人大常委会委员长张德江访问赞比亚大学孔子学院。

三 多国与我国签署相关合作协议并推出与汉语教学相关的政策

2015 年 5 月和 9 月，亚美尼亚教育科学部分别签发了《〈亚美尼亚初级汉语教学大纲〉批准令》和《亚美尼亚中小学汉语教学许可证书》。② 2015 年 9 月，美国政府宣布“百万强”计划，未来 5 年美国学习中文的中小学生数量将提高到 100 万人。③ 2016 年 9 月，英国教育部启动“卓越汉语教学”项目，投资 1000 万英镑支持汉语教学，提出到 2020 年汉语学习人数要达到 40 万人。④ 2016 年 11 月 9 日，在意大利教育部、中国驻意大利大使馆教育处与罗马大学孔子学院共同努力下，意大利教育部正式发布高中汉语教学大纲。⑤ 2016 年我国与土耳其、捷克、波兰、沙特等国签署了《关于加强“网上丝绸之路”建设合作谅解备忘录》，与联合国亚太经社会签署首份与

---

① 陈赟：《习近平出席全英孔子学院和孔子课堂年会开幕式》，http：//www. xinhuanet. com/world/2015 - 10/23/c_ 128347954. htm，2015 年 10 月 23 日。

② 亚美尼亚埃里温“布留索夫”国立语言与社会科学大学孔子学院：亚美尼亚教育科学部正式颁发《〈亚美尼亚初级汉语教学大纲〉批准令》和《亚美尼亚中小学汉语教学许可证书》，http：//www. hanban. org/article/2016 - 01/27/content_ 630466. htm，2016 年 1 月 27 日。

③ 祁星、支林飞：《“百万强”项目——增进美中人文交流的大手笔》，http：//www. xinhuanet. com/world/2015 - 10/04/c_ 1116738556. htm，2015 年 10 月 4 日。

④《英国将汉语纳入国民教育体系》，转引自网易新闻，http：//news. 163. com/17/1025/00/D1I99QC600018AOP. html，2017 年 10 月 25 日。

⑤《英国将汉语纳入国民教育体系》，转引自网易新闻，http：//news. 163. com/17/1025/00/D1I99QC600018AOP. html，2017 年 10 月 25 日。

国际组织间共建“一带一路”合作文件。[①] 部分国家日渐重视推出与汉语教学相关的政策，及汉语教学大纲的制定和颁布，这些不仅有助于促进所在国汉语课程体系的构建，也有助于汉语教学标准的规范和教学效果的评估，同时还有助于为本土教材的编写、汉语系列考试的推行等提供指导标准。

四　汉语国际教育进入多国国民教育体系

随着世界各国中小学汉语教学需求的快速增长，许多国家或地区开始将汉语课程列入当地教学大纲，推进基础教育领域的汉语教学，这在欧洲国家表现得较为明显。2015～2016 年，亚美尼亚和马耳他两国相继将汉语教学全面纳入本国中小学教育和考试体系，阿联酋将汉语纳入国家级培训课程体系。截至 2016 年年底，共有 67 个国家（地区），通过颁布法令、政令、教学和课程大纲等形式，将汉语教学纳入国民教育体系。[②] 国家派出专业人员协助南非、坦桑尼亚制定本国汉语教学大纲，将汉语教学纳入国民教育体系；支持葡萄牙、法国等国教育部开展中小学汉语教学。2015 年 8 月，亚美尼亚国家教育与科学部正式批准亚美尼亚埃里温“布留索夫”国立语言与社会科学大学孔子学院下设的汉语课成为其三个下设孔子课堂和教学点的第二或第三外语，汉语课正式纳入了亚美尼亚基础教育课程体系。[③] 2016 年年初，马耳他教育部决定在全国公立学校全面推广汉语教育，并将把汉语作为马耳他高中毕业考试（SEC）的外语科目之一。[④] 2015 年3 月 18 日，迪拜大学孔子学院核心课程“基础汉语教程”通过了阿联酋人力资源部 MAAREF（政府人力资源培训）项目评估，正

① 参见中国宏观经济研究院网站，http://www.amr.gov.cn/ghbg/qyjj/201704/t20170425_59597.html，2018 年 8 月 1 日。

② 数据来自国家语言文字工作委员会编《中国语言文字事业发展报告（2017）》，第 116 页。

③ 亚美尼亚埃里温“布留索夫”国立语言与社会科学大学孔子学院：《孔子学院助力汉语课列入亚美尼亚教学体系》，http://www.hanban.edu.cn/article/2015-09/16/content_615802.htm，2015 年 9 月 16 日。

④ 马耳他大学孔子学院：《马耳他公立学校将全面引入汉语课程》，http://www.hanban.edu.cn/article/2016-04/25/content_639413.htm，2016 年 4 月 25 日。

式纳入阿联酋政府人力资源培训计划项目序列。[①] 这些国家正式承认汉语教学在国民教育体系中的地位，不仅可以保证汉语教学在所在国的合法性，也为汉语传播奠定了坚实基础，同时还对欧洲、非洲的其他国家具有一定的示范意义和借鉴价值。

第二节 孔子学院/课堂发展状况及其特点

一 孔子学院发展状况

1. 孔子学院洲别数量分布

截至2016年，全球共有140个国家建立了513所孔子学院。[②] 五大洲孔子学院除大洋洲没有增长外，其他各洲保持缓慢增长。2010～2014年，全球平均每年新增约39所孔子学院，2014年新增35所孔子学院，2015年新增25所孔子学院，2016年新增13所孔子学院（同比增长2.6%，见表3－2）。数据显示，从2015年开始，全球新设立孔子学院的数量明显减少。

表3－2 2014～2016年孔子学院洲别数量分布

单位：所

洲别	亚洲	非洲	欧洲	美洲	大洋洲	合计
2014年孔子学院数量	103	42	159	154	17	475
2015年孔子学院数量	111	46	167	158	18	500
2016年孔子学院数量	115	48	171	161	18	513
2016年比2015年孔子学院增长数量	4	2	4	3	0	13

资料来源：孔子学院总部/国家汉办：《孔子学院年度发展报告》，2014～2016。

① 宁夏大学：《迪拜大学孔子学院核心课程通过阿联酋政府人力资源部MAAREF评估》，http：//www.hanban.edu.cn/article/2015－03/23/content_582737.htm，2015年3月23日。

② 孔子学院总部/国家汉办：《孔子学院年度发展报告（2016）》。

从孔子学院的洲别增长数量可知，2016 年，除了大洋洲没有新增孔子学院之外，亚洲（4 所）、非洲（2 所）、欧洲（4 所）和美洲（3 所），略有增长。

2. 孔子学院洲别国家数量分布

2016 年与 2015 年五大洲开设孔子学院的国家数量有所差异，欧洲开设孔子学院的国家数量最多，其次是亚洲和非洲，较少的是美洲，最少的是大洋洲。两年间各洲新增设孔子学院的国家数量变化不大。欧洲和非洲新增设孔子学院的国家各有 1 国，美洲新增 2 国，亚洲和大洋洲没有新增国家。2015 ~2016 年，新增孔子学院有 13 所，新增设孔子学院的国家有 4 国（见表 3 –3）。

表 3 –3　2015 ~2016 年孔子学院洲别国家数量分布

单位：个

洲别	亚洲	非洲	欧洲	美洲	大洋洲
2015 年国家数量	32	32	40	19	3
2016 年国家数量	32	33	41	21	3
孔子学院分布国家增长数量	0	1	1	2	0

资料来源：孔子学院总部/国家汉办：《孔子学院年度发展报告（2015）》，《孔子学院年度发展报告（2016）》。

3. 孔子学院开设课程种类丰富多样

全球孔子学院开设的课程不仅有汉语类主干课程，也有中华文化类课程，同时还有与汉语能力水平考级和职业相关的培训课程，如：汉语类课程主要有基础汉语、少儿汉语、初级汉语（听、说、读、写）、中级汉语（听、说、读、写）、高级汉语（听、说、读、写）、商务汉语、汉语翻译（中、高级）；中华文化类课程有书法、音乐、绘画、武术、太极拳、舞蹈、戏剧、中医、电影等；与汉语能力水平考级和职业相关的培训课程有 HSK 考前辅导、中国语检定应试、HSK 考试培训、武术教练培训、中文教师培训、警务人员汉语课程等。全球五大洲的孔子学院开设课程门次及比例如表 3 –4 所示。

表 3－4　2015～2016 年五大洲孔子学院开设课程门次情况

年份和类别 \ 全球及洲别		全球	欧洲	美洲	亚洲	非洲	大洋洲
2016	课程门次	2355	790	628	670	192	75
	百分比(%)	—	33.55	26.67	28.45	8.15	3.18
2015	课程门次	1967	732	481	520	154	80
	百分比(%)	—	37.21	24.45	26.44	7.83	4.07

资料来源：基于课题组自建“汉语国际传播动态数据库”子库“全球孔子学院发展数据库”的数据统计所得。

4. 各洲孔子学院开设课程数量状况

2015 年度平均每所孔子学院开设课程门次为 3～5 门次，而 2016 年度平均每所孔子学院开设课程门次为 4～6 门次，两年间五大洲课程门次稳中有增。各大洲设立的孔子学院越多，其开设的课程门次也就越多。总体而言，2015～2016 年，五大洲孔子学院院均开设课程数量差异不大，五大洲孔子学院数量与课程门次均呈稳中有增之势。各洲孔子学院开设课程门次及平均每所孔子学院开设课程门次情况，如表 3－5 所示。

表 3－5　2015～2016 年五大洲孔子学院开设课程门次及平均每所孔子学院开设课程门次情况

年度/类别 \ 全球/洲别		全球	欧洲	美洲	亚洲	非洲	大洋洲
2015	课程门次	1967	732	481	520	154	80
	孔子学院数量(所)	500	167	158	111	46	18
	平均每所孔子学院开设课程门次	4	4	3	5	3	4
2016	课程门次	2355	790	628	670	192	75
	孔子学院数量(所)	513	171	161	115	48	18
	平均每所孔子学院开设课程门次	5	5	4	6	4	4

资料来源：基于课题组自建“汉语国际传播动态数据库”子库“全球孔子学院发展数据库”的数据统计所得。

二　孔子课堂发展状况

1. 孔子课堂洲别数量分布

截至2016年，全球共有140个国家建立了1073个孔子课堂。[①] 五大洲孔子课堂均保持增长态势，其中欧洲增幅较大，非洲有较大的增长空间。2010～2014年，平均每年新增约116个孔子课堂，2014年新增205个孔子课堂，2015年新增149个孔子课堂，2016年新增73个孔子课堂（同比增长6.80%）。显然，2015年孔子课堂的增速开始放缓，尤其是2016年增速放缓较为显著。

从洲别来看，欧洲孔子课堂的增长数量最为显著，新增孔子课堂36个，其次是大洋洲新增13个，亚洲和美洲各新增10个，非洲新增4个（见表3－6）。

表3－6　2015～2016年孔子课堂洲别数量分布

单位：个

洲别	亚洲	非洲	欧洲	美洲	大洋洲	合计
2015年孔子课堂数量	90	23	257	544	86	1000
2016年孔子课堂数量	100	27	293	554	99	1073
2016年比2015年增长数量	10	4	36	10	13	73

资料来源：孔子学院总部/国家汉办：《孔子学院年度发展报告（2015）》，《孔子学院年度发展报告（2016）》。

2. 孔子课堂洲别国家数量分布

2015～2016年，五大洲开设孔子课堂的国家分布有差异，欧洲开设孔子课堂的国家最多，其次是亚洲和非洲，较少的是美洲，最少的是大洋洲。另外，各洲新增设孔子课堂的国家数量变化不大。亚洲新增设孔子课堂的国家有2国，欧洲和非洲新增设孔子课堂的国家各有1国，美洲和大洋洲没有

① 数据来自孔子学院总部/国家汉办《孔子学院年度发展报告（2016）》。

新增设孔子课堂的国家。经分析可知，2015～2016年，新增孔子课堂有73个，新增设孔子课堂的国家有4国（见表3－7）。

表3－7　2015～2016年孔子课堂洲别国家数量分布

单位：个

洲别	亚洲	非洲	欧洲	美洲	大洋洲
2015年国家数量	18	14	28	8	4
2016年国家数量	20	15	29	8	4

资料来源：孔子学院总部/国家汉办：《孔子学院年度发展报告（2015）》，《孔子学院年度发展报告（2016）》。

三　孔子学院/课堂发展特点

1. 汉语国际推广基地数量稳中有增

2015年汉语国际推广基地总数为35个，2016年基地总数增至38个，相较于2015年稳中有增。2015年汉语国际推广基地增设孔子学院信息化基地、孔子学院中华美术传播与体验基地、孔子学院非洲研究中心。[①] 整合资源，综合布局，汉语国际推广基地建设积极响应国家"一带一路"倡议。与2015年相比，2016年新增设的基地主要围绕"一带一路"建立，新增孔子学院海外高端翻译人才培训基地（上海外国语大学）、"一带一路"国家汉语推广培训基地（北京国际汉语学院）、"一带一路"南亚东南亚国家汉语推广基地（云南大学）。[②]

2. 外派汉语教师志愿者选拔进一步改进

2015～2016年，外派汉语教师志愿者选拔进一步改进，具体体现在以下几个方面。第一，简化志愿者选拔工作。2015年孔子学院总部开始简化志愿者选拔工作，实现一次公布全年岗位，两次招募，组织四

① 数据来自孔子学院总部/国家汉办发布的《孔子学院年度发展报告（2015）》。

② 数据来自孔子学院总部/国家汉办发布的《孔子学院年度发展报告（2016）》。

批集中选拔考试。第二，整合优化志愿者选拔工作。2016年进一步整合优化志愿者选拔工作，集中组织两次志愿者招募，四批志愿者选拔考试。同时，优化心理测试环节，实现在线机考。第三，完善志愿者专家库、题库建设。第四，优化志愿者项目在线管理平台，实现选拔、培训、派出、管理工作全部线上操作。

3. 孔子学院设核心教师岗位

与各国孔子学院所在大学合作设立核心教师岗位。2015年在12国19所孔子学院所在大学设立孔子学院核心教师岗位，聘用21名核心教师。2016年在14国25所孔子学院所在大学设立核心教师岗位，聘用39名核心教师。

4. 孔子学院/课堂建设各有侧重

孔子学院建设主要开拓非洲和美洲尚未开设孔子学院的国家。据统计可知，非洲新增设孔子学院2所，新增国家为1国；美洲新增设孔子学院3所，新增国家为2国。孔子课堂建设主要把欧洲和大洋洲作为工作重点。欧洲新增设孔子课堂36个，新增国家为1国；大洋洲新增设孔子课堂13个，无新增孔子学院和国家。

第三节　汉语国际教育专业人才培养状况及其特点

一　汉语国际教育专业人才培养状况

1. 汉语国际教育专业本科院校设置状况

2015年，18所高校获教育部批准开设汉语国际教育本科专业并开始招生，其中公立学校11所，分别是东北师范大学、张家口学院、南京工业大学、江西财经大学、安阳工学院、桂林旅游学院、遵义师范学院、云南农业大学、河西学院、兰州财经大学、宁夏师范学院；民办学校7所，分别是河北外国语学院、上海杉达学院、宁波大红鹰学院、烟台南山学院、聊城大学东昌学院、广东培正学院、西安思源学院。[①] 截至 2015 年年底，全国共"有 363 所高校开设汉语国际教育本科专业"[②]，有 108 所高校开设汉语国际教育硕士专业学位。2016 年，在原有高校基础上，又有 10 所高校获得教育部批准开设汉语国际教育本科专业，分别是西安电子科技大学、华北理工大学、浙江树人学院、山东现代学院、湖北中医药大学、武汉体育学院、广东海洋大学寸金学院、梧州学院、兴义民族师范学院、贵州民族大学人文科技学院。[③] 其中，公立学校 4 所，私立学校 6 所。

2. 来华留学生人数呈持续增长态势

来华留学生教育是汉语国际教育的重要组成部分。近年来华留学生人数持续增长，生源国也呈稳中有增之势，越来越多的海外学生为了谋求更好的发展机遇来到中国求学。留学生生源国覆盖范围稳定，"一带一路"沿线国家成为来华留学发力点。2015 年度共有来自 202 个国家和地区的 397635 名各类外国留学人员在华学习。2016 年度共有来自 205 个国家和地区的 442773 名各类外国留学人员来华学习。[④] 与 2015 年度相比，2016 年度来华留学生的数量新增 45138 人，增长比例为 11.35%。2015 ~ 2016 年五大洲来华留学生情况详见图 3 - 1。

从增幅来看，亚洲生源增幅最为显著，非洲生源增幅较为显著，欧洲和美洲生源增幅差别不大，大洋洲生源增幅最小。按照洲别来排序（见表 3 - 8），依次为亚洲（24822 人）> 非洲（11802 人）> 欧洲（4573 人）> 美洲（3143 人）> 大洋洲（798 人）。

---

① 中华人民共和国教育部：《关于公布 2015 年度普通高等学校本科专业备案和审批结果的通知》，http://www.moe.gov.cn/srcsite/A08/moe_1034/s4930/201603/t20160304_231794.html，2016 年 2 月 19 日。

② 陆俭明：《汉语教师培养之我见》，《国际汉语教育》2017 年第 9 期。

③ 中华人民共和国教育部：《关于公布 2016 年度普通高等学校本科专业备案和审批结果的通知》，http://www.moe.gov.cn/srcsite/A08/moe_1034/s4930/201703/t20170317_299960.html，2017 年 3 月 17 日。

④ 中华人民共和国教育部：《2016 年度我国来华留学生情况统计》，http://www.moe.gov.cn/jyb_xwfb/xw_fbh/moe_2069/xwfbh_2017n/xwfb_170301/170301_sjtj/201703/t20170301_297677.html，2017 年 3 月 1 日。

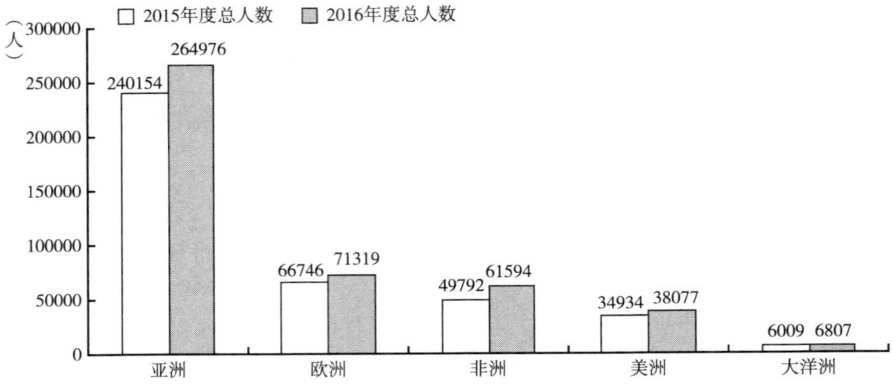

图 3－1　2015～2016 年五洲来华留学生数量

资料来源：中华人民共和国教育部：《2015 年全国来华留学生数据发布》，http：//www. moe. gov. cn/jyb_ xwfb/gzdt _ gzdt/s5987/201604/t20160414 _ 238263. html，2016 年 4 月 14 日；中华人民共和国教育部：《2016 年度我国来华留学生情况统计》，http：//www. moe. gov. cn/jyb_ xwfb/xw _ fbh/moe _ 2069/xwfbh _ 2017n/xwfb _ 170301/170301 _ sjtj/201703/t2017030/_297677. html，2017 年 3 月 1 日。

表 3－8　2016 年度比 2015 年度各洲新增来华留学生人数

单位：人

洲别	亚洲	欧洲	非洲	美洲	大洋洲
增加人数	24822	4573	11802	3143	798

资料来源：参照图 3－1 数据，笔者经计算所得。

从留学生生源国来看，2015 年度、2016 年度来自韩国、美国和泰国的留学生人数最多，位居前三。按照国别排序，相较于 2015 年度，2016 年度前 15 位生源国格局稳中有变，依次为韩国、美国、泰国、印度、巴基斯坦、俄罗斯、印度尼西亚、哈萨克斯坦、日本、越南、法国、老挝、蒙古、德国、马来西亚（见表 3－9）。

2016 年度来华留学生增加人数最多的国家是韩国，为 3868 人，留学生人数增加较多的生源国分别是泰国 3068 人、老挝 2989 人、巴基斯坦 2972 人等。虽然来自法国和日本的留学生相比 2015 年度有所下降，但总体变化幅度不大，生源国人数稳中有增。

表 3－9　2015～2016 年前 15 位生源国来华留学生人数及其增减情况

单位：人，%

序号	国家	2015 年度 来华留学生数量	2016 年度 来华留学生数量	增减数量	增减 百分比
1	韩国	66672	70540	3868	5.80
2	泰国	19976	23044	3068	15.36
3	老挝	6918	9907	2989	43.21
4	巴基斯坦	15654	18626	2972	18.99
5	印度	16694	18717	2023	12.12
6	印度尼西亚	12694	14714	2020	15.91
7	美国	21975	23838	1863	8.48
8	俄罗斯	16197	17971	1774	10.95
9	蒙古	7428	8508	1080	14.54
10	哈萨克斯坦	13198	13996	798	6.05
11	德国	7536	8145	609	8.08
12	越南	10031	10639	608	6.06
13	马来西亚	6650	6880	230	3.46
14	法国	10436	10414	－22	－0.21
15	日本	14085	13595	－490	－3.48

资料来源：参照图 3－1 数据，笔者经计算所得。

3. 汉语国际教育硕士专业学位专项评估与动态调整

2015 年 1 月，汉语国际教育硕士专业学位授权点专项评估工作启动，对 58 所国务院学位办批准授权的第二、三批汉语国际教育硕士培养院校开展了专项评估工作，其中 56 所参与评估院校全票通过，建议继续保持学位授权。2016 年 4 月，国家立项组织专家研发《汉语国际教育硕士专业学位授权点申请基本条件》，2016 年设置汉语国际教育硕士专业学位的中国高校增至 110 所，其中包含 2015 年调整增列 1 所：江苏大学；2016 年调整增列 3 所：天津大学、燕山大学、大连理工大学；2016 年动态调整中撤销授权 2 所：清华大学、中南大学。

二　汉语国际教育相关专业及方向人才培养特点

1. 汉语国际教育博士人才培养初具规模

截至2016年年底，我国至少有11所高校在语言学及应用语言学二级学科下设立对外汉语教学方向，分别是北京大学、北京师范大学、北京语言大学、华东师范大学、吉林大学、厦门大学、陕西师范大学、上海师范大学、四川大学、中国传媒大学、中国人民大学。另外，我国至少有10所高校自主设立汉语国际教育相关博士二级学科（详见表3－10），分别是北京语言大学、北京外国语大学、华中师范大学、华东师范大学、中央民族大学、山东大学、上海外国语大学、南京师范大学、四川大学、厦门大学等高校。[①]

表3－10　自设汉语国际教育相关专业博士学位院校基本信息

学校名称	学院名称	专业名称	专业代码
北京语言大学	汉语国际教育学院	汉语国际教育	0501Z1
北京外国语大学	中国语言文学学院	汉语国际教育	0502Z4
华中师范大学	语言研究所	对外汉语教学	0501Z2
华东师范大学	对外汉语学院	国际汉语教育	0501Z1
南京师范大学	国际文化教育学院	对外汉语教学	0501Z2
四川大学	文学与新闻学院	汉语国际教育	0501Z3
上海外国语大学	国际文化交流学院	汉语国际教育	0502Z3
山东大学	国际教育学院	语言与文化传播	0501Z5
厦门大学	海外教育学院	对外汉语教学 汉语国际推广 国际汉语教育	0501Z1 0503Z2 0401Z2
中央民族大学	国际教育学院	国际汉语教学	0501Z1

资料来源：各办学单位研究生院公布的博士生招生简章，信息截至2016年年底。

① 本章作者李东伟查阅了我国第一批、第二批获授权开设汉语国际教育硕士专业的63所高校研究生招生网，并通过电话访谈确认，发现我国截至2016年年底共有10所高校自设汉语国际教育博士专业，11所高校在语言学及应用语言学专业下开设对外汉语及相关方向。

2. 来华留学生学历结构不断优化

“孔子新汉学计划”项目2015年度新招收37国112名中外合作培养及来华攻读学位博士生，同比增长50%，累计录取260名外国博士生。2016年度新招收26国72名中外合作培养及来华攻读学位博士生，累计录取332名外国博士生。2015～2016年，1552名外国硕士研究生获得孔子学院全额奖学金资助，来华攻读汉语国际教育硕士专业学位，其中，2015年来华硕士生为759人①，2016年为793人②。总之，来华留学学历生，特别是研究生的比例增加，来华留学生学历结构不断优化。

3. 注重专门用途汉语专业人才培养

社会需求决定了汉语专业人才培养的目标与方向。传统的汉语专业人才培养主要着力于培养通用型汉语人才。在新时期，汉语与其他学科的交叉设置，增强了汉语学习的目的性和实用性，如经贸汉语、中医汉语、法律汉语、军事汉语、体育汉语等，主要着力于培养在某领域精通汉语使用的专门人才。随着中国与世界各国在政治、经济、文化和科技等方面交往的不断深入和拓展，世界范围内对高层次汉语人才的需求也越来越旺盛，与其他学科的交叉学科专业人才培养将是汉语国际教育的发展趋势之一。

4. 汉语学习者群体多样

汉语学习者群体不再单一，开始形成多元群体。随着汉语国际教育的发展，海外汉语学习者日渐增多，且群体构成日趋多元，既包括大中小学生，也出现了一些“非典型”学生。这些“非典型”学生的代表主要包括如下类型。一是政府官员。比如，新西兰外交贸易部等国家部门专门组织了政府官员参加汉语培训班，包括原惠灵顿市市长西莉娅·韦德－布朗等也开始学习汉语。二是企业高管和员工，如韩国SPG株式会社等公司高管和员工参加汉语培训课程。三是佛学院僧人，如缅甸吴英佛学院设立了全球首个佛学院汉语教学点，方便僧人们学习汉语及中国大乘佛教文化。

① 数据来自孔子学院总部/国家汉办发布的《孔子学院年度发展报告（2015）》。

② 数据来自孔子学院总部/国家汉办发布的《孔子学院年度发展报告（2016）》。

第四节　汉语国际教育师资状况及其特点

一　孔子学院派出教师和志愿者呈稳步上升趋势

截至2016年，孔子学院中外专兼职教师总数达4.6万人。[①] 2015～2016年度国家公派出国任教汉语教师和志愿者情况见表3－11。

表3－11　2015～2016年度派出国家和派出教师数量统计

年度	派出教师/院长数量（人）	派出国家数量（个）	派出教师志愿者数量（人）	派出国家数量（个）	向"一带一路"沿线国派出教师数量（人）
2015	3751	144	5562	118	—
2016	3450	147	6071	130	1047

资料来源：孔子学院总部/国家汉办：《孔子学院年度发展报告（2015）》，《孔子学院年度发展报告（2016）》。

相较于2015年度，2016年度派出教师志愿者和国家的数量都有所增加，国家开始重点支持"一带一路"沿线国家汉语教学。此外，2015年度国家组织47个专家团组赴30个国家培训本土汉语教师3176人。总体而言，孔子学院外派汉语教师赴任国家增多，人数呈下降趋势；孔子学院外派汉语教师志愿者赴任国家增多，外派人数也呈稳步上升趋势。

二　本土教师培养培训渠道拓宽

随着汉语持续进入多国国民教育体系，或者进入国家级培训课程体系，汉语师资需求量增大，本土汉语教师培养迫在眉睫。孔子学院总部围绕本土汉语教师的培养，采取了联合培养、设立汉语师资班等多种渠道，本土汉语

① 数据来自孔子学院总部/国家汉办发布的《孔子学院年度发展报告（2016）》。

教师培训人数呈稳步上升趋势。2015 年孔子学院总部和有关国家孔子学院共培训外国本土汉语教师 43322 人次，2016 年孔子学院总部和有关国家孔子学院共培训外国本土汉语教师 5.2 万人次。[①]

1. 与各国孔子学院所在大学合作建立汉语师范专业

2015 年，孔子学院总部与 9 个国家的 10 所大学合作建立汉语师范专业，其中在菲律宾雅典耀大学、尼泊尔加德满都大学、贝宁阿波美卡拉维大学新建 3 个汉语师范专业。2016 年支持 9 国 11 所大学建立汉语师范专业培养本土汉语教师，同年 12 月与俄罗斯莫斯科国立语言大学签署汉语师范专业协议并启动招生，与德国柏林自由大学的合作进入签约程序。[②]

2. 部分国内高校设立汉语师资班

2015 年 3 月开始在 12 所国内高校设立南亚国家汉语师资班，首期招收印度、孟加拉国、尼泊尔、斯里兰卡、巴基斯坦、马尔代夫、阿富汗 7 国本土师资 378 人；2016 年北京师范大学、华东师范大学、北京语言大学等国内 18 所高校开展南亚国家汉语师资班项目，为南亚国家培养培训本土汉语教师，共招收南亚 7 国奖学金生 1085 人，首次面向南亚招收汉语国际教育等相关专业博士学位奖学金生 8 人。[③] 2016 年 10 月批准设立了中亚基地国际汉语教师培训中心。

第五节 国际汉语教学资源建设状况及其特点

一 相关部门大力支持图书“走出去”工程项目

2016 年孔院总部审核设立了 10 个教材项目。[④] 国家新闻出版广电总局

① 数据来自孔子学院总部/国家汉办发布的《孔子学院年度发展报告（2016）》。

② 数据来自孔子学院总部/国家汉办发布的《孔子学院年度发展报告（2015）》、《孔子学院年度发展报告（2016）》。

③ 数据来自孔子学院总部/国家汉办发布的《孔子学院年度发展报告（2015）》、《孔子学院年度发展报告（2016）》。

④ 数据来自孔子学院总部/国家汉办发布的《孔子学院年度发展报告（2016）》。

加大重点“走出去”工程项目的资金投入。2015 年，52 家出版机构的 102 个品种入围“经典中国国际出版工程”，国际汉语教材占 3 项；2016 年，126 个品种入围，国际汉语教材占 1 项。2015 年，“丝路书香出版工程”确定了 50 家申报单位的 242 个品种拟予资助，国际汉语教材占 4 项；2016 年，439 个品种拟予资助，国际汉语教材占 1 项。2015 年，“图书版权输出奖励计划”确定了 53 家申报单位的 112 个项目获得重点奖励，国际汉语教材占 8 项，73 家申报单位及个人的 370 个项目获得普遍奖励，国际汉语教材占 28 项；2016 年，597 种图书获得普遍奖励，国际汉语教材占 31 项。

孔子学院总部着力于教材“两库”建设，“主干教材资源库”和“本土教材库”建设初见成效，具体如表 3－12 和表 3－13 所示。

表 3－12　2015～2016 年度孔子学院总部主干教材资源库建设状况

年度	语种	套（册/件）	图书受赠国家数（机构数）（个）	赠售册数（万册）	教材开发与配送支出（千美元）	教材开发与配送支出占比（%）	版权转让数（册）
2015	54	802（6643）	128（803）	86	3080	0.99	30
2016	64	804（6643）	108（599）	54	2883	0.92	12

资料来源：孔子学院总部/国家汉办：《孔子学院年度发展报告（2015）》，《孔子学院年度发展报告（2016）》。

表 3－13　2015～2016 年度孔子学院总部本土教材库建设状况

年度	研发国家数（机构数）（个）	套（册/件）	语种
2015	81（293）	938（1225）	47
2016	109（435）	2150（2603）	—

资料来源：孔子学院总部/国家汉办：《孔子学院年度发展报告（2015）》，《孔子学院年度发展报告（2016）》。

由孔子学院总部资助“两库”的建设状况可以看出：第一，语种数量增多（从 54 种增至 64 种）；第二，研发国家增多（从 81 国增至 109 国），本土教材数量翻倍；第三，重点研发多语种工具书（2015 年 12 月启动了“中外文对照词典工程”工具书建设项目）；第四，着力研发考教结合型教材，推动标准化汉语考试；第五，赠书数量下降，教材开发与配送支出降低。

二　汉语教材数量不断增长，研发各有侧重

2015～2016年国际汉语教学图书出版总数量为625种，主要的出版社有北京语言大学出版社（205种）、华语教学出版社（153种）、高等教育出版社（105种）、外语教学与研究出版社（64种）、北京大学出版社（54种）和人民教育出版社（44种）六家。据书目名称大致可归纳为四种类型。第一，读物类增多。例如，北语社的《中文小书架汉语分级读物》《轻松猫中文分级读物》《这是我的书》，高教社的《Cool Panda少儿汉语教材》《iSuper中文小博士》《青春校园》等。第二，儿童教材呈增长态势。例如，各类儿童读物、小学生使用的汉语教材等。第三，考教结合型教材盛行。例如，《HSK标准教程》《YCT标准教程》《BCT标准教程》等。第四，英语媒介语图书仍占主流，专门为其他语种国家出版的图书有限。

三　汉语教学资源趋于多语种化、本土化、数字化

汉语教学资源主要具有注重通用主干教材多语种翻译、支持海外机构研发本国本土的教材、加强建设网络电子教学资源的研发等特点。

1. 支持通用主干教学资源的多语种翻译

2015年9月完成《快乐汉语》等五套中高级主干教材多语种改编，初步建成总部主干教材资源库。同年11月正式上线19个语种的《汉语900句》。2016年5月出版《西去东来》纪录片同名书籍的英语版、俄语版、阿拉伯语版和韩语版等，还启动了《汉语800字》《汉语图解词典》《汉语图解小词典》等20个语种翻译出版项目。《国际汉语教学通用课程大纲》完成阿拉伯语、日语、俄语、泰语、拉脱维亚语、波兰语、印尼语、尼泊尔语、意大利语、保加利亚语10个语种的翻译立项。

2. 支持汉语本土教材研发

2015年，孔子学院迈向新的十年，刘延东副主席在第九届全球孔子学

院大会上殷切希望“孔子学院加快推进本土化”“强化质量建设”，并特别鼓励“本土教材编写”。孔子学院总部也提出，继续推进“本土化”理念，“支持各国孔子学院编写本土教材”。[①] 新闻出版业计划于“十三五”期间启动“新闻出版国际传播能力建设工程”，加快“走出去”步伐。[②] 海外本土出版社成为研制发行汉语教材的重要力量。多种教材通过与外方出版社、教育机构版权合作或版权输出的方式在海外成果落地。多套教材进入美国州政府教材推荐目录：北京语言大学出版社《轻松学中文》《HSK 标准教程》两套教材入选美国三个州教育部门教材推荐目录；高等教育出版社《Cool Panda 少儿汉语教学资源》入选佐治亚州政府教材推荐目录，正式进入美国基础教育体系。中外教育部门、出版单位教材定制开发的合作项目也在积极进行之中。2016 年 11 月启动针对中亚地区中小学《新丝路汉语》教材编写工作。

3. 注重数字化教学资源的开发

2015 年由孔子学院总部策划《中国人的生活故事》第一辑正式出版发行。11 月《汉语 900 句》19 个语种网络版正式上线。2016 年 10 月“中国好东西故事系列”第四辑《遥远的东方有一条龙》和《中国人的生活故事》第二辑正式出版。10 月北京大学推出全球首个 HSK 慕课课程，一级课程在 Coursera 教育平台上线，计划于 2017 年年底前全部上线。

第六节　汉语国际教育中新技术应用状况

随着移动互联网的迅猛发展，基于移动互联网的语言学习受众呈爆炸式增长的态势。在线汉语教学平台的建设具有针对性，考虑到了教学对象的国别、年龄、动机和兴趣等。网络汉语教学平台保持良好发展势头，现有的对外汉语教学网站主要有汉语国际推广教学资源库、沪江汉语、计算机辅助对

① 数据来自孔子学院总部/国家汉办发布的《孔子学院年度发展报告（2015）》、《孔子学院年度发展报告（2016）》。

② 薛松岩：《总局：新闻出版业“十三五”规划的编制思路》，http：//www.gapp.gov.cn/news/1656/253146.shtml，2015 年 5 月 29 日。

外汉语教学网、华侨大学华文教育网、BBC Real Chinese、网上北语、对外汉语教学网、牛津大学汉语教学中心、Chinese Teaching System、中国国际广播电台汉语教学、中文教育网、丝路华语网站、北京汉语网、中国汉语在线、新概念汉语、yoyochinese、网络孔子学院、中国城汉语教学平台、快乐汉语、清华汉语、北京大学 Chinese for HSK 系列课程、在线沉浸式中文教育平台 Lingo Bus 等。唐风汉语的汉语国际教育云平台快速发展，影响日益扩大。

孔子学院总部全面开展汉语网络教学，采用实时互动教学方式，为广大汉语学习者提供大量的在线实时授课和学习课件，开设汉语文化课程 30.7 万节，为了适应移动端学习，策划制作 6 大类微视频课程。网络孔子学院使用人数快速增长，截至 2016 年，网络孔子学院总注册人数为 887 万人，比 2015 年增长了近 100 万人。

随着各种移动终端的出现，各种汉语学习软件也应运而生。如 2015 年 12 月 HSKK 口语考试系统正式上线，“iChinese”汉语学习 App（安卓版）上线试运行。2016 年国侨办启动实施“互联网 + 华文教育”，主要平台包括华文教育“百宝盒”和中国华文教育网。2016 年 6 月，国侨办牵头建设“侨宝”移动客户端为侨服务平台上线。2016 年虚拟现实技术（Virtual Reality，VR）被全球各行各业关注。虚拟现实技术可以通过电脑、传感器、显示器、自动控制和人工智能等技术创造出来可以对视觉、听觉、嗅觉、触觉等感知器官产生刺激的环境，在汉语国际教育领域中可以基于全景相机创建汉语“虚拟现实课堂”和“虚拟现实文化体验”平台。

第七节 思考与建议

一 持续推动汉语国际教育进入有关国家国民教育体系

随着世界各国中小学汉语教学的快速增长，越来越多的国家或地区开始将汉语课程纳入国民教育体系，并逐步推出与汉语教学相关的政策。只有推动汉语教学正式进入国外国民教育体系，才能保证汉语教学在所在国的合法地位，并能纳入国家外语教育顶层设计，才能合法使用国家的财政、人力等多种资源用于汉语教育，实现长期可持续发展。

二　进一步加强对“一带一路”沿线国家汉语国际教育的支持力度

“一带一路”倡议的实施，不仅中国需要大批精通沿线国家语言与文化的人才，沿线国家也需要通晓汉语与中华文化的人才。自2013年提出至今，“一带一路”倡议已经成为中国倡导、广受欢迎的国际合作平台及中国与国际社会坚定推动经济全球化进程、共同构建开放型世界经济、支持自由贸易的新动力。作为“一带一路”在教育领域的落实方案，《推进共建“一带一路”教育行动》主要围绕着“一带一路”的“五通”，从“民心相通”和人才培养两个角度，对教育进行新定位，在“四个推进计划”中，既有“丝绸之路”人才联合培养推进计划，又有“丝绸之路”师资培训推进计划。这不仅有助于培养能够满足中国与沿线国家经贸、教育、军事、法律、医药等领域需求的汉语人才，也有助于为沿线各国培养本土汉语教学专家。汉语国际教育事业应服务“一带一路”倡议，以沿线国家的汉语国际教育需求为导向，加大支持力度。应加大对“一带一路”沿线国家孔子学院/课堂的支持力度。“‘一带一路’需要语言铺路”,[①] 为配合“一带一路”倡议的实施，我们“应该将过去事实上的发达国家优先战略调整为发展中国家优先战略，将支持重点调整到‘一带一路’及其他发展中国家”。[②]

三　重视大数据时代的国际汉语教学资源研发，迎接5G时代的到来

汉语国际教育应注重结合互联网技术，联通主流的汉语学习资源平台和汉语教学平台，实现互联互通、共享共建的新格局。在“互联网+”及5G

① 李宇明：《“一带一路”需要语言铺路》，《中国科技术语》2015年第6期。

② 吴应辉：《汉语国际教育面临的若干理论与实践问题》，《云南师范大学学报》2016年第1期。

时代的发展背景下，汉语国际教育及国际汉语教学资源研发应注重使用现代新技术。大数据时代的汉语国际教学资源应基于学习行为分析的研发、多重感官系统的研发、语料库设计的研发和复杂动态数据实时修订的研发等。[①]基于新技术支持的国际汉语教学资源应做出转型，在教学资源收集范围上应具有完整性，在教学资源内容上应具有跨学科性，在资源格式上应具有五官接收的全息性，在教学资源持续建设上应具有自行更新的智能化等，充分利用人工智能、VR 技术和 AR 技术带来身临其境的真实互动的汉语学习体验。5G 时代的到来，将为汉语教学资源的开发带来前所未有的广阔前景，我们应该未雨绸缪，超前行动。

结　语

国家的发展乃汉语国际教育事业发展的基础，汉语国际教育事业的顺利发展需要科学的顶层设计，科学的顶层设计需要对发展状况的整体把握。我们开展这一选题的研究，不仅出于学术的追求，更是为了汉语国际教育事业健康发展的需要。我们的研究团队从 2009 年开始做汉语国际传播（教育）发展状况研究，分别撰写发表了《汉语国际传播发展报告（2009～2010）》《汉语国际传播发展报告（2011～2014）》以及《汉语国际教育发展报告（2015～2016）》。我们希望把该系列研究报告一直写下去，为学界同人后续研究提供参考，为汉语国际教育事业的长期可持续发展提供决策依据。

参考文献

郭晶、吴应辉：《孔子学院发展量化研究（2105～2017）》，《云南师范大学学报》

① 郑通涛、曾小燕：《大数据时代的汉语国别化教材研发——兼论教材实时修订功能》，《海外华文教育》2016 年第 3 期。

（哲学社会科学版）2018 年第 5 期。

李宇明：《“一带一路”需要语言铺路》，《中国科技术语》2015 年第 6 期。

陆俭明：《汉语教师培养之我见》，《国际汉语教育》2017 年第 9 期。

吴应辉：《汉语国际教育面临的若干理论与实践问题》，《云南师范大学学报》2016 年第 1 期。

郑通涛、曾小燕：《大数据时代的汉语国别化教材研发——兼论教材实时修订功能》，《海外华文教育》2016 年第 3 期。

第四章　海外华文教育发展总论*

2013 年 9 月 7 日，国家主席习近平在哈萨克斯坦纳扎尔巴耶夫大学演讲时，第一次提出共同建设“丝绸之路经济带”的重要倡议。2013 年 10 月初，习近平主席在印度尼西亚国会演讲时提出，东南亚自古以来就是“海上丝绸之路”的重要枢纽，中国愿与东盟国家加强海上合作，共建“丝绸之路经济带”和“21 世纪海上丝绸之路”（以下简称“一带一路”）。共建“一带一路”倡议得到国际社会的高度关注和有关国家的积极响应。“一带一路”倡议借用古丝绸之路的历史符号，融入了新的时代内涵，旨在推动沿线国家共同发展、共同进步。“一带一路”倡议是一个开放的倡议，并没有人为设置的边界，不限国别范围，不是一个实体，不搞封闭机制，坚持共商共建共享原则，有意愿的国家和经济体均可加入。“一带一路”倡议以互联互通为主要特点，致力于亚欧非大陆及附近海洋的互联互通，构建全方位、多层次、复合型的互联互通网络，打造沿线各国互联互通伙伴关系，促进多元、自主、平衡、可持续的发展。

2016 年 11 月 17 日，联合国 193 个会员国协商一致通过决议，欢迎共建“一带一路”等经济合作倡议，呼吁国际社会为“一带一路”建设提供安全保障环境。2017 年 3 月 17 日，联合国安理会一致通过第 2344 号决议，呼吁国际社会通过“一带一路”建设加强区域经济合作。中国积极履行国际责任，在共建“一带一路”框架下深化同各有关国际组织的合作，与联合国

---

* 李伟群，北京外国语大学华文教育部主任。陈水胜，法学博士，中央统战部侨务事务局副研究员。

开发计划署、亚太经社会、世界卫生组织签署共建“一带一路”的合作文件。而第71届联合国大会主席彼得·汤姆森则将构建人类命运共同体理念看作“人类在这个星球上的唯一未来”。

国之交在于民相亲，民相亲在于心相通。因此，在提出共商共建共享“一带一路”重大倡议时，习近平主席将“民心相通”作为推进其他“四通”的基础予以强调。2015年3月，国家发展和改革委员会、外交部、商务部三部委联合发布的《推动共建丝绸之路经济带和21世纪海上丝绸之路的愿景与行动》（以下简称“愿景与行动”）中，也对推动民心相通工作进行了详细的规划，强调要通过“广泛开展文化交流、学术往来、人才交流合作、媒体合作、青年和妇女交往、志愿者服务等，为深化双多边合作奠定坚实的民意基础”。

共建“一带一路”为沿线国家和地区的华文教育带来“黄金机遇期”，对华文教育的发展有积极影响。在“一带一路”沿线国家和地区的语言教学中，华文教育所占比重越来越大，所起作用也越来越大。华文教育的对象从以华人子弟为主发展到华人子弟与非华人子女并重，而且后者的比重也越来越大。但“一带一路”沿线国家分布在东亚、东南亚、南亚、中亚、中东欧地区，这些国家的华文教育有着各自的特殊性，在使用教材和考核标准等方面存在不少差异。为此，我们应根据“一带一路”沿线国家和地区的实际情况，梳理、总结华文国际传播的历史经验，探索汉语与中华文化国际传播的途径和方式，通过“一带一路”建设进一步创新华文教育方式，推动华文教育发展，从而为文明交流互鉴做出贡献。此外，共建“一带一路”加强了文化交流和商业贸易往来，对双语人才的需求就会增大。因此，华文教育除了传承中华文化、促进海外华社和谐发展外，还会成为一个产业。

第一节　机遇与挑战

在推进“一带一路”建设的大背景下，作为历史最久、根植最深、覆盖最广、体系最完备的海外中华语言文化基础教育体系，华文教育在促进民心相通方面大有可为，将面临难得的发展机遇，同时也必然会遇到新的挑战。

从机遇方面看，集中体现在中外交流合作日益深化过程中不断拓展和形成的巨大发展空间。以中国和东盟为例，中国与东盟国家山水相连、血脉相亲，无论是从地缘、文缘、人缘，还是政治、经贸和安全等角度来考量，都互为对方重要的合作伙伴，甚至可以说是荣辱与共的利益共同体与命运共同体。据介绍，2015 年，中国与东盟的贸易额达到了 4721 亿美元，双向投资累计超过 1564 亿美元，人员往来突破 2300 万人次，互派留学生超过 18 万人次。中国已连续 7 年成为东盟的第一大贸易伙伴，东盟连续 4 年是中国第三大贸易伙伴。每周有千余架次航班穿行于中国与东盟国家之间。[①] 2013 年，习近平主席在印尼提出共同建设“21 世纪海上丝绸之路”倡议时表示，愿与东盟国家共同努力，争取使 2020 年双方贸易额达到 1 万亿美元。[②]

随着“21 世纪海上丝绸之路”建设的积极推进，中国 - 东盟将迎来合作共赢的新时代。在此形势下，语言文化的交流将变得更加急迫而重要，势必也会得到双方官方层面及社会各界的进一步重视和支持。因此，对华文教育而言，是难得的发展机遇。比如说，东南亚各国青年学习汉语和中华文化的兴趣将进一步提高，华文学校的主要生源会从传统的华裔子弟群体大幅拓展至非华裔群体；东南亚各国对待本国华校的政策有望进一步放宽，从而不断为自己培养更多同中国交往合作所需要的语言文化专业人才；来自中国的企业和资金加速走进各国，当地汉语教育潜在的巨大市场，也势必会吸引一部分资金的投入等。有记者通过实地走访发现华侨华人创办的三语学校在印尼不断兴起，且颇受非华裔群体的青睐。印尼规模最大的三语学校——八华学校，从幼儿园到高中，学生达 4000 多名，非华裔占到了 12%。即使

① 《中国与东盟合作关系迎来新的发展阶段——中国驻东盟大使徐步在国际会议期间接受记者专访》，人民网，2016 年 6 月 3 日，http://world.people.com.cn/n1/2016/0603/c1002 - 28410333.html。

② 习近平：《习近平谈治国理政》，外文出版社，2015，第 293 页。

是山城马吉朗的培德三语学校，友族孩子也占到了15%。甚至有的学校华裔学生和原住民各占一半，如日惹崇德三语学校，华裔学生和原住民之比为13∶12。巴厘省文桥三语学校生源中也有30%是友族孩子。[①]

挑战集中反映在新形势与新要求下提出的转型升级压力。“一带一路”倡议的实施，在给广大华文学校带来发展机遇的同时，也对其提出了新的更高要求。在东南亚地区，尽管华文教育历史悠久，华文学校已成规模和体系，但仍面临不少“结构性”缺陷，成为融入共建“一带一路”倡议、助力“民心相通”工程的制约性因素。比如，发展模式的问题，即如何形成既符合所在国政策要求，又有利于保持华文教育特性的发展模式。较二战后的限制环境相比，20世纪90年代后，特别是近年来，东南亚各国关于华文教育的政策日趋宽松，大多持开放包容的态度。于是，各国华社积极行动起来，努力探索适合本国的华文教育发展模式。在印尼，逐渐从家庭补习班、课后补习班向三语学校、国际学校转换，就是其中一种比较成功的探索。不过，从总体上看，东南亚各国对华文教育发展模式的探索还在继续，离成熟和稳定还有较长的路要走。例如，在马来西亚，面对不断强化的教育同化方针和持续推进的单元主义教育政策，华文教育应如何维系现有的教育教学模式；在缅甸，华文学校尚未得到政府的正式承认。因此，如何抓住缅甸当前正在推进的改革，为华文学校赢得应有的认可，将在很大程度上决定缅甸华文教育的未来；在菲律宾、老挝、柬埔寨、文莱、泰国等这些华文教育已经融入当地国民教育体系或者获得许可的国家，如何真正办出华文学校的特色和水平，将直接影响着华文教育的未来。

当然，除了发展模式这一带有根本性的问题之外，东南亚各国还普遍存在一些“老问题”，主要包括办学资金拮据、专业教师匮乏、教材针对性不强等。同时，如何更好地适应学生群体多元化以及如何加快推进华文教育的信息化等“新烦恼”也陆续显现。总之，无论是探索适合自己的发展模式，

---

① 《“一带一路”文化交流先行，东南亚现华文教育热》，南方网，2015年5月7日，http://news.southcn.com/sd/content/2015-05/07/content_123813949.htm。

还是有效解决新老问题，都迫切需要各国华文教育界实施创新驱动策略，加快走转型升级之路。

第二节　华文教育融入“一带一路”建设的基本要求

共商共建共享“一带一路”，是我国打造更全面、更深入、更多元对外开放新格局的重要布局，也是中国同沿线国家打造利益共同体和命运共同体的重要手段，具有重大意义和深远影响。对华文教育而言，积极参与“一带一路”倡议，既是自身获得大发展的难得机遇，也是体现其独特作用的重要方式。但是，要参与“一带一路”，首先要解决如何融入“一带一路”的问题。

一是理念上的融入。华文教育的基本初衷是传承民族语言文化，保持华侨华人的民族特性。但是，在实现这一根本目的的过程中，华文教育还必须顺应时代发展要求，融入中国与所在国关系大局，体现出其应有的时代价值，这样才更具生命力和时代活力。换言之，华文教育越贴近中外关系大局，其自身就越容易赢得更多的发展机遇。

当前及今后一个时期，服务“一带一路”倡议，持续夯实“民心相通”就是华文教育最大的时代价值。因此，在中国同各国积极推进“一带一路”倡议的大背景下，华文教育不仅要继续发挥纽带作用，还要积极主动地融入该倡议，当好主力军，成为中国与各国开展人文交流、夯实“民心相通”的重要支柱。华侨华人是中国营造有利国际舆论环境的建设性力量。华侨华人可以基于自身在所在国的社会地位，促进双边关系的发展。另外，华侨华人是进一步促进中国经济全球化发展的推动力量。海外华商利用自己多年积累的信息网络和人际关系网络帮助中国企业“走出去”，是中国海外经济利益拓展的重要基础性资源。

二是步伐上的融入。共建“一带一路”从提出倡议到组织实施，推进的速度和节奏都非常快，在许多国家和地区都已经有了早期收获。这既体现了中国对该倡议的高度重视，也充分彰显出其强大的生命力。对华文教育而言，参与“一带一路”建设，不仅理念认识上要跟进，行动方面更要迅速果断，要能够踩上“一带一路”建设的节拍。

经过努力，目前东南亚地区的华文教育已初具规模，发展势头强劲，基本涵盖了从幼儿园到中学语言文化教育的“黄金期”，这是华文教育的优势所在。不过，随着“一带一路”倡议的持续推进，一方面各国学习中国语言文化的需求势必进一步加大。为此，华文学校必须进行适当的调整，以便能更好地满足当地日益增长的需求。另一方面，市场的导向作用势必推动更多主流学校加入开设汉语课程的行列，这将与华文学校形成一定的竞争。对此，华文学校也必须进行必要的调整，才能不断提高其竞争力，保持原有的独特优势。可见，积极主动作为是华文教育保持良好发展势头、服务“一带一路”倡议的必然要求。此外，汉语成为当今世界第二大国际通用语的主要原因之一是中国经济给世界经济带来的重要影响，这也要求华文教育的发展应该重视其商用价值。这也要求华文教育的职业化发展，所谓职业化就是汉语学习与职业发展并重。自“一带一路”倡议提出以来，截至 2016 年底，已有 100 多个国家表达了对“一带一路”倡议的支持和参与意愿，中国与 39 个国家和国际组织签署了 46 份共建“一带一路”合作协议，涵盖互联互通、产能、投资、经贸、金融、科技、社会、人文、民生、海洋等合作领域。[①] 如此，这些国家就需要大量的能用汉语进行沟通的高素质人才，华文教育可以根据不同的需求开展面向社会层面的各类型高端培训班，如共建“一带一路”倡议培训班、“中华文化传播”研究生班等。此外，很多汉语学习者不满足于只掌握一种语言，还希望学习中国较为先进的其他实用性技能，比如华文教育与酒店管理、旅游管理、机械制造等专业或职业教育相结合。总之，新形势下华文教育的职业化是一个大趋势。

三是方式上的融入。充分利用华文学校分布广泛、数量庞大且系统性强的有利条件，大力开展面向“一带一路”沿线国家的汉语教育和中华文化

① 推进“一带一路”建设工作领导小组办公室：《共建“一带一路”：理念、实践与中国的贡献》，2017 年 5 月。

传播工作。不断夯实民心相通政策，助力“一带一路”建设。衡量理念和步伐跟进与否，最终要看其是否落实到了具体举措上。随着“一带一路”倡议的推进，中国的资金、项目和人员都会进一步流向沿线国家，进而形成更大规模、更高水平的国际合作。在这一进程中，华文教育参与“一带一路”建设至少可以从以下两个方面着力。

第一，坚持开展系统的中华语言文化基础教育，为之提供必要的汉语人才支撑。国务院侨务办公室每年组织以“一带一路”为主题的夏（冬）令营活动，邀请沿线国家华裔青少年和非华裔青少年来华交流联谊。此外，华校在春节、端午节、元宵节、中秋节等传统中国节日里，以传统节庆文化，如舞龙舞狮等庆祝方式传播中华民族文化，吸引了许多当地人的关注与参与，将中国传统节庆文化融入驻在国的社会生活中，增强中华文化的吸引力与影响力。华校在尊重和了解当地社会法律政策的基础上，举办公益性和经济性相结合的文化活动，邀请来自驻在国各族群的嘉宾参与活动，扩大社会影响，为跨文化交流创造环境和条件。

契合世界汉语热的大潮流，在华文学校紧紧抓住所在国高涨的汉语学习需求开办汉语辅导班，通过语言这一载体传播中华文化，加强文化的交流互融。语言是一个民族思维方式的表达，帮助驻在国人民学习和了解中国汉语言文化，不仅可以帮助外国人了解中国的历史文化，而且可以引导他们理解中国人的思维方式、中国的外交智慧以及中国的风土人情，这会促使他们到中国旅游或留学，从而加强中外之间的心灵沟通。

第二，努力以传播中华语言文化为切入点，面向所在国青少年群体广泛宣介中国的“一带一路”建设成效，为中外合作持续打牢社会根基。如国务院侨务办公室于2017年委托北京外国语大学编写《华裔青少年“一带一路”知识读本》，用讲故事的方式向海外华裔青少年介绍“一带一路”建设的成果，在中文版的基础上还打算组织翻译出版中英、中俄、中法、中阿等中外文对照版本。具体到不同国家和地区，华文教育参与和服务“一带一路”建设的方式也需要因地制宜。

总之，在华文教育参与“一带一路”建设这个问题上，思想观念上的融入是基本前提，跟上步伐节奏是重要保障，采取行之有效的举措则是关键，三者相辅相成，不可或缺。

第三节　华文教育转型升级之建议

一　加强华文教育政策沟通

从中国人移居海外的漫长历史来看，和平友好始终是不变的主题。由华侨华人创办的华文学校，也一直致力于推动中外人文交流互鉴，增进中外民众的了解与认知。然而，历史上，受政治因素的影响，东南亚地区的华文教育曾遭受到不同形式、不同程度的打压。20 世纪 90 年代以来，各国开始重新认识华文教育的价值与属性，并逐步放宽华文教育政策，使之得以日渐回到正常的发展轨道上来。可见，政策环境是左右华文教育兴衰的主要因素。因此，新形势下，加强华文教育政策沟通，既是推进“一带一路”建设的应有之义，更是华文教育服务“一带一路”建设的重要前提。

2016 年度，“共有 16 个国家的中央政府或地方政府主动出台政策措施强化汉语教学及中文人才培养”。[①] 共 5 个国家取得了汉语国际教育与传播的实质性突破：亚美尼亚教育科学部正式颁布《亚美尼亚初级汉语教学大纲》批准令和亚美尼亚中小学汉语教学许可证书，这标志着汉语被正式纳入该国基础教育课程体系；马耳他教育部决定将在全国公立中小学全面推广汉语课程，并把汉语作为马耳他高中毕业考试（SEC）的外语科目之一；芬兰教育委员会将汉语正式列入高中外语教学大纲，这是芬兰首次将汉语正式列入高中教学大纲；斯洛伐克中部城市班斯卡－比斯特里察米库拉沙·科瓦蔡中学正式启动“中斯双语教学试点项目”，这是斯洛伐克首家以汉语和斯洛伐克语为教学语言的双语学校；孟加拉国国立达卡大学现代语言学院正式设立中文系，这是孟加拉国高等院校的首个汉语本科专业，该专业的设立在

① 贾益民：《世界华文教育年鉴（2017）》，社会科学文献出版社，2017，第 3 页。

孟加拉国乃至南亚国家和地区开了先河，是汉语国际教育进入孟加拉国国民教育体系的重要标志，也是汉语国际教育在孟加拉国迈出的具有突破性的实质性的一步。[①]

许多国家的中央政府或地方政府主动出台政策或措施强化汉语教育与中文人才培养，大大促进了汉语在这些国家的传播。俄罗斯已经决定将汉语作为国家统一考试的科目，正在加紧制定实施计划和实施方案，实验性的测试也在开展，预计两年后全面铺开；美国纽约州教育厅、纽约市教育局多管齐下，丰富包括汉语在内的多语言教育资源，推进多语言教学，这些措施包括为同等学力考试者提供中文试卷、提出更为科学的阅读建议，推荐阅读书单、提供便利的阅读资源、开设 9 门过渡性的双语教育课程和 29 门扩充性双语教学课程等；澳大利亚的南澳大利亚州政府与中国山东省教育厅签署协议，共同建设该州首所中英文双语学校；南非制定了国家层面上的汉语教学推广计划，未来 5 年内，要在 9 个省 500 所学校推广汉语教学，每年派 100 位教师到中国接受汉语培训，针对警察系统的汉语培训也要同步展开；印度尼西亚政府为了适应中国游客日益增多的形势，旅游部与该国多所大学签署联合培养中文导游人才的协议，位于巴厘的乌达雅纳大学也将开设中文专业；越南教育与培训部出台新计划，将汉语列为该国的第一外语，与英语享有同等地位；韩国首尔教育厅、德国法兰克福地方政府出台政策，培训汉语师资，增加中文课程数量；新加坡政府在 O 水准考试中增加华语口语考试，旨在提高高级母语的华语口语水平；新西兰政府设立专项奖金，拨付巨款，资助 63 所中小学拓展或新设亚洲语言（包括中文）教学。[②]

马来西亚华人社会努力为华文教育争取更大的发展空间和更为宽松的政策环境。马来西亚华校董事联合会总会于 2016 年全面检讨 2005 年发布的《马来西亚华文独立中学教育改革纲领》，并将拟定新的教育改革纲领，新纲领强调多语平衡，强调与国际接轨，强调改革统考方式。同时，马来西亚

---

① 贾益民：《世界华文教育年鉴（2017）》，社会科学文献出版社，2017，第 3 页。

② 贾益民：《世界华文教育年鉴（2017）》，社会科学文献出版社，2017，第 3 页。

华校董事联合会总会也宣布3年内拟定出“马来西亚华文独立教育蓝图（2018～2027）”，该文件将引领未来10年华文独立中学教育事业。马来西亚行动方略联盟改制中学委员会、马来西亚国民型华文中学发展理事会及马来西亚国民型华文中学校长理事会决定联手推动《国民型华文中学行动路线图》，为国民型华文中学的未来发展描绘出宏图远景，这一路线图已经基本编制完成，正在华人社会中征求意见和建议。[①]

二 扎实推进“三化”建设

华文学校在培养双语人才方面具有独特优势，这在以全日制教学为主要特征的东南亚地区显得更加突出。但是，随着“汉语热”“中国热”的持续升温，无论是各国主流学校还是孔子学院（孔子课堂）都在加快发展汉语教学，已经形成了“三驾马车”并进的竞争格局。以泰国为例，据相关报道，截至2013年，泰国共有1524所院校开设汉语课程，学习汉语人数达863056人。截至2015年底，泰国已建有14所孔子学院和11个孔子课堂。泰国教育部与中国国家汉办志愿者合作项目由2004年的73个增加到2014年的1832个。[②] 所以，面对激烈的市场竞争，华文教育要继续保持原有优势，并更好地助力“一带一路”建设，就必须加快推进“标准化、正规化、专业化”建设，全面提升教育教学质量和水平。

华文教育“三化”建设的重要前提，是要实现华文学校办校有章可循，从根本上改变以往“各自为政”的松散局面。2015～2017年，国务院侨办组织专家研制了《周末制华校办学参照性标准》《周末制华校教育教学大纲》《全日制华校办学参照性标准》《全日制华校教育教学大纲》，推出了《华文教师证书》实施方案和华裔青少年华文水平测试标准，针对华文学校校务管理、教学安排、课程设置、教师遴选和学业考核等各个环节，初步建

① 贾益民：《世界华文教育年鉴（2017）》，社会科学文献出版社，2017，第4页。

② 《交流日益频繁　泰国近90万人学汉语》，中新网，2014年10月31日，http：//www.chinanews.com/hr/2014/10－31/6739296.shtml；《关于孔子学院/孔子课堂》，孔子学院总部官网，http：//www.hanban.edu.cn/confuciousinstitutes/node_10961.htm。

立起一套相对完整的参照性标准体系。当然，这些参照性标准，重点在于提供方向、提出原则、设置目标、加以指导。①

2014～2017年，华文教育的“三化”建设表现在以下几个方面。

一是华文教育政策沟通不断深化，中外华文教育合作逐步展开。2014～2017年，国务院侨务办公室同泰国、意大利、巴基斯坦、匈牙利等国家和地区的各级教育主管部门签署了10份华文教育合作协议，并积极落实协议涉及的华文教师培养培训、华裔和非华裔青少年文化体验活动以及政府官员中文培训等项目，收效明显，影响较大。通过有针对性的政策沟通，加上合作项目的引领带动，相关国家和地区教育主管部门对华文教育给予更多的理解和支持，海外华文教育发展的宽松环境日渐形成。

二是华文教育工作机制逐步完善。2014～2017年，“国家海外教育工作联席会议”各成员单位根据第三期工作规划目标任务和职责分工，加强协调配合，发挥各自优势，为华文教育“三化”建设提供了有力支撑。比如，财政部增加了华文教育专项投入；国家发改委研究制定国民经济社会发展规划时，统筹考虑华文教育工作；外交部及驻外使馆积极协调解决华校发展需求，协助安排国家领导人出访时考察当地华文学校，接见华文教育工作者代表；教育部及孔子学院总部推进孔子学院发展建设时，支持当地华文学校发展建设；中央统战部、外宣办、全国人大华侨委、文化部、国家新闻出版广电总局、全国政协港澳台侨委、致公党中央、中国侨联等单位，也给予海外华文教育更多的关心和支持。

此外，国务院侨务办公室还注意发挥省、市、县三级侨务部门力量，努力发挥各地的地缘、人缘、亲缘、文缘优势，共同做好夏（冬）令营活动、华文教师培训、华文教材推广等工作。

三是华文教育标准研制初步完成，华文学校发展实现有章可循。2014～2017年，国务院侨务办公室组织专家研制了《周末制华校办学参照性标准》《周末制华校教育教学大纲》《全日制华校办学参照性标准》《全日制华校教

① 裘援平：《第四届世界华文教育大会主题报告》，2017年12月19日。

育教学大纲》，推出了《华文教师证书》实施方案和华裔青少年华文水平测试标准，初步建立起一套相对完整的参照性标准体系。当然，这些参照性标准，重点在于提供方向、提出原则、设置目标、加以指导，以便大家在办学实践中有所遵循，并非强迫大家全部“照搬照抄”。

2016 年 4 月 27 日，国务院侨务办公室首届华文教育工作专家指导委员会成立大会在广州召开。国务院侨务办公室主任裘援平、副主任任启亮及海内外近 30 位华文教育界的专家学者出席了成立大会。裘援平为来自海内外 11 个国家的共 27 位受聘专家颁发了聘书。

成立华文教育工作专家指导委员会，对于健全国务院侨务办公室侨务工作决策咨询制度，提高华文教育工作的科学化、正规化水平具有重要的意义。海外华文教育既不同于中国国内的语文教育，也有别于对外汉语教学，不同国家和地区华文教育发展水平、发展模式也各不相同。因此，特别需要关注、熟悉海外华文教育的专家和资深教育工作者给予的指导和规范，也需要发挥专家智库的作用，广开言路，以提高华文教育工作的科学化水平。

4 月 27 日下午，暨南大学华文学院科研团队还向与会专家汇报了其独立研发的“华文教师证书认证项目”及“海外华裔青少年华文水平测试项目”进展情况。

据悉，目前《华文教师证书》考试已在中国、印度尼西亚、泰国、缅甸、老挝、柬埔寨、菲律宾、德国、意大利等国分别举行。全球 32 个国家共有 2595 人参加了考试，1816 人通过认证，通过率约 70%。

海外华裔青少年华文水平测试是国务院侨务办公室批准研发的考试，该测试主要是面向海外华人华侨，特别是华裔青少年而进行的华文水平标准参照考试。目前，华文水平测试已经进入试测阶段，参与首批试测的 10 个国家为印度尼西亚、菲律宾、柬埔寨、缅甸、泰国、马来西亚、英国、荷兰、美国、巴西。[①]

① 郭军：《中国国侨办成立首届华文教育工作专家指导委员会》，中国新闻网，2016 年 4 月 27 日，http：//www. chinanews. com/hr/2016/04 - 27/7850963. shtml。

四是华文教材体系建设初具规模，华文学校教材需求基本得到满足。教材是教育教学的基本依据，也是传播中华语言文化的重要载体。2014～2017年，国务院侨务办公室组织编写了《中文》高中版系列教材，并修订了《幼儿汉语》《汉语拼音》《说话》《中国历史常识》《中国文化常识》《中国地理常识》等相关配套教材。另外，为柬埔寨、泰国、缅甸、菲律宾、澳大利亚及中亚、欧洲等国家和地区组织编写了 8 套共计 280 册“本土化”教材。经过努力，涵盖幼儿园、小学、初中、高中阶段的主干教材体系基本建立，面向不同国家和地区的“本土化”教材体系日益丰富，能够较好地满足当地华文学校的教育教学需求。

在加强华文教材体系建设的同时，国务院侨务办公室依托驻外使领馆、重点依托华文教育组织和华文学校，做好教材的推广发行工作，基本做到有求必应，及时、足额供应。2014～2017 年，累计向 50 多个国家和地区的华文学校提供了 1300 万册各类华文教材。①

五是华文教师培训工作稳步推进，师资队伍整体素质明显提升。师资问题是制约海外华文教育发展的“瓶颈”，也是海外华社关注的“老大难”问题之一。国务院侨务办公室想侨胞之所想、急侨胞之所急，多形式、多渠道、不间断地培训海外华文教师，重点推广集“培训、考核、认证”于一体的华文教师培训新模式，收到良好效果，华文教师队伍的总体素养得到明显提升。2014～2017 年，国务院侨务办公室依托国内华文教育基地院校共组织举办了 223 期专题培训班，邀请近 40 个国家和地区的 13281 名华文教师来华培训；组派了 52 个“名师巡讲团”，分赴 33 个国家和地区开展送教活动，巡回培训了 21665 人次；通过“请进来”“走出去”等方式开展“三位一体”培训，培训了 7392 名华文教师，目前已完成 5742 人的考卷评阅，其中有 3944 名教师通过考试，获华文教师证书，通过率为 69%。通过函授教育方式，招收了马来西亚、印度尼西亚等 5 个国家的 306 名华文教师就读汉语言文学等专业的本科和硕士，培养具有较高学历层次的骨干教师；以提

① 裘援平：《第四届世界华文教育大会主题报告》，2017 年 12 月 19 日。

供奖助学金的方式，招收了泰国、印度尼西亚等25个国家的1390名华裔高中毕业生到暨南大学和华侨大学就读华文教育本科专业，为华校培养后备师资力量。①

2016年，在师资培训方面，共举行了中国外派华文教育师资培训活动13次；海外来华师资培训，包括专项教学技能培训5次；教材教法专题培训4次；“华文教师证书”专项培训8次，把全球的华文教师请进国内培训。此外，注重加强海外教师管理团队的培训，2016年，共举行10次中小学类华校校长、校董的培训。云南师范大学、暨南大学、华中师范大学、上海师范大学、湖南师范大学等国内的高校分别开设本科或函授课程，为泰国、菲律宾、马来西亚、印度尼西亚等国培训学历型师资。

2016年，华文教育远程培训也取得新的进展。美国、澳大利亚、德国、塞浦路斯、西班牙、泰国、挪威、新西兰、韩国、英国、马来西亚、阿联酋、瑞典、法国、墨西哥等国家的华文教师加入“海外华文教师完美远程培训”。其中，“2016年9月4日，法国著名汉学家、法国首任国民教育部汉语总督学、世界汉语教学学会副会长白乐桑教授做客多平台全球直播中国文化课，与来自新加坡、澳大利亚、泰国、法国、荷兰、加拿大、英国、瑞典、奥地利、瑞士等31个国家和地区的701位华文教师探讨了文化这一范畴应该怎么界定、文化教学的方法等问题”。②

2016年，国务院侨务办公室派出22个名师巡讲团赴海外讲学，分别到澳大利亚、菲律宾、爱尔兰、英国、蒙古国、韩国、日本、美国、缅甸、西班牙、印度尼西亚、墨西哥、葡萄牙、瑞典、丹麦、泰国、南非、阿根廷、巴西、法国等国家讲学。内容包括“中小学语文教学技巧”“中国文化概述”“中小学数学式教育思维”“中国书法艺术”“小学识字教学”“语言教学的流派及辅助教学方法”“跨文化传播的话语影响力”“教师职业口语的含义和特点”“学科实践活动背景下的语文新思考”“华文

① 裘援平：《第四届世界华文教育大会主题报告》，2017年12月19日。

② 贾益民：《世界华文教育年鉴（2017）》，社会科学文献出版社，2017，第242页。

教育发展”“提升教育品质和中文授课方法”“幼儿园语言集体教学活动的组织与实施”“呵护心灵，健康成长——青少年心理健康教育”“各个击破，全面提高——小学语文阅读写作专项训练指导”“太极和健身气功”“少林拳术”“刀剑器械”“趣味记字法例谈”“连词成句——激发写作兴趣例谈”“中国国画之美”“如何激发学习汉语的兴趣”“汉语课堂教学相融合”“汉语课堂教学激情引趣法”“如何引导学生提升写作能力”“华文教育现状和趋势”“打造有品质教育”“简简单单教中文”“激发华文学习兴趣，弘扬中华优秀文化”“中国画基础”“快乐阅读，趣享华文魅力”“如何上好写话课”“浅谈成语故事教学”，分别用生动讲解、课堂互动等方式，从华文教育理论、办学理念、教学技巧等层面分享了华文教学的理念、经验、技巧等。

六是中华文化体验活动蓬勃开展，华裔青少年中文水平大幅提升。广大华裔青少年是华社的未来和希望，也是华文教育工作的主要对象。针对这一群体的特殊性，国务院侨务办公室以文化体验活动为切入点和着力点，注意结合其生理、心理特点，不断创新工作方式方法，持续丰富工作手段，逐渐形成了以“中国寻根之旅”“中华文化大乐园”“中华文化大赛”等品牌为主要支撑，游教结合、内外兼顾、特色鲜明的文化体验体系。2014～2017年，共举办了889期以“中国寻根之旅”为主题的各类夏（冬）令营，累计邀请了105个国家和地区的9.3万名华裔青少年回国学习体验；组派81个才艺教师小组赴31个国家和地区举行81期“中华文化大乐园”，让3万多名华裔青少年在家门口学习中华才艺；组派18个才艺学生交流团，赴26个国家和地区交流巡演，受众达6万多人；在15个国家和地区连续举办了第四、五、六届“中华文化大赛”，吸引约10万名华校学生参与；举办第十六、十七、十八届“世界华人少年作文比赛”，40多个国家和地区的3万多名华裔青少年积极投稿。共有30多万人次从这三年的文化体验活动中受益，不仅激发了华裔青少年学习中华语言文化的兴趣，而且加深了他们对中国国情、中华文化和中华民族的了解和认知，更加坚定了他们的文化自信和民族自豪感。近年来，华裔青少年们对中文的运用水平，对中华文化的理解能力，对祖（籍）国的认知程度，都有了大幅提升。①

2016 年，国务院侨务办公室共举行了 170 次以“寻根之旅”为主题的各类夏（冬）令营，举行了 38 次中国语言文化之旅，33 次海外“中华文化大乐园”，39 次海外华裔青少年的竞赛活动。48 次各类文体活动，包括“四海同春”、才艺交流团、新春联欢、儿童节妇女节联欢等活动。民间组织了 24 次公益活动，包括赠书、义演、捐资设立华教基金、资助华文小学、资助华裔生等活动。同时各侨办注意开展各类表彰活动。

七是华文学校帮扶体系不断优化，支持华校发展举措更具针对性。开启华文教育“三化”建设后，国务院侨务办公室在原有工作基础上，建设华文教育示范学校，帮助困难华校、扶持新兴华校教育示范学校，以帮助困难华校、扶持新兴华校、支持重点华文教育组织和设立华星书屋、选派国内教师支教为补充的帮扶体系，在奖金、项目、活动等各方面给予重点倾斜，为不同办学规模、不同发展水平的华文学校加快转型升级，提供更具针对性的支持和帮助。截至目前，国务院侨务办公室共在 50 多个国家和地区遴选建设了 304 所示范学校，帮扶 294 所困难华校和新兴华校，支持 25 个重点华教组织，设立 607 个华星书屋。“示范学校”成为华社评价办学质量的重要标准，更是家长和孩子们选择学校的重要考量。

2014 ~2017 年，国务院侨务办公室选派了 2973 名优秀的一线中小学、幼儿园教师，到 33 个国家的华文学校开展示范教学、教学督导和师资培训等，缓解了“师资荒”，促进了海外华文学校教学质量的提升。外派教师工作成为国务院侨务办公室开展华文教育工作的重要品牌之一，受到海外华校的欢迎。

八是华文教育基地建设扎实推进，专业支撑作用进一步显现。华文教育“三化”建设离不开国内专业院校的有力支撑。国务院侨务办公室本着“布局合理、结构优化、专业对口、特色突出、创新发展”的原则，在 27 个省（区、市）遴选出 50 所高等和中等院校及文化机构，作为“国字号”的华

① 裘援平：《第四届世界华文教育大会主题报告》，2017 年 12 月 19 日。

文教育基地。其中既有暨南大学、华侨大学、北京华文学院等传统侨校，也有华东师范大学、南京师范大学、东北师范大学等众多师范类院校，还有厦门大学、四川大学、北京外国语大学等知名的高校，以及孔子研究院等文化推广机构。

这些华文教育基地院校在国务院侨务办公室指导下，积极发挥各自的办学优势和专业优势，全面对接华文教育理论研究、华文教材编写、华文教师培训、华裔青少年活动等工作，成为支撑海外华文教育发展的专业力量。此外，国务院侨务办公室还成立了专家委员会，为“三化”建设提供专业指导，协助开展各类华文教育标准的认证。

三　着力实施创新驱动

创新是引领经济社会发展的第一动力，对华文教育工作而言，实施创新驱动，也是顺应时代发展潮流的重要体现和举措。在服务“一带一路”建设过程中，创新显得尤为重要。比如说，可以充分利用现代信息技术手段，开发适合汉语学习者的客户端，每天推送相关学习资源，供学习者灵活运用；也可以针对“一带一路”建设的实际需要，更多地开设一些“短、平、快”的实用汉语培训班（如商务汉语、旅游汉语、工程汉语、外交汉语等）；还可以加强与各级各类主流学校的合作，在主流学校中更多地开办汉语选修课，或者实行联合办学，开辟学生升学的新通道。随着“一带一路”建设的加速推进，市场对精通汉语和当地语言的双语实用型人才的需求更加旺盛，对此，有条件的华校也可以积极考虑创办职业技术学校，按需培养培训专门人才，进一步打通华校学生的上升空间。2016 年 5 月 11 日，印度尼西亚国家旅游部与亚洲国际友好学院签订合作协议。根据协议，亚洲国际友好学院将在已有的中文本科专业基础上，增加旅游方向、商贸方向及师范方向的课程，旨在协助国家培养实用型人才。

国务院侨务办公室在推进传统工作手段创新的同时，积极运用新技术新手段，启动实施了“互联网 + 华文教育”工程，着力打造“一网 + 一盒 +

一个 App"的"三个一"新平台。"一网"，就是加强中国华文教育网的建设，不断优化栏目设置，为海外华校师生的教与学提供资讯、教材、课程等专业资源，形成全链条、多元化的网上综合服务平台。"一盒"，则是与中国国际广播电台和汉雅星空公司等单位合作，研发推出"华文教育百宝盒"，通过机顶盒将数万小时的中华文化节目和华文教育课程输送到华文学校课堂上和华裔青少年的家里，截至 2017 年，已向 34 个国家和地区的华文学校配发了 2400 台"百宝盒"。"一个 App"，就是大家都熟悉的"侨宝手机 App"。在这个平台上，不仅有包括华文教育在内的各类涉侨综合信息，而且还专门设有"学中文"的频道，定期推送一些优秀的教学和文化视频资源，方便家长和孩子们一起学习。

"海外华文教师完美远程培训"通过远程网络授课方式培训了大批海外华文教师。2016 年远程培训项目在已有的培训模式基础上整合创新，形成了"一点对全球直播 + 一点对一点专属课程 + 高清点播课 + 网络答疑"的培训体系。截至 2017 年 3 月，"参与培训的海外华文教师 18300 余人次"①。

截至 2018 年 9 月，"已有五大洲 40 个国家的 1182 所华校定制了华文教师远程培训课程；全球直播课已有 80 多个国家的 8400 多位华文教师入群听课"②。

此外，华文教育基金会不断创新教学模式，利用现代科技手段，开创实景课堂。与传统口述、图片、视频授课方式不同，实景课堂教师身处实景环境之中，依托实景呈现教学内容，启发学生通过现场观察去探索世界，使学习不再停留在课本上、文字里，而是将学习内容跨越时空、立体生动地展现在学生面前，从而使全世界的华裔青少年不受时间、空间限制，远程实时共同学习丰富多彩的中华文化知识。

---

① 华文教育基金会：《［责任］"华文教师完美远程培训"全球直播，反响热烈!》，搜狐网，2017 年 3 月 16 日，http://www.sohu.com/a/129074801_288481。

② 北京四中网校：《日本睦新中文学校加入"华文教师完美远程培训"》，2018 年 9 月 16 日，http://huawen.etiantian.com/overseas/viewResource.action?resourceId=634231。

四 不断提高社会化程度

长期以来，海内外各界对华文教育独特作用与重要贡献的认识不足，较大程度上存在“圈内热、圈外冷”的现象。随着“一带一路”建设的加速推进，华文教育在促进“民心相通”方面的独特优势将进一步凸显，势必也会得到越来越多的关注。习近平总书记在2016年8月17日推进“一带一路”建设工作座谈会上的重要讲话，就特别指出要切实推进民心相通，推进文明交流互鉴，重视人文合作，加强“一带一路”话语体系建设等。“语言文字筑桥工程”不仅可以满足“一带一路”语言服务的基本需求，而且还可以满足各种国家需求，确保国家在处理国内外各类事务中都能得到语言的保障和支持，使语言能力成为国家实力的重要组成部分。①

华文教育是开展中文教学、传播中华文化、讲好中国故事、促进民心相通的重要平台。一方面，大量的中国企业走向海外，中国同世界各国的经济交流日益活跃；另一方面，中国文化也在国际上得到越来越多的重视，中医、武术开始走出国门，被世界接受。这些都凸显了各国对懂汉语、了解中国文化和中国社会的“中国通”的需求，推动了来华留学的发展，也使得带有浓厚中国特色的学科吸引更多的海外华人及当地人。

2014～2017年，国务院侨务办公室向“一带一路”沿线国家提供了820万册各类华文教材，占全部教材发行量的63%；为沿线国家培训华校校长和华文教师近3万人次，占全部受训人数的70%；邀请沿线国家18万华裔青少年和非华裔青少年参加“中国寻根之旅”夏（冬）令营、“中华文化大乐园”、“中华文化大赛”等活动，占参与此类文化体验活动孩子总量的60%；纳入华校帮扶体系的示范学校、困难华校、新兴华校、华星书屋和重点华文教育组织，约700所（个）在沿线国家，占总数的60%以上。

这对华文教育而言，也是加快发展的难得机遇。因此，在助力“一带

① 《提升语言能力 服务国家战略》，中华人民共和国教育部，2016年10月8日，http://www.moe.gov.cn/s78/A18/A18_ztzl/ztzl_ssw/201610/t20161009_284111.html。

一路”建设过程中，应该抓住并用好机遇，吸引更多社会资本投向华文教育领域，不断提高华文教育工作的社会化程度。比如，可以与中资企业或者当地企业合作培训双语人才。再比如，可以吸引社会资本参与华文学校的转型升级，创办中文国际学校、职业技术院校乃至民办华文高校等。又比如，有实力的华校还可以主动承接中国与所在国的重大人文交流合作项目等。

简而言之，要不断提高华文教育的社会化程度，包含两个方面的含义。一方面，华文教育在根植“华人圈”的同时，要更多地走出“华人圈”，积极融入中国同所在国的人文交流合作中；另一方面，华文教育要继续扩大宣传引导，吸引更多社会力量参与和支持华文学校的发展建设。

第五章　中国文化艺术国际影响力总论*

第一节　文化艺术创新实践成果显著

一　中国特色文化外交成为中国特色大国外交的有机组成部分

近年来，文化外交服务整体外交的意识和能力显著增强。作为国家外交大局的支柱之一，对外文化工作不断以润物无声的方式加深各国民众对于中国历史文化、价值理念、发展现状、发展道路的了解和理解，夯实我国与各国保持长期友好关系的民意基础，为我国总体对外战略的实施营造了良好外部环境。

近年来，几乎每次重大国事活动都有文化内容。2013 年 3 月，习近平主席和俄罗斯总统普京共同出席中俄旅游年开幕式并观看开幕式演出《美丽中国》。2014 年 11 月，习近平主席与澳大利亚总理共同出席悉尼中国文化中心揭牌仪式。2015 年 12 月，习近平主席出席中国南非文化年闭幕式文艺演出。2016 年 1 月，习近平主席和埃及总统塞西共同出席中埃文化年开幕式。2016 年 6 月，习近平主席和塞尔维亚总统、总理及全体内阁成员共同为贝尔格莱德中国文化中心奠基。2016 年底，习近平主席和秘鲁总统共同出席中国拉美国家文化年闭幕式并发表重要讲话。

亚太经合组织第 22 次领导人非正式会议文艺演出、亚信峰会文艺晚会、

* 叶飞，中国文化传媒集团中国文化报社编委、采访中心主任。

庆祝抗战胜利70周年非正式晚宴和招待会午宴文艺演出、中国－中东欧国家领导人会晤文艺演出等高水准的大型对外文化交流活动成为利用重要国际场合展示中华文化精粹的成功范例。同时，中埃文化年开幕式、中英创意产业交流活动、南非中国年闭幕式演出、中拉人文交流研讨会以及一系列中国文化年（节）等活动成为国家元首外交和首脑外交的有机组成部分。

为推动文化外交的机制化、常态化发展，文化和旅游部大力发展与世界各国的政府间文化合作关系。目前，我国已与157个国家签署了文化合作协定，累计签署的文化交流执行计划近800个，并深度参与与俄、美、英、法、印尼、欧盟等的中外高级别人文交流，初步形成了覆盖世界主要国家和地区的政府间文化交流与合作网络。

积极践行中央外事工作会议和中央周边外交工作会议精神，将“亲、诚、惠、容”的周边外交理念融入对外文化工作中，发挥文化外交的独特魅力，使我国对周边国家文化交流与合作的水平不断提升，举办了“东亚文化之都”、亚洲艺术节等重要活动，并通过援助缅甸举办东南亚运动会开闭幕式，开启了大型对外文化援助先河，为营造和平稳定的周边环境做出了积极贡献。

同时，多边国际文化交流与合作不断深化。通过有效利用联合国教科文组织等国际平台，深度参与《保护非物质文化遗产公约》和《保护和促进文化表现形式多样性公约》的修订和实施，提升了国际文化话语权。截至2017年底，我国列入联合国教科文组织《世界遗产名录》的世界遗产总数达到52项，居世界第二。我国列入联合国教科文组织人类非物质文化遗产代表作名录的项目总数达到39项，居各缔约国之首。同时，我国还积极参与创立濒危文化遗产国际保护基金。联合国教科文组织在我国设立了亚太地区世界遗产培训与研究中心和非物质文化遗产国际培训中心。

二　“一带一路”文化交流与合作促进民心相通

鉴于文化在“一带一路”建设中独特而重要的作用，为扎实推进“一带一路”文化交流与合作，成立了文化部“一带一路”工作领导小组，并围绕贯彻落实《推动共建丝绸之路经济带和21世纪海上丝绸之路的愿景与行动》，编制了《文化部“一带一路”文化发展行动计划（2016—2020年）》，以此全面统筹“十三五”时期全国的“一带一路”文化交流与合作。

近年来，“丝绸之路国际艺术节”“海上丝绸之路国际艺术节”“丝绸之路（敦煌）国家文化博览会”三大平台，以及深圳文博会、上海国际艺术节等综合平台设置的“一带一路”文化专题板块，大力宣介了“共商、共建、共享”理念。“丝绸之路文化之旅”“丝绸之路文化使者”等品牌活动的举办提升了中华文化在沿线国家的影响力。文化部支持泉州建设“海上丝绸之路艺术公园”，为海上丝绸之路沿线各国辟出专门区域建立国家馆。支持银川建设的《中阿合作论坛行动计划》框架下重点项目“中阿友谊雕塑园”。

通过多种渠道加强与“一带一路”沿线国家在历史文化遗产等领域开展合作。中国、哈萨克斯坦、吉尔吉斯斯坦三国联合申报的“丝绸之路：长安－天山廊道的路网”申遗圆满成功。与沙特阿拉伯、摩洛哥等国进行协商，围绕“海上丝绸之路”组织召开海上丝绸之路保护和申遗工作会议。分别与乌兹别克斯坦、塔吉克斯坦、印度、孟加拉国等国就古代丝绸之路遗址的考古发掘展开合作。积极推进柬埔寨吴哥古迹茶胶寺、乌兹别克斯坦花剌子模州西瓦古城以及蒙古国科伦巴尔古塔等援外文物修复项目。为老挝、新加坡、巴基斯坦等国的中国文化中心安装“文物带你看中国”触屏设备。

三　文化开放水平稳步提高，服务国内发展大局能力显著增强

按照十八届三中全会关于提高文化开放水平的要求，在推动中华文化“走出去”的同时，不断加大请进来的力度，积极吸收借鉴国外优秀文化成果和文化治理领域的成功经验，使对外文化工作服务国内文化建设的功效进一步发挥。

全面深入了解世界文化发展最新动态与发展趋势，以及文化治理的理念和经验，形成了一系列高质量的调研报告，为科学制定符合我国文化体制改革和文化建设的政策措施提供了参考和借鉴。一系列调研报告得到了多位中

央领导同志的重要批示，为推动治理体系和治理能力现代化、做好城镇化与文化保护、弘扬中华优秀传统文化等方面工作提供了借鉴。为帮助国内社会各界客观了解国外所谓顶级“艺术殿堂”的实际情况，遏制国内艺术团组赴国外“镀金”现象的泛滥，下发了《文化部关于坚决制止国内艺术团组赴国外“镀金”的通知》，受到各主流媒体的关注，立竿见影取得成效，得到社会各界的一致好评。

在国内举办了中国上海国际艺术节、北京国际音乐节、“相约北京”联欢活动、中国成都国际非物质文化遗产节、中国新疆国际民族舞蹈节、中国国际合唱节、南宁国际民歌节、张家界国际乡村音乐周、鄂尔多斯国际那达慕大会、中国吴桥国际杂技艺术节、中国武汉国际杂技艺术节、中国国际马戏节、丝绸之路国际艺术节、海上丝绸之路国际艺术节、中国国际声乐比赛（宁波）、中国国际钢琴比赛（厦门）、中国国际小提琴比赛（青岛）等一系列具有广泛国际影响的文化活动和专业比赛。这些活动和比赛在不断提升国际影响的同时，注重文化惠民，有效服务于国内文化建设，成为当地民众参与共享的文化盛会。

四　对外文化交流、贸易、传播多维度创新全面提升国家文化软实力

近年来，对外文化工作不断开创新领域，搭建深层次思想对话平台，着力促进中外智库和学界交流。“汉学与当代中国”座谈会、青年汉学家研修计划以及文学影视译介研修班等活动反响热烈，中国文化和价值理念的国际影响力日益增强。2013～2017 年，共举办了 5 届“汉学与当代中国”座谈会和 10 期青年汉学家研修计划，分别邀请了来自 49 个国家的 125 位具有国际影响力的汉学家和智库学者，以及来自 95 个国家的 360 位青年学者来华。

通过不断创新发展，“欢乐春节”沿着“品牌化、本土化、市场化”方向不断发展，活动规模和质量稳步提升，影响力不断增强。据统计，2015 年“欢乐春节”活动超过 800 个，覆盖海外 118 个国家和地区的 320 余座城市。2016 年，“欢乐春节”在全球 140 个国家和地区的 400 余座城市举办了包括专场演出、广场巡游、庙会、展览、影视播放、美食互动等 10 多个门

类的2100多项文化活动，不但吸引多国政要现场助阵，更激发了各国民众极大的参与热情，海外受众超过2.5亿人次。2017年“欢乐春节”活动在全球140个国家和地区的500多座城市举办2000多场活动，海外受众突破2.8亿人次，近20个语种的上千家国际主流媒体进行密集型报道，影响遍及全球，成为向世界各国展示中华文化魅力的重要平台。

海外文化阵地建设加速推进。通过创新建设思路，引入地方政府和社会力量多模式推进海外中国文化中心建设。截至2017年底，已投入运营的海外中国文化中心总数达35个。这些文化中心开展各类文化活动达4000余场，各类培训班注册学员数达到3万余人次，直接受众约300万人次，成为全方位展示中华文化精粹和国家形象的重要平台。

在加强传统渠道进行对外文化传播的同时，加大力度提升网络和新媒体的传播力。全面升级改版“中国文化网”，着力将其打造成中外文化交流的权威网站，2015年点击量逾7亿次。在Facebook、YouTube、Instagram、Twitter海外四大主流社交媒体平台开设“中国文化”账号，加强与海外受众群体的互动交流，拓展中国文化在网络和新媒体空间的影响力。

近年来，我国对外文化贸易和投资增长迅速，中华文化的国际影响力持续增强。对外文化贸易的市场主体更加多元，民营资本开始成为推动我国文化产品和服务出口的重要力量。国家对外文化贸易基地在上海、北京、深圳相继建立，成为在文化贸易领域先行先试、探索发展新模式的重要抓手。稳步搭建演艺产品、数字内容、学术研究等公共服务平台，助力文化企业拓展出口渠道。此外，还积极参与了中美、中欧投资协定、区域全面经济伙伴关系协定、中韩自贸协定等涉文化领域的多、双边国际贸易规则制定工作。2016年全年文化产品进出口总额为885.2亿美元，其中出口786.6亿美元，实现顺差688亿美元；文化服务出口中的文化娱乐和广告服务出口额为54.3亿美元，同比增长31.8%；文化体育和娱乐业对外直接投资39.2亿美元，同比增长188.3%。[①] 2017年，我国文化贸易总

① 《光明日报》2017年3月10日，第1版。

体规模约为1265亿美元，同比增长11.1%；我国与“一带一路”沿线国家文化产品进出口额达到176亿美元，同比增长18.5%，占文化产品贸易总额的18%。[①]

第二节　充分发挥中央与地方两个积极性

2015年，文化部服务国家“一带一路”倡议，举办第十四届亚洲艺术节暨第二届海上丝绸之路国际艺术节、“东亚文化之都”、中国－中东欧国家文化合作论坛等活动。举办中加、中英文化交流年、中美文化论坛、中俄文化大集、南非中国文化年、赫尔辛基艺术节中国主宾国等重点文化外交活动。积极参与高级别人文交流机制以及政府间对话活动，有力配合国家外交大局。

推动地方政府与企业参与海外中国文化中心建设，2015年5家海外中国文化中心投入运营，总数达到25个。据统计，25个海外文化中心全年共举办培训221次，培训16035人次；举办讲座197次，16147人次参加；组织各类文化活动92场，280.14万人次参加。“欢乐春节”活动以“品牌化、本土化、市场化”为宗旨，在全球119个国家和地区开展900多项文化活动。北京、上海、深圳国家对外文化贸易基地的影响力和辐射带动作用进一步显现。

全年经文化系统审批的对外文化交流项目1667起，40781人次参加；对港澳文化交流项目230项，5593人次参加；对台文化交流项目500项，12593人次参加。

2016年，文化部服务国家“一带一路”倡议，出台《文化部“一带一路”文化发展行动计划（2016—2020年）》。23个国家文化部长或代表受邀出席丝绸之路文博会文化部长圆桌会议并通过了《敦煌宣言》，与沿线国家开展交流的机制化水平不断提升。

① 商务部2018年2月17日通报2017年我国对外文化贸易情况。

海外文化阵地和品牌建设不断加强，中共六大会址常设展览馆、瑞典斯德哥尔摩文化中心、希腊雅典文化中心、白俄罗斯明斯克文化中心、柬埔寨金边文化中心等揭牌或启用，全球中国文化中心总数达到30个。推进海外中国文化中心多模式发展，部省共建文化中心的机制不断完善。2016年“欢乐春节”在全球140个国家470座城市举办2100多项活动，品牌化、本土化、市场化水平不断提升。在20个国家举办“中华文化讲堂”，开展40余场形式各异的中华文化宣介展示活动，以文化方式讲好中国故事，受到各国民众热烈欢迎。举办中拉文化交流年，覆盖约30个拉美和加勒比国家，直接受众近千万人。举办中埃文化年、中加文化交流年、中卡文化年（卡塔尔）、俄罗斯中国文化节、非洲文化聚焦等活动，完成G20杭州峰会文艺演出任务。“东亚文化之都”“相约北京”联欢活动等品牌活动的影响持续扩大。

2017年，积极推动文化外交活动制度化，深度参与中俄、中美、中欧等八大高级别人文交流机制。截至2017年底，我国已与157个国家签署了文化合作协定，累计签署文化交流执行计划近800个，初步形成了覆盖世界主要国家和地区的政府间文化交流与合作网络。

主办“中美文化论坛”、第十五届亚洲艺术节、“东亚文化之都”、“欧洲文化之都”合作论坛、首届金砖国家文化节、第三届中国－中东欧国家文化合作部长论坛和“意会中国”“中非文化聚焦”等文化交流活动，进一步扩大中华文化国际影响力。

建立“一带一路”文化交流机制，夯实互联互通基础，建立健全丝绸之路国际剧院、博物馆、艺术节、图书馆、美术馆联盟。举办第四届“丝绸之路国际艺术节”、第三届“海上丝绸之路国际艺术节”和第二届丝绸之路（敦煌）国际文化博览会，参展参演国家和地区总数、演出场次、参展艺术品数量、成交额等再创新高。

开展“一带一路”文化贸易与投资重点项目征集活动，培育一批重点文化企业和文化项目，进一步推进与“一带一路”沿线国家文化贸易发展。

以讲好中国故事为主线，2017年“欢乐春节”在全球140多个国家和地区的500余座城市举办了2000多项文化活动，“欢乐春节”品牌效应逐步形成。海外中国文化中心建设顺利推进，2017年希腊雅典文化中心、越南河内文化中心、保加利亚索非亚文化中心、以色列特拉维夫文化中心、缅甸仰光文化中心等5个海外中国文化中心揭牌或启用，海外中国文化中心总数达35个。

全年经文化系统审批的对外文化交流项目3054起，63961人次参加；对港澳文化交流项目496项，12567人次参加；对台文化交流项目342项，6428人次参加。

第三节　中国文化艺术国际影响力评估

一　思想理念层面，构建人类命运共同体的共识基础持续增强，中国智慧、中国方案受到国际社会广泛关注

自2013年中国首次在国际场合提出构建人类命运共同体倡议以来，从“一带一路”国际合作高峰论坛到中共十九大报告，再到世界政党高层对话会，这一倡议日益深入人心，已成为全球共识。联合国决议写入“构建人类命运共同体”，体现这一理念得到各国普遍认同，彰显了中国方案对全球治理的巨大贡献。

当今时代，世界各国之间的联系日益紧密，相互依存程度不断加深，和平发展成为世界各国人心所向。坚持和平发展道路，构建人类命运共同体，超越了国别、党派和社会制度的异同，反映了全球绝大多数国家的普遍期待，符合国际社会的共同利益。在许多国家看来，中国可以为发展中国家走向现代化提供新的路径，可以为探索更好的社会发展路径提供中国方案，可以为解决人类问题贡献中国智慧。尤其在近期全球贸易面临严峻挑战的背景下，人类命运共同体这一理念具有更大的现实意义，得到许多政治家和国际问题学者的高度赞同。

“构建人类命运共同体”理念充满文化关切，其共识基础的持续增强，

离不开中外文化交流合作的有力支撑。正如习近平所说，“人类文明多样性赋予这个世界姹紫嫣红的色彩，多样带来交流，交流孕育融合，融合产生进步”①，人类命运共同体思想强调文明与文化的交流互鉴，通过文明与文化的对话增进共识，推动人类社会的繁荣与进步。中国作为一个负责任大国，在参与全球治理的过程中，以维护世界文化多样性的姿态推动各国间文化交流合作，将推动人类命运共同体理念在更广阔空间落地生根、牢固树立。

以周边国家文化交流为例，近年来，我国与周边国家文化外交取得重要突破和进展，通过构建“亚洲命运共同体”，为人类命运共同体理念落地周边打下了共识基础。中日韩、东盟与中国（10+1）、东盟与中日韩（10+3）、澜湄次区域等亚洲区域文化合作机制进一步完善，包括“东亚文化之都”、亚洲艺术节在内的品牌活动影响力日臻扩大，得到亚洲相关国家政府、艺术界和民众的高度认可。以“海丝古港　亚洲新梦”为主题，由开幕演出、文化论坛、表演艺术、视觉艺术四个板块的数十项活动组成的艺术节充分展现了亚洲文化艺术发展成果，搭建起亚洲政府间文化合作新平台，让亚洲文化艺术发展成就惠及百姓，向世界传递亚洲声音。又如“中国-东盟命运共同体”的构建，近年来，中国与东盟在文化领域的交流合作亮点纷呈，双方通过部长级会议、论坛研讨、人员培训、业务交流、思想对话、艺术展演等形式开展合作与对话，增进了对彼此文化的了解和欣赏，也为人类命运共同体提供了支撑。

二　地域层面，“一带一路”朋友圈不断扩大、民心相通指数持续上升，“中拉文化交流年”等重大活动填补了中华文化影响力的薄弱空白地带

当前，“一带一路”的朋友圈已覆盖五大洲。截至2017年底，我国同86个国家和国际组织签署了100份“一带一路”合作文件，涵盖互联互通、产能、投资、经贸、金融、科技、社会、人文、民生、海洋等合作领域。

① 《习近平在第七十届联合国大会一般性辩论时的讲话》，新华社联合国2015年9月28日电。

“一带一路”正在从中国倡议一步步走向全球共识。

文化方面，文化部积极推动和倡导“一带一路”沿线国家政府文化和旅游部门间的对话与合作，签订了政府间文化交流合作协定。中国与“一带一路”沿线相关国家还建立了各种区域性的对话机制，如上海合作组织成员国文化部长会晤、中国－中东欧国家文化部长合作论坛、中阿文化部长论坛、中国与东盟10＋1文化部长会议，这些机制从政府层面保证了“一带一路”国家文化合作的根本框架。

与此同时，我国文化机构与“一带一路”相关国家的重要文化机构也建立直接的合作关系。在“丝绸之路国际剧院联盟”“丝绸之路国际图书馆联盟”等联盟框架下，交流务实有效，直接连接当地民众。“丝绸之路国际艺术节”“海上丝绸之路国际艺术节”“丝绸之路（敦煌）国家文化博览会”三大平台，以及深圳文博会、上海国际艺术节等综合平台设置的“一带一路”文化专题板块，让“共商、共建、共享”理念深入人心。“丝绸之路文化之旅”“丝绸之路文化使者”等品牌活动的举办，提升了中华文化在沿线国家的影响力。

2014年国务院印发的《国务院关于加快发展对外文化贸易的实施意见》、2016年文化部联合商务部等印发的《开拓海外文化市场行动计划（2016－2020年）》、2017年出台的《文化部“一带一路”文化发展行动计划（2016－2020年）》等为我国促进对外文化贸易、“一带一路”人文合作发挥了积极作用。2017年，我国与“一带一路”沿线国家文化产品进出口额达到176亿美元，同比增长18.5%，占文化产品贸易总额的18%；2018年第一季度，此项数字为37亿美元，同比增长13%，占文化产品贸易总额的20%。

为量化“一带一路”沿线国家互联互通的水平与进展，北京大学海洋研究院、国务院发展研究中心、国家信息中心等单位联合开展相关研究，推出“五通”指数。该指数结合各国的基本现状与发展态势，对比分析了“一带一路”沿线国家在政治、经济、文化等方面与中国的联通情况。测算结果显示，“五通”中，民心相通的分数相对较高。2016年，“一带一路”

沿线国家“五通”指数的平均得分为51.4分，互联互通总体水平从2015年潜力型步入良好型等级。其中，俄罗斯继续蝉联“五通”指数榜首（51.4分），东帝汶最低（28.94分），显现出各国互联互通水平的不平衡。各一级指标得分差异情况如下：政策沟通10.39分、设施联通8.71分、贸易畅通10.32分、资金融通10.36分、民心相通11.59分，可以看出，五个一级指标得分较为平均，其中民心相通的分数相对较高。在民心相通上，“一带一路”沿线国家总体处于良好型等级，有31个国家处于顺畅型等级，占比49.21%，是2015年（6个）的5倍。

拉美地区一度是中国文化走出去的薄弱区域，2016“中拉文化交流年”的盛大举办，一举改变了这种情况。2016“中拉文化交流年”是我国同拉美地区共同举办的最大规模的年度文化盛事，覆盖了中国和近30个拉美及加勒比国家，其间举行了演出、展览、论坛讲座、电影展映、美食节、旅游推介等数百场文化活动。“中拉文化交流年”让中国文化“走出去”从双边走向多边，实现了对主流观众的人性化传播，在中国文化“走出去”的探索中，留下了浓墨重彩的记忆和弥足珍贵的经验。此次“中拉文化交流年”的着力点之一，是通过构建与拉美各国更广阔的文化交流平台，让一批优秀的中国文化艺术产品进入国外主流观众的视野。原汁原味的中国传统文化到了拉美各国，拉美民众表现出极大的兴趣。在一系列走出去活动中，我国的非遗、历史、民乐、哲学等丰富多样的传统文化为此前很少接触中国文化的拉美各国观众带去了全新的文化感受。

三　话语权层面，中国在多个多边文化合作机制中发挥重要作用，已成为世界遗产大国，所主导的手机（移动终端）动漫标准成国际标准

我国与各国的官方文化交流机制大多通过文化交流计划来实现。除双边交流机制外，还有地区性的多边文化合作机制，如中国－中东欧国家文化合作部长论坛、中国－阿拉伯国家文化部长论坛、上合组织成员国文化部长会晤、中非文化部长论坛、中国与东盟“10+1”文化部长会议、金砖国家文

化部长会议等高级别国际会议机制。中国积极参与这些多边文化合作机制的建设并推动其发展，在其中发挥着越来越重要的作用。

如金砖国家之间的文化交流合作一直以双边交流为主，金砖国家文化部长会议召开后，多边交流起步。2015 年 6 月，首届金砖国家文化部长会议在俄罗斯莫斯科举行，同年 7 月《金砖国家政府间文化合作协定》在金砖国家领导人第七次会晤期间签署，为金砖国家开展文化领域合作奠定了基础。2017 年，第二届金砖国家文化部长会议在天津举行。会议期间，金砖五国共同签署了《落实〈金砖国家政府间文化协定〉行动计划（2017—2021 年)》，并见证了金砖国家图书馆联盟、博物馆联盟、美术馆联盟和青少年儿童戏剧联盟的成立。各国代表认为，民心相通对于金砖国家合作至关重要，而文化交流是促进民心相通的重要途径。加强文明交流互鉴，推动文化领域务实合作，在多元共享的基础上培育金砖价值理念，夯实金砖合作民意基础，是金砖各国共同的愿望。加强金砖框架下文化领域的交流与互动，有利于促进金砖国家整体的可持续发展，增进金砖人民间的友好感情，对金砖国家合作和发展具有重要的现实意义和深远的历史影响。各领域的务实合作，为各国普通民众提供了更丰富的文化资源和更充实的文化生活。

文化遗产方面，截至 2017 年，中国的世界遗产数量达到 52 项，中国成为名副其实的“世界遗产大国”。52 项世界遗产，是国际社会对中国自然和文化资源的认可，也是中国向世界做出的文化承诺。这些世界遗产展示了美丽、文明的中国形象，为中国赢得了世界的认可和欣赏，在增进世界人民对中华民族的了解和信任，推动各国各地区不同文明的交流互鉴等方面，发挥了不可替代的作用。

2017 年 11 月 14 日，在联合国教科文组织巴黎总部举行的《保护世界文化和自然遗产公约》缔约国大会第 21 次会议上，中国以 128 票高票当选联合国教科文组织世界遗产委员会委员国。2017 年 12 月 23 日文化部部长雒树刚在第十二届全国人民代表大会常务委员会第三十一次会议上所作的《国务院关于文化遗产工作情况的报告》指出，近年来，我国积极推动对外文化遗产交流合作，努力扩大中华文化的凝聚力、影响力，很多项目成为文明交流互鉴的亮丽名片。

通过联合国教科文组织等国际平台，我国还深度参与《保护非物质文化遗产公约》和《保护和促进文化表现形式多样性公约》的修订和实施，国际文化话语权不断提升。截至 2016 年底，我国列入联合国教科文组织人类非物质文化遗产代表作名录的项目总数达到 31 项，列入亟须保护的非物质文化遗产名录 7 项，入选优秀实践名册 1 项，列入名录（名册）的总数位居各缔约国之首。

2017 年，中国文化领域推出了第一个国际技术标准。近年来，中国手机（移动终端）动漫发展迅速、势头强劲，成为动漫产业乃至文化产业发展的重要新增长点和新亮点，并在国际上处于领先地位。2017 年 1 月，由中国主导的手机（移动终端）动漫标准在瑞士日内瓦召开的国际电信联盟第 16 研究组全体会议上顺利通过审议（标准号 T. 621），经过 6 周全球公示以后，于 3 月 16 日正式发布成为国际标准。这是文化领域中国科技、中国标准走向世界的重要标志，该标准实现了在“互联网 + 文化”的国际技术水平上中国由跟跑、并跑到领跑的跨越，这一成果将激励和推动中国文化与科技融合发展的成果更多更好地走向世界，开展国际合作，促进共同发展，融入全球产业链。

四　内容层面，中华文明特别是中华优秀传统文化核心的价值认可度提高，春节进一步成为全球共享的世界性节日，中国艺术剧目节目进入外国主流演艺市场

通过中外文化交流互鉴，推动中华传统文化走出去，是中共中央办公厅、国务院办公厅印发的《关于实施中华优秀传统文化传承发展工程的意见》重要内容之一。在世界范围内弘扬中华优秀传统文化已成为彰显我国国家文化软实力的重要路径。

海外对中华文明特别是中华优秀传统文化的价值认可度的提高，一大表现是春节成为世界性节日。春节作为中华民族最重要的传统节日，是全体中国人及众多海外华人的情感聚合，也是中华文化的精华。中国春节逐渐成为

世界性节日，是中国文化获得世界认同的过程，也是中国传统价值观逐渐被各国人民认同的过程。

在全球很多地方，春节已成为本土化的节日。2015 年，纽约市长德布拉西奥宣布，从 2016 年开始，纽约市公立学校将在春节放假一天。纽约成为继旧金山之后第二个宣布公立学校春节放假的美国大城市，此举表明当地社会对中国文化的了解正在不断加深。2016 年，加拿大联邦众议员谭耕向联邦议会提议将每年农历正月初一到正月十五命名为“春节”，得到加拿大联邦议会各大政党的一致赞同。提议通过后，加拿大政府宣布，从 2017 年起，每年农历正月初一到正月十五为“春节”，至此，“春节”成为加拿大人的共同节日。

海外“欢乐春节”活动是春节成为世界性节日的重要推动力。近年来，“欢乐春节”沿着品牌化、本土化、市场化方向不断发展，活动规模和质量稳步提升，影响力不断增强。中国外文局对外传播研究中心在 2016 年组织实施的春节文化“走出去”全球调查显示，海外民众对中国春节的认知程度达到了 58% 的新高；有超过半数的被访者听说过“欢乐春节”，“欢乐春节”成为认知度最高的春节文化品牌。2017 年，“欢乐春节”活动在全球 140 个国家和地区的 500 多座城市举办了 2000 多场，海外受众突破 2.8 亿人次，近 20 个语种的上千家国际主流媒体进行密集报道，覆盖受众近 30 亿人，影响遍及全球，成为向世界各国展示中华文化魅力的重要平台。

中国艺术剧目节目进入外国主流市场，也是近年来的一个新特征。在中国对外文化集团公司等与外国主流艺术机构、主流剧院、主流媒体的合作下，中国艺术剧目节目实现了对外国主流观众的人性化传播。近几年，在纽约林肯中心、华盛顿肯尼迪中心等北美、西欧、大洋洲等 30 多座城市中心剧院，都有中国演出定期推出，《丝路花雨》《十里红妆》《牡丹亭》《一把酸枣》《梁祝》等 10 余部来自中国的舞剧通过当地主流票务网络进行市场化推广营销。2016 年 12 月 11 ~ 13 日，中央民族乐团全团 130 多人携《又见国乐》赴华盛顿和纽约演出。肯尼迪表演艺术中心副总裁米奇 · 贝拉对《又见国乐》给予高度评价：不可思议、国际顶级水平、具有震撼效果。中国艺术家的创新和努力也被美国观众所理解和感知。美国首演结束后，在导演王潮歌和作曲家姜莹的现场沟通会上，近200位美国观众自发留下来，听国乐幕后的故事，排着长队等着签售海报和CD。值得注意的是，这5场演出全为商业演出，用商业交流的形式走进美国的主流观众群体，既获得了票房，又获得了国外观众对中国艺术家的认可。

此外，中国的演艺机构参与美国表演艺术家协会演交会，进一步拓展了中国节目的国外市场渠道。美国表演艺术家协会演交会是世界最大的演出节目交易会。2016年，各国演出商3800多位代表参会，350多个展位在交易会现场亮相。美国纽约的中小剧场共有500多家，具有较强的购买力，是光顾、购买中国节目最主要的买家群体。上海演艺代表团20多位代表积极努力与国际演出市场对接，其青年马戏团等获得8个演出意向书，话剧中心等与多个国际演出机构签署8个合作项目。

五　受众人群层面，外国政要出席中国主导的文化活动的频次增高，海外知识阶层与中国学者开展思想对话的意愿提高，普通民众对中华文化的印象正在刷新

近年来，外国政要出席中国主导的文化活动的频次显著增高。据统计，出席和参与了“欢乐春节”活动的外国元首和政要多达上千位，外国政要在春节到来之际给中国人“拜年”已成“惯例”。“一带一路”国际合作高峰论坛等主场外交设置的文化展演展示、参观历史文化景点、宴会伴宴演出等环节给参加相关活动的外国政要留下了深刻印象，引起外媒的广泛关注和报道。在华举办的中国成都国际非物质文化遗产节、丝绸之路（敦煌）国际文化博览会等大型国际性文化活动主题鲜明，外国政要纷纷点赞。

外国知识阶层与中国学者开展思想对话的意愿提高、学术交流需求增加。当代中国经济、社会、文化等各领域正在发生的深刻变化，与古老中国的悠久历史和传统文化交相呼应，为“中国学”研究提供了丰富的素材、方法和视角。由此，文化部于2014年创办“青年汉学家研修计划”，由中外文化交流中心总协调。该计划搭建起了支持海外青年汉学家开展中国研究

的全球性平台，为各国“中国学”领域的青年人才创造与中国本土优秀学术、文化、教育机构、团体、企业和学者开展交流合作的机会，为其学术研究提供便利和实质帮助，通过他们推动各国学术机构与相应的中国研究机构和智库建立长期稳定的联系，实现双方交流互鉴，共同推进“中国学”研究的发展。截至2017年，“青年汉学家研修计划”已累计举办了17期研修班，来自世界81个国家的289位青年汉学家参与了研修。青年汉学家作为汉学研究的年轻力量，具有搭桥铺路的无限潜力。他们通过在中国的研修，加深了对中国的了解，拓展了视野，推动了自身的学术研究，同时也加强了和其他国家的汉学交流。

海外普通民众对中国文化的印象正在刷新。中央电视台联合外文局对全球22个主要经济体发起的“外国人眼里的中国文化元素”调查显示，中国文化元素排名中，长城、武术、熊猫、中医药和美食位居前列。排在前十名的选项中，海外受访者给经典国学、书法绘画、文化典籍打出了高分。42%的18~35岁的年轻人表示，是中国产品让他们在生活中第一次认知中国。在他们眼中，这也是中国文化元素。国家信息中心通过挖掘海外网民上网痕迹发现，美国人看重中国货的性价比，欧洲人更偏好有技术含量的电子产品，拍照和音质突出的中国手机赢得了非洲消费者。2017年5月，“一带一路”沿线20国青年把高铁、移动支付、共享单车和网络购物评选为中国的“新四大发明”。这些中国印象的刷新折射出外国人眼中的中国生活新方式。[①]

六　主体层面，海外中国文化中心等官方驻外文化机构辐射力增强，国有文化企业和文化机构海外知名度提升，国际文化博览会平台受到海外客商青睐，知名文化人、艺术家频频亮相国际舞台

西方主要国家早在20世纪中叶就开始在国外设立文化中心，作为其宣

---

① 李斌：《海外印象里的中国文化新元素》，央视网，2017年10月21日，http://news.cctv.com/2017/10/21/ARTI2EoVdi2Y9x5T4PNMWCu2171021.shtml。

传和推广本国文化、传播思想价值理念、树立良好国家形象的重要手段，以及提升文化软实力、推动文化走出去的重要平台。作为我国政府派驻国外的官方文化机构，海外中国文化中心建设自1988年启动以来，已走过了30年历史，至2017年底已建成运营35个。数据显示，2015～2017年，每个海外中国文化中心平均每年举办活动近100场，35个中国文化中心平均每年直接受众超过400万人次。海外中国文化中心职能有效发挥，在海外受到广泛认可，如巴黎中国文化中心主任于2015年获颁“法兰西共和国艺术与文学骑士勋章”，莫斯科中国文化中心主任于2017年获“俄罗斯艺术科学院荣誉院士”称号；巴黎、曼谷、首尔、莫斯科、毛里求斯中国文化中心因在国产电影推广方面的突出贡献，2017年被国家新闻出版广电总局（现为国家广播电视总局）授予“中国电影国际传播突出贡献奖”等。海外中国文化中心与“一带一路”沿线国家在文化交流层面成绩斐然，在加深驻在国民众对“一带一路”重大倡议的认识的同时，也进一步深化了其对中华文化的了解。各海外中国文化中心主动深入驻在国学校、社区和文化场所开展文化交流活动，扩大工作半径，受众人群倍增，同时与当地机构、节庆平台展开合作，海外中国文化中心辐射力显著增强。

2015年9月14日，中共中央办公厅、国务院办公厅印发了《关于推动国有文化企业把社会效益放在首位、实现社会效益和经济效益相统一的指导意见》。意见指出，要扩大对外文化贸易和文化投资，提升国际传播能力，讲好中国故事，传播好中国声音。近年来，中国文化企业等各类机构频繁亮相国际文化交流的重要场合，其参与程度和地位都较此前有大幅提高，成为国际文化交流中的重要主体，同时也成为中国文化的重要传播者。其中，国有文化企业和文化机构发挥着领航乃至破冰的重要作用。

如中国对外文化集团公司每年在境外举办各类演出、展览和综合文化活动5000多场，把中国的精彩艺术推向世界各地。负责具体执行的中国对外演出公司与当地不同领域的多家知名公司建立合作，制定了包括户外广告、电视台、电台、平面媒体、网络、社交网络等多渠道、全方位广告投放计划。如在《华盛顿邮报》《大都会周刊》等主流英文平面媒体投放高频次彩色整版广告，在肯尼迪艺术中心及白宫附近地铁站投放大幅醒目户外广告。在地铁车厢、公交车站、商务区、高校张贴海报，发放宣传单页。在WTOP、WETA等当地主流英文电台、电视台投放专题报道，以及30秒、15秒广告。建立演出官方网站，注册Facebook和Twitter账号，实时发布消息与观众互动。创造性地使用数字化科技手段，利用IP地址定位技术针对40万主流人群投放弹出式广告。通过Email和Eblast形式向肯尼迪中心的主流客户发放有针对性的推广资料。在推动演出大获成功的同时，中国对外文化集团公司在美国纽约乃至全球演出行业的知名度大幅提升。

中国北京国际文化创意产业博览会、中国（深圳）国际文化产业博览交易会、中国（义乌）文化产品交易会等的平台作用彰显，吸引着越来越多的海外企业参会。如中国（深圳）国际文化产业博览交易会早在2005年就尝试开展海外招商代理，先后与26家海外优秀代理机构签订代理招商协议，面向全球200多个国家和地区招商。截至2017年，文博会已积累8万余名海外采购商资源。2016年，文博会首次设立“一带一路”馆，展览面积达7500平方米，吸引了35个国家和地区的106家海外机构参展，其中，以色列、南非、美国加州帝国郡首次以政府组团形式参展。文博会品牌还走出国门，于2016年首次举办中埃文博会。展会期间，中埃双方表示将持续开展文化产业领域的双边文化交流，而且埃及展团还就参展2017年深圳文博会等事宜达成了多项合作意向。

文化名人、艺术家亮相国际舞台，展示着中国人的文化自信，丰富了世界对中国故事的想象，回应了世界对现代中国的好奇。近年来，以著名雕塑家吴为山、京剧表演艺术家张火丁等为代表的中国艺术家及其作品蜚声海外。2016年10月22~28日，曾获国务院新闻办颁授“讲好中国故事文化交流使者”称号的吴为山等中国艺术家的形象出现在纽约时代广场纳斯达克大屏幕上。2017年10月，巴西将吴为山创作的大型《孔子》铜像立于库里蒂巴市政中心广场，并将广场命名为“中国广场”。京剧表演艺术家张火丁则为含蓄典雅的中国京剧代言，2015年9月，张火丁携《白蛇传》《锁麟囊》两部经典名剧登上美国纽约林肯艺术中心的舞台。演出被美国当地媒体“刷屏”，《纽约时报》先后四次动用了超常规的多个版面进行报道，受到当地观众的欢迎。

七　手段层面，“互联网 +”打通对外文化交流“最后一公里”，文化产业“走出去”步伐加快，对外文化贸易和投资增长迅速，对外文化援助广受好评

文化的共享和文化的传播，是数字经济发展进程中的重要组成部分。与“互联网 +”结合，利用现代技术打破文化信息传播的不对称，正在成为打通对外文化交流“最后一公里”的重要手段。调查数据显示，在电视剧、电视节目等文化产品的消费渠道方面，视频网站成为外国多数受访者的首要选择，33.6% 的外国民众首选互联网作为接触此类文化产品的渠道；在观看中国艺术演出内容产品方面，33.3% 的外国民众首选视频网站，32.8% 选择电视转播的方式收看，仅有 24.3% 的外国民众倾向于前往演出现场观看；在参与中国文化节事活动方面，40.5% 的外国民众希望通过互联网的便捷渠道参与，仅有 33% 的受访者愿意前往节事活动现场。[①]

2016 年 12 月，国家文物局、国家发改委、科技部、工信部、财政部联合发布《“互联网 + 中华文明”三年行动计划》，旨在将互联网的创新成果与中华传统文化传承、创新与发展深度融合，深入挖掘和拓展文物蕴含的历史、艺术、科学价值和时代精神，丰富文化供给，促进文化消费，形成更广泛的以互联网为基础设施和创新要素的文物合理利用新形态，彰显中华文明的独特魅力。贯彻落实《“互联网 + 中华文明”三年行动计划》各项工作均在稳步推进。截至 2017 年底，已有 92 家博物馆文创产品开发试点，69 个“互联网 + 中华文明”示范项目正在实施。如果说互联网从技术上实现了各国人民超越地域的连接，那么网络文化则凭借丰富多彩的内容，促进了不同国家人民间的心灵交流和情感互动。通过互联网，中国的优秀文化产品越来越多地为外国民众了解和喜爱。据统计，已有近千款国产电子竞技产品出口

① 刘阳：《如何更好讲述“中国故事”》，《人民日报》2015 年 7 月 9 日。

海外。同时，中国的网络音乐产品可以在世界大多数国家下载和播放，一些国家的网络音乐平台还专门开设中国音乐专栏。2016 年，近 200 部中国网络文学作品向国外网络用户授权下载，一些根据网络文学改编的网络影视作品受到国外民众欢迎。

文化贸易和投资是推动民心相通的重要力量。充分发挥市场在资源配置中的重要作用，调动各方积极性，将文化与外交、经贸密切结合，形成文化交流、文化传播、文化贸易协调发展态势，对进一步推动中外文化交流与合作具有现实意义。近年来，我国文化出口企业数量迅速增长，对外文化贸易规模不断扩大，文化资本境外投资步伐加快，市场主体更加多元，民营资本开始成为推动我国文化产品和服务出口的重要力量。

在文化软援助方面，一系列文化援非项目取得实效。技艺培训、文化人士互访、文化交流论坛等形式多样的中非人文交流活动，促进了对非文化外交的进一步发展。为贯彻 2015 年通过的《中非合作论坛约翰内斯堡峰会宣言》，文化和旅游部实施对非洲文化培训“千人计划”，三年内为非洲培训千名文化管理人才。文化部依托“部省合作机制”，与北京、天津、浙江、广东、青海等多个省区市合作，使得援非项目在形式和内容上日渐多样，切实提升了非洲学员的相关专业技能，确保了项目的惠民性。可以说，文化援非是中国在非洲文化软实力的重要来源，对于提升中国在非洲的影响力具有重要的意义，稳固了中非合作的民意基础，促进了非洲国家在国际交往中与中国进行积极互动。

文物保护援外是世界大国文化“走出去”的重要途径。帮助对象国修复具有重要历史文化价值的古建筑，其影响力和受欢迎程度超过一般性工程。近年来，中国的文物保护援外工程主要包括援助蒙古国博格达汗宫博物馆门前区维修（2006～2007）、援助蒙古国科伦巴尔古塔抢险维修（2010～2016）、援乌兹别克斯坦花剌子模州历史文化遗迹修复（2014～）、援助尼泊尔加德满都杜巴广场九层神庙修复（2015～）、援助缅甸项目（2012～）。一系列工程稳步确立、开展、实施，有力保护了世界文化遗产，推动了文物合作与人文交流，展现了我国负责任、有担当的文化遗产大国形象，得到受援国家和国际社会的高度评价。在古迹修复期间，中国团队还为对象国培养了技术人员，并助力当地旅游业发展，惠及广大民众。随着“一带一路”建设的不断推进，文物保护援外在挖掘历史文化、弘扬丝路精神、推进民心相通方面的作用日益凸显。

第四节　增强中国文化艺术国际影响力的思考与建议

一　官民并举，进一步释放民间、社会参与文化“走出去”热情

开展对外文化交流是一个综合性的系统工程，既需要官方渠道，由政府部门主导推动，也需要民间渠道，由社会组织、民间企业共同参与实施。无论从现实需要还是从长远发展来看，中华文化走向世界是全方位的，政府间交流不能完全适应我国国际地位不断提高的新形势的需要，无法充分满足国际社会越来越希望了解中国的需要。

开展对外文化交流时，民间力量往往方式更多样、更灵活，活力强劲。随着经济实力的提升，以及中国政府对文化“走出去”的重视，特别是海外中国文化中心的建设以及“欢乐春节”等活动的举办，中华文化的国际影响力有了较为显著的提升。坚持以政府为主导与民间实施相结合的方式，官民并举，有利于避开文化传播壁垒，增强中华文化的亲和力和吸引力，在更广范围、更深层次上加强与世界各国的交流与合作。

一方面，中国文化“走出去”需要更多的文化人才特别是文化精英来积极参与、共同助力、全力推动。对于中国文化特别是传统优秀文化的挖掘、辨别、取精、提纯、传播，需要专业人才的智慧支撑，这需要各级党委和政府高度重视对文化人才的吸纳招引、用心培养，通过科学有效的保障，为文化人才营造良好的环境和氛围，充分发挥其在国际交流中的主体作用，让他们在与外国意见领袖、民众的交流与对话中，向国际社会讲好中国故事，推动中国文化“走出去”。

另一方面，要充分发挥国民的基础力量。中国文化“走出去”需要社

会各界形成推广合力。每个中国人都应当为国家形象“代言”，成为“文化使者”，有所承担。政府应引导公众发挥己之所能，从小处做起，通过各种渠道、利用各种形式，合力做好中国文化“走出去”的个人篇章，为更加广泛、深入地传播中华优秀传统文化做出聚沙成塔的贡献。

实际上，如何引导民间企业、机构和个人参与中国文化“走出去”的宏大事业一直是个难题。随着我国改革开放的深入，越来越多的民间机构、企业和个人有能力、有兴趣参与文化交流、推动文化“走出去”。特别是共建“一带一路”重大倡议提出后，民间参与有关建设的愿望与热情呈现高涨态势。不过，很多时候，民间组织、社会人士空有热情，却找不到适用、快捷的入口和通道。政府可通过政策手段、财税手段、法律手段进一步鼓励社会参与文化走出去，主管部门或可尝试制定较为明确的准入门槛、审定程序、责任制度、负面清单等多种形式和手段，开辟“绿色通道”，充分发挥和释放民间力量开展文化交流的积极性，鼓励、引导、整合，促推民间文化资源在对外文化交流中发挥更大的效力。

二　结合中国特色新型智库建设，打造文化“走出去”专业智库，对文化“走出去”开展从理论体系到实践案例的全方位研究

没有深厚的理论支撑，行动就难以持续。我国在世界范围内影响力不断提升的现状，以及在全球化进程中扮演的新角色和采取的新姿态，已经对文化“走出去”提出了更高的要求。当前文化“走出去”有关研究呈现零星分散、不成体系的特点，总体上还处于起步阶段。这与我国文化“走出去”的步伐不相称。

长期以来，学界对文化“走出去”关注度较低，导致缺乏足够的理论准备。在实践层面，文化“走出去”有时被简化为办一场演出、展览，很多情况下仍然依靠陈旧的思路和方法去实现。同时，从业者过于强调文化“走出去”在宣传自身、树立形象这一层面的价值，而忽略了对于中国文化之于世界文明发展重要贡献的阐释。在全球化和本土化矛盾统一的当下，这一层面的沉默、失语状态，不利于中国文化的可持续“走出去”，不利于国

家文化软实力的进一步构建，无法为人类命运共同体理念提供足够有力的支撑。

推动文化“走出去”向更高层次和更广范围发展，迫切需要以科学理论和方法，深入研究文化“走出去”发生与发展的规律。加强文化“走出去”基础理论建设，需要对文化“走出去”的概念进行界定，对其目的、方式、方法、效果进行深入研究。需尽快建立起包含本体论、方法论和认识论的独立基础理论，为文化走出去提供必要的动力和支撑。与此同时，加强对实践经验的提炼，在总结、比较、借鉴中助力中国文化“走出去”同样重要。海外中国文化中心、孔子学院等对外文化机构和中国对外文化集团公司、四达集团等企业已积累了大量经验，亟待总结。案例研究的实用性有助规避走出去项目、活动可能遇到的风险。

2015 年 1 月 20 日，中共中央办公厅、国务院办公厅印发《关于加强中国特色新型智库建设的意见》，智库迎来了黄金发展期。文化部文化科技司于 2016 年开始组织实施“文化艺术智库体系建设工程”。该工程面向文化建设的前沿一线布局，初步构建起地方到中央、覆盖文化事业和文化产业、政产学研用一体的文化艺术智库体系，形成了初步机制，编辑了《文化智库要报》，扩大了智库效应，取得了一定成效。

建议打造文化“走出去”专业智库，发挥协同优势，邀请政府、学界、企业共同参与文化“走出去”案例和问题的收集、归纳、研究及成果转化，形成研究中国文化“走出去”的合力，将能够起到服务对外文化工作者、丰富相关理论的实际效用。中国文化“走出去”呈现实践主体多元、利益关切多样、介入角度多层次的新格局，需要加快构建政府社会联动、文化资源共享、各方优势互补的协同体制。中国文化“走出去”应有意识地实现质的跨越，注重将文化交流、文化贸易等更紧密地与提升中国文化价值观的全球认同联系起来。要实现这一跨越，显然不是单一部门、单一行业所能为，既需要各方力量的多元参与，更需要协同合作与集群优势。①

① 彭龙：《提升文化自信　推动中国文化走出去》，《学习时报》2016 年 6 月 20 日。

三　加强文化“走出去”项目库、数据库建设，进一步破除部门间信息壁垒

打造精品活动、品牌项目、样板工程，是中华文化“走出去”的重要路径。要在这一过程中更具主动性、可持续性，项目的内容支撑和过程监管就显得格外重要。

一个完善的项目库将为文化“走出去”提供良好的项目监管和源源不断的内容支撑，在“走出去”项目建设、项目审核、项目储备等方面发挥作用。当前，国内的大部分项目库只是将符合一定标准的项目储存到库中，而这只是最基础的功能。实际上，储备项目的筛选、审核、招标等工作都可以由项目库来完成。加强和完善文化“走出去”项目库的功能，有助通过各种机制，包括信息公开、实时监管和反馈机制等实现项目监管。如今，项目库已可利用大数据、云计算等技术实现动态储存与管理，更可系统化形成项目库生态系统，实现项目全程跟踪，链接各参与部门实现项目信息实时披露，方便各部门共同参与项目，合力推动文化“走出去”。

同样的，文化“走出去”数据库建设也亟待进一步完善。目前，我国文化“走出去”数据统计处于起步阶段，学界可在基础数据库建设、指标设计等方面贡献智慧。如今，数据、信息已成为各行业的基础支撑，应加紧推动文化走出去相关数据平台的建设，并深挖文化“走出去”大数据的政用、学用、商用、民用价值。

四　构建文化“走出去”项目效果评估体系、国家文化软实力综合评价体系及指数测评体系

文化“走出去”的提质增效是决策部门、实施单位、学术机构共同关心的话题。大到包罗万象的“中国文化年”，小到一场演出、一本图书、一次讲座，在海外举行的各类文化交流活动所产生的实际效果如何，目前尚无一个科学的效果评估体系可用。资源的投入并不必然带来成效的相应提升，对外文化传播的效果监控以及反馈修正机制也需要大力完善。政府部门已经

注意到在“走出去”过程中，一些急功近利、滥竽充数的假冒伪劣现象正在出现。如文化和旅游部屡发禁令，叫停社会团体“镀金”性质的海外演展活动。

关于中国文化的国际影响力、国际传播效果，分行业对图书、电影等“走出去”的评估实践和学术探讨，积累了宝贵的经验，但仍然没有解决下面这些基本问题：中国文化历史悠久、浩瀚博大，评估对象如何选择？对不同的文化内容、文化项目和文化行业，需要使用不同的评价方式和评价指标，这些不同的指标该如何整合？仅凭单一数据来源的评估办法已经成为历史，面对已经发现的上百种公开数据来源和将来获取的第一手数据，该如何整合分析？要克服这些难题，创新文化走出去评估理论和体系十分必要且紧急。①

效果评估需要真实、全面的数据支撑。应在文化“走出去”数据库建设的基础上，建立合理的效果评估机制，为文化“走出去”相关决策提供科学依据。健全的效果评估体系有望发挥“前期侦测预警，中期跟踪研判，后期反馈矫正”的作用，从而进一步明确中国文化“走出去”的立足点、聚焦点和切入点，努力确保各方面资源的高效利用。

面对当今世界综合国力竞争的新态势，把握我国经济社会和文化发展的新特征，以习近平同志为核心的党中央把“建设社会主义文化强国，增强国家文化软实力”放到更加突出的位置，反映了高度的文化自觉和文化自信，明确了国家文化软实力的全局意义和发展路径。国家文化软实力评价体系在世界范围尚是空白。有关国家文化软实力量化评估的研究普遍存在概念模糊、缺乏科学合理的指标选取原则、指标重合度高等问题。② 国家文化软实力，是一个国家基于其价值理念、文化创造、精神风貌等显示出来的国际影响力，主要包括核心价值观的国际吸引力、对外宣传的国际感召力、新闻媒体的国际传播力、文化贸易的国际竞争力、人文交流的国际亲和力等等。③

① 巩育华：《文化走出去需重视效果评估》，《人民日报》（海外版）2018 年 6 月 30 日。

② 刘江：《国家文化软实力影响指数测评模型的构念》，《江淮论坛》2015 年 9 月 17 日。

③ 黄志坚：《提高国家文化软实力中的若干重要关系》，《学习时报》2017 年 1 月 20 日。

应在进一步深化对国家文化软实力的认识的基础上，推动国家文化软实力综合评价体系及指数测评体系构建。

五　开展实证研究，科学认识文化产业“走出去”对于其他产业的带动效果

从国际经验来看，一个国家文化产业的“走出去”，不仅可以改善本国的对外贸易结构，还能带动相关产业的出口和投资，对促进本国产业结构的转型和升级，增强综合竞争力都具有重要的现实意义。

美国、英国、韩国、日本等国的实践和研究表明，文化艺术“走出去”对其他产业领域的贸易额具有显著的积极引致效应。如韩国进出口银行海外经济研究所发表的《韩流出口影响分析与金融支援方案》表明，韩国文化产业出口每增加 100 美元，就能使韩国商品出口增加 412 美元。伴随韩剧、韩国电影、歌曲等“韩流”席卷全球，各国对韩国产品的好感上升，带动了手机等其他韩国商品的销量。该方案还显示，从消费品项目来看，文化商品出口对 IT 产品、服装、加工食品出口带来的影响很大。各项出口的增幅依次为：加工食品 0.07%，服装 0.051%，IT 产品 0.032%。在亚洲地区，韩国的 CD 唱片等音乐出口对韩国化妆品出口的牵引效果明显，电视剧、娱乐节目的出口对手机、电脑等 IT 产品贡献突出。而在中南美地区，CD 唱片等音乐出口对手机、电脑出口影响最大。

在我国，文化产业对国民经济的投入产出关系的实证研究已经起步，但在“走出去”方面的专门研究仍是空白。对文化艺术“走出去”的引致效应开展实证研究，科学认识文化产业“走出去”对于其他产业的带动效果，有助主管部门形成更加宏观的决策，有利于提升社会对于文化贸易的重要性的认识。

六　进一步整合地方文化资源，探索“一地一国一策”文化交流与传播方案

自“部省合作”开展以来，文化资源在一定程度上实现了纵向打通，

与部际协调机制的横向打通一起，形成了良好的协同局面。

“部省合作”机制使得各地对外文化工作思路更加清晰，定位更加准确。在“部省合作”的框架下，文化和旅游部实际上成为一个枢纽，架起了连通全国各地文化资源、信息、平台共享网络，有效推动了各方资源的整合，并调动了许多地方开展对外文化交流的积极性。同时，“部省合作”还带动了一些地方之间的合作，初步形成了“一盘棋”的局面。而与海外中国文化中心的合作，不但丰富了中心的活动内容，也为地方文化“走出去”搭建了平台。地方对外文化交流的积极性、主动性、计划性的提高，在为中国文化“走出去”提供极大丰富的资源库的同时，也推动了文化“走出去”在内容与形式上的创新。

不过，地方文化“走出去”均突出地域文化特征，目标受众不够明确，缺乏针对性，剧目节目“放之四海”。随着各地方对于文化“走出去”的积极性日益提升，对顶层设计、统筹规划提出了更高要求。或可根据亚洲、欧洲、非洲、美洲、大洋洲不同国家民众的欣赏口味与需求，对国内地方的各类文化艺术演出及展览进行定向、筛选。一方面挑选外向型剧节目和产品，另一方面也将所甄选的文化艺术产品打包，进行“定点投放”。比如，针对美国，或应采取文化与科技相融合的项目。针对法国等欧洲国家，则更多采取推出舞台艺术精品的方式。针对亚洲国家，可主推非物质文化遗产等具有传统文化意蕴的项目。如此既能展现我国文化艺术的多样性，也能一以贯之地培养海外受众的欣赏习惯。

在条件成熟的情况下，可考虑探索制定“一地一国一策”文化交流与传播方案，即一个省区市对应 1～3 个国家，选取适应当地文化消费需要的产品，采取具有偏好针对性的文化“走出去”策略。如“一带一路”建设参与国当中，各国经济情况、意识形态、政策限制、社会稳定情况、文化消费能力等都不同，文化产品的消费需求也就不同。针对不同的情况，可选派调研队伍仔细、深入地调研、审视沿线各国的文化产业需求，再统筹国际国内两个市场，切实制定具有针对性的策略。

制定“一地一国一策”文化交流与传播方案固然难度极大，但仍有一定基础。目前，我国已与157个国家签署了文化合作协定，累计签署的文化交流执行计划近800个。这将为“一地一国一策”文化与传播方案的制定提供有力指引和支撑。

七 引导出口文化企业建立产业链竞争意识，突出外向型产品的文化属性，鼓励更广大企业在产品中“植入”中华文化元素

与其他贸易领域的巨额顺差相比，文化服务贸易领域存在的逆差不但与我国作为世界贸易第一大国的地位不相称，也与我国作为文化资源大国的地位不匹配。对此，国务院印发了《关于加快发展对外文化贸易的意见》，提出到2020年中国对外文化贸易的发展目标：从微观看，要实现培育一批具有国际竞争力的外向型文化企业，形成一批具有核心竞争力的文化产品，打造一批具有国际影响力的文化品牌，搭建若干具有较强辐射力的国际文化交易平台的目标。

作为一种市场行为，文化贸易是以文化产品为交换内容、以文化企业为主体的国际贸易。经济全球化的深入发展和市场规律，都要求文化企业成为文化贸易的主体。随着文化体制改革的日渐深入，我国的文化企业正在经历重组阶段。应抓住这一时机，引导国有文化企业与民间企业进行关联性重组，以投资控股、并购、联合等多种形式进行资源整合，打造一批大型外向型文化企业集团。

基于国际贸易是国内贸易的延伸的基本观点，国际文化贸易也是国内文化贸易的延伸。因此，国际文化贸易的发展仍首先取决于国内文化产业的发展。我国文化贸易发展还处于初级阶段，主要有三种出口模式：一是利用人力资源优势，如杂技、演艺等人才输出，动漫等服务外包；二是加工贸易产品出口，体现在满足国外创意的来料加工；三是品牌运营，版权贸易。总体上看，我国绝大多数文化企业在国际分工中处于产业链的底端，文化产品和服务的科技含量不高，自主知识产权严重缺乏。文化企业能否整合全球资源、抢占文化贸易产业链高端环节，或对其进行创新拓展，应当成为其参与全球文化贸易竞争时的重要考量。

文化企业是通过文化贸易推动文化“走出去”的主力军，但不可忽略的是，中国作为制造业大国，各类企业生产的种种产品遍及全球。如今，将中国传统文化元素融入现代产品设计，已有成为潮流的趋势。如果能够通过补贴等财税优惠手段，鼓励更广大企业将“中国元素”潜移默化地融入各类行销世界的产品当中，将取得事半功倍的效果。

八　重视新媒体传播，推动文化艺术“走出去”与“互联网＋”融合发展

从整体上看，数字网络科技的兴起和运用，对社会和经济发展产生了巨大影响，这当然包括对中国文化的影响，对中国文化“走出去”的影响。

数字网络降低了文化“走出去”的成本。在数字网络兴起之前，中国文化“走出去”主要通过纸质媒介如书籍、报纸的传播。这些纸质媒介在制作、传播过程中需要耗费大量的人员、交通、保存费用。而数字网络媒介的兴起与广泛应用，可以相应地降低这部分成本，让有限的资金可以发挥最大的功用，让更多的文化产品走出国门。分析此前在海外开展的许多文化活动，擅长营造艺术体验和现场效果，但对网络传播重视不足。与信息生活的脱节，往往使活动的影响力局限于现场人群。

一方面，应广泛运用新媒体这一信息“放大器”。以信息技术为核心的新一轮科技革命正深刻改变着人们的生活。新媒体相对于传统媒体来说，最大的好处是传播更加迅捷、覆盖人群更加广泛，尤其是年轻的群体，基本上都倾向于使用网络获取信息。利用新媒体，将使受众群体不再局限于活动现场。而且，越来越成熟的新媒体，已经成为最经济、最实惠，也是效果最佳的信息传播平台。

另一方面，应策划、开发、推出一些在互联网、移动平台上举行的数字文化艺术活动。以互联网为代表的新媒体的交互性、及时性和虚拟性，与文化艺术的特征有着内在契合，这意味着线上活动具有成为文化传播的重要手段的潜力。可以说，数字网络的兴起破除了交通等对文化产品走出去的制约，并且在原来传播范围的基础上有了扩展，数字网络的全球发展对文化

"走出去"有着积极的现实意义。值得注意的是，一些国家的驻华使馆文化处、文化机构开设微博、公众号，除了对在华举行的线下活动进行宣传，也尝试举行一些线上活动，聚拢人气。文化传播与互联网的深度融合，将成为数字时代的必然趋势。

九　加大跨文化人才培养力度，为高端人才在文化领域的发展提供保障

打造业务精湛、视野宽广的文化交流、传播、贸易人才队伍，是文化"走出去"的关键。要推动文化"走出去"提质增效，根本上还要依靠人才，这要求加大跨文化人才培养力度，形成支持文化"走出去"的人力资源供给机制。

我国的文化交流专业人才培养尚处于起步阶段，目前的人才结构还远远无法满足"一带一路"建设提出的新要求。其主要症结之一是，了解西方主要发达国家语言文化和社会制度的人员较多，而了解中小发展中国家相关情况的人员较少，涉外人才储备冷热不均、地域失衡的情况非常突出。同时，更好推动文化"走出去"，还需要懂得跨国经营管理和国际市场营销、擅长涉外项目策划与文化经纪及资本运作的经营管理人才；需要熟悉国际惯例和规则、擅长媒介市场运作、具有战略思维的外向型经营人才；需要具有开拓能力、创新精神和创新能力，能够管理跨国大型文化企业集团的经营管理人才。

针对人才需求状况，新时期应做好两方面的人才培养。一方面，稳定现有文化人才队伍，加强在职培训，对文化工作者开展跨文化培训。另一方面，加快后备人才培养，通过与高校等教育机构的合作办学，支持高校引进国际标准的办学理念和科学技术，注重创意、创新技能培养，培养国际高端文化人才。在组织管理、资金扶持、生产经营等方面加强机制建设，通过制定奖励机制和措施，加强知识产权保护等政策为各类外向型研究人才在文化领域的发展提供保障。

第六章　中国广播电影电视海外发展总论*

经过近 20 年的不懈努力，中国广播影视行业切实加强国际传播能力建设，全面提升了中国影视国际影响力。中国已建立起覆盖全球的广播影视传输覆盖网络，渠道平台日益多元，中国影视节目内容国际市场不断拓展，并进入全球五大洲 200 多个国家和地区播出，题材类型节目形态不断丰富，国际影响力不断提高。2016 年，全国影视内容产品和服务出口共约 6.66 亿美元。其中，影视内容产品（含电视剧、电视电影、动画片、纪录片、综艺专题节目，不包括电影故事片）出口时长约 32217 小时，比 2015 年的 28447 小时增长 13.3%；出口金额约 1.21 亿美元，比 2015 年的 1.14 亿美元提高 6.1%。①

第一节　传播内容：节目类型多样、题材丰富

近年来，随着中国影视内容生产制作能力不断提升，影视作品“走出去”呈现新的态势，题材类型从单一的历史剧向都市剧、现实题材剧发展，产品形态拓展到电视剧、电影、纪录片、动画、综艺等各种类型。中国影视作品以其精良的制作、精湛的表演和精深的思想，获得越来越多世界各国人民的欢迎和喜爱。近年来，中国影视内容和服务出口逐年递增。据不完全统

* 朱新梅，国家广播电视总局发展研究中心国际所副所长，研究员，主要研究方向为国际传播。

① 国家新闻出版广电总局财务司：《2016 年全国广播电影电视业发展指标统计》，第 116～117 页。

计，2013年全国影视内容出口约6066万美元，2014年约7976万美元，2015年约1.14亿美元，2016年约1.21亿美元，2017年出口额达1.22亿美元，比2013年翻了一番。电影业开始布局全球电影产业链，加强国际合作；电视剧成为影视“走出去”的主要节目形态，纪录片、动画、综艺等节目形态“走出去”上新台阶，技术与服务“走出去”效益不断提高。2016年我国电视节目出口情况见表6－1。

表6－1　2016年我国电视节目出口情况

单位：万元

指标名称	合计	欧洲	非洲	美洲	亚洲						大洋洲
					总额	日本	韩国	东南亚	中国香港	中国台湾	
出口总额	36909.13	1831.47	226.89	2088.18	32458.33	5115.05	2080.70	7288.21	5045.18	8489.94	304.26
电视剧出口总额	29732.21	503.07	155.76	589.89	28194.36	5108.46	1695.83	6698.10	2794.60	8233.44	289.13
动画电视出口总额	3661.83	84.32	17.56	931.33	2622.97	—	343.00	173.07	1905.14	11.71	5.65
纪录片出口总额	1799.63	822.91	31.32	335.60	609.80	0.68	28.88	181.95	120.90	68.52	—

资料来源：国家新闻出版广电总局财务司编写《2016年全国广播电影电视业发展指标统计》，第92～93页。

一　电视剧在海外[①]掀起“华流”现象

近年来，中国电视剧产业化水平不断提升，电视剧制作水平不断提高，国际营销能力也不断增强，走出去规模不断扩大。2016年，中国电视剧出口规模为6462.89万美元，占2016年影视节目总额12406.69万美元的52.09%。中国电视剧越来越受到海外观众的欢迎，一些优秀电视剧在海外广受追捧，收视率点击率不断创下新高，掀起“华流”现象。亚洲是中国电视

① “海外”一般指国外，但为行文方便，在涉及港澳台市场时亦如此表述，并不附加政治含义。——编者注

剧主要出口地区。2016 年，电视剧出口到亚洲地区的总额为 3396.30 万美元，占比为 52.55%。[①] 总的来看，中国电视剧“走出去”呈现以下特点。

1. 题材类型广泛

一是历史剧继续保持中国影视标志性地位，不断创下收视新高。历史剧、古装剧一直是中国电视剧走向国际市场最重要的题材类型，在海外有广泛的收视市场和影响力。近年来，优秀历史剧、古装剧不仅在亚洲保持优势竞争力，甚至通过新媒体进入欧美国家，不断引发收视高潮和热议。如 2017 年，古装剧《楚乔传》《军师联盟》签约金额累计超过 1000 万美元，在马来西亚、泰国、柬埔寨、日本、韩国、加拿大等多个国家和地区的传统渠道和新媒体平台播出，收视率、点击率屡创新高。二是都市剧、谍战剧、冒险题材剧成为新宠，受到海外观众高度关注。《解密》《海棠依旧》《北平无战事》等一批主旋律剧陆续走出国门，其中，《北平无战事》在美国主流媒体视频服务平台 Netflix“一刀未剪”地亮相国际影视舞台，并收获诸多好评。三是现实题材电视剧异军突起，成为中国电视剧“走出去”新品牌。如《北京青年》《媳妇的美好时代》《父母爱情》《生活启示录》《金太郎的幸福生活》等电视剧在非洲、中亚和阿拉伯地区都创下较好的收视率，其主要演员在当地成为深受人们欢迎的明星。四是网络剧进军海外，实现新突破。爱奇艺自制网剧《老九门》被马来西亚最大电视台 Astro 购入播出。2017 年，《双世宠妃》《河神》《将军在上》《致我们单纯的小美好》《海上牧云记》等网剧在海外成功发行，其中，《白夜追凶》海外版权被美国流媒体 Netflix 买下，在 190 多个国家和地区播出。2018 年第一季度，《无证之罪》《河神》《杀无赦》在 Netflix 播出。

2. 实现在海外主流电视台播出

不少中国电视剧在国外主流电视台播出，进入对象国主流社会，影响主流人群。如 2014 年 2 月，古装青春偶像剧《兰陵王》在日本富士电视台以日语配音的形式播出后大受观众好评，强势进入日本电视剧总榜 TOP100，

① 国家新闻出版广电总局财务司：《2016 年全国广播电影电视业发展指标统计》，第 116~117 页。

创下华语圈电视剧纪录。2015年初，韩国三大台之一的MBC购买国产电视剧《何以笙箫默》版权，并将其翻拍成韩国版。阿语版《父母爱情》在埃及国家电视台播出后，收视率达3.8%，创历史新高。蒙语版《生活启示录》在蒙古国家电视台播出，最高收视率达5.93%，市场占有率高达23.62%，连续20天夺得蒙古全国收视冠军，超过了同期播出的韩剧、俄剧和蒙剧。英语版《金太狼的幸福生活》在博茨瓦纳播出，实现该国80%的国内观众覆盖率。2015年11月，博茨瓦纳国家电视台与国际台达成合作，成为第一个与中国签署“中非影视合作工程”第二期全部剧目的国家电视台。由华策克顿出品的《三生三世十里桃花》在戛纳电视节入围“全球最受欢迎电视剧目”；《解密》在国外网站被翻译成德、英、西班牙、法、印尼、波兰、匈牙利、葡萄牙等多种语言，海外平台总点击量近400万次；《亲爱的翻译官》在新媒体平台Viki上被译成23种语言的字幕。《琅琊榜》海外销售突破120个国家，并在YouTube、DramaFever、Viki等全球主要新媒体平台播出，受到当地观众热议和追捧。

二 电影海外销售收入大幅增长

2015~2016年，民营电影企业通过资本运作布局全球市场，深度参与电影产业链各个环节。华谊兄弟通过其在美国的全资子公司华谊美国与“罗素兄弟”在美国共同投资成立一家合资公司，其中华谊美国持有合资公司60%的股权，拟投入约2.5亿美元的资金用于合资公司的运营管理、影视剧的开发制作、系列大片IP的采购储备等。万达集团以35亿美元收购传奇影业，并全资收购澳大利亚第二大院线公司Hoyts，该院线集影院、大屏幕广告、影碟出租服务于一身。完美环球2.5亿美元投资环球影业。博纳影业以2.35亿美元投资美国TSG娱乐金融。阿里影业成为AmblinPartners公司的战略股东之一，参与公司重大事项的决策。熙颐影业与游族影业、美国创新艺人经纪公司联合成立电影基金YBFF，投资国际顶级影视项目的出品、制作与全球发行。熙颐影业收购国际版权销售公司Insiders，成为后者主要股东，成功布局影视产品的全球发行渠道，成为一家拥有全球发行能力的中国电影公司。截至2015年底，华谊海外发行渠道遍布全球40多个国家，《微爱之渐入佳境》《失孤》《三城记》《命中注定》等影片在美国、加拿大、澳大利亚、新西兰、新加坡、马来西亚等国家和地区院线同步上映。由此，我国电影产业全面进入全球电影产业链。

2016年，中国电影通过加大与国际影视机构合作，加快海外投资，走出去效果明显，中国电影海外票房收入达到38.25亿元人民币，比2015年的27.7亿元增加了10.55亿元，同比增长38.09%。截至2016年11月30日，87部国产影片（含合拍影片）在国际电影节上获得125个奖项，国际影响力不断提升。

三　动画国际传播实现新突破

经过多年的培育，中国动画节目生产制作能力和国际发行能力不断提升，越来越多的动画节目进入国际主流平台播出，发行到几十个国家和地区，成为中国影视作品走出去的重要节目形态。2017年，中国动画片出口11588.0小时，同比增长173%，占总量的33.7%，同比增长了20.5个百分点；动画片出口额1840.0万美元，占总额的15.1%。

1. 进入国际主流平台播出

方特动漫作品不仅在国内电视台及新媒体平台蝉联各大收视榜首，还发行到全球100多个国家和地区，进入迪士尼、尼克、Sony、Netflix等主流媒体网络。其中，《熊出没》系列已成为中国最具影响力的原创动漫IP，发行覆盖60多个国家和地区，被译制成英语、法语、西班牙语、葡萄牙语、意大利语、俄语、印度语等多种语言，先后在迪士尼儿童频道、俄罗斯Karusel、中东IRIB、印尼MNCTV、土耳其Show TV、意大利国家电视台RAI、巴西Globosat环球电视台、非洲StarTimes等国家和地区的主流电视台及新媒体平台热播，在土耳其、俄罗斯、韩国、菲律宾、秘鲁、西班牙等国家和地区影院上映取得上佳票房表现。

2. 部分作品发行到大量国家和地区

奥飞娱乐近年最成功的销售传播作品是《超级飞侠》系列动画，发行超过130个国家和地区，多次获得当地时段收视冠军。广东原创动力文化传播有限公司《喜羊羊与灰太狼》动画系列和电影系列已成功登陆全球100多个国家和地区，包括澳大利亚、新西兰、印度、新加坡、马来西亚、泰国、韩国、中国台湾等市场，使用包括英语在内的17种语言播出。广东咏声动漫股份有限公司的作品《逗逗迪迪》系列电视动画发行到50多个国家和地区。深圳方块动漫画文化发展有限公司推出的长篇少女题材动画《甜心格格》发行到中国香港、中国澳门、中国台湾、越南、新加坡、泰国、马来西亚、文莱等国家和地区。

3. 部分作品形成系列化品牌化发展

2014～2018年，华强方特相继推出5部“熊出没”系列动画电影，代表中国动画电影的超高艺术水准走出国门，在土耳其、俄罗斯、韩国、菲律宾、秘鲁、西班牙等众多国家和地区影院上映，票房表现良好；还签约中东、印度、希腊、保加利亚、哥伦比亚以及南非等区域，Sony影业持续购进所有“熊出没”动画电影，将其发行到整个拉美地区。2014年，央视动画确立了“熊猫+”国际品牌战略，以中捷合作的《熊猫和小鼹鼠》为首部代表作，大力开发基于“熊猫”形象的多系列动画片，并以“熊猫+”国际品牌战略为起点，与国际一流公司强强联合，持续打造国家级文化交流项目，推出了熊猫系列动画片。其中，中捷合拍动画片《熊猫和小鼹鼠》2016年3月28日起在中央电视台少儿频道首播，并在捷克巴兰多夫电视台播出，收获了好口碑与高人气，受到了中捷观众的喜爱和业界的高度认可。《熊猫和开心球》是中俄首部合拍动画系列片，2017年9月12日在广州举行发布仪式，国务院副总理刘延东和俄罗斯联邦副总理戈洛杰茨出席发布仪式并致辞。刘延东称赞《熊猫和开心球》是两国少儿媒体领域人文交流的新亮点。央视动画还拟与新西兰自然历史有限公司合拍动画系列片《熊猫和奇异鸟》，目前双方已签署了一系列联合制作框架协议。央视动画还在推进与南非联合制作《熊猫和小跳羚》，与加拿大、阿根廷等国家和地区开展合作洽谈，全面拓展“熊猫+”品牌的世界版图，让“熊猫+”品牌的影响力覆盖全世界。

4. 衍生品实现国际化销售

《熊出没》品牌已与食品、电子等国际授权商开展国际化跨界合作，成功授权费列罗旗下品牌。《正义红师》成功输出泰国、马来西亚、越南、文莱、缅甸、赞比亚、尼日利亚、美国等国家和地区，并推出 SOUL 耳机、The Darts Factory 飞镖、Buck 服装、PTS 气枪、JERVIS 篮球、Infantry 手表等上百款国内外热卖潮流品牌衍生产品。

四 纪录片“走出去”跃上新台阶

随着中国纪录片生产规模不断扩大，质量不断提高，国际合作不断深入，纪录片“走出去”跃上新台阶。2016 年，中国纪录片“走出去”规模为 108.61 万美元。亚洲为中国纪录片主要出口地区，出口额为 65.78 万美元（不含港澳台），占比高达 60.57%。

1. 加强国际联合制作，实现国际传播

央视纪录频道与英国 BBC 联合摄制的全球顶级自然纪录片《蓝色星球》第二季，实现全亚洲电视首播。地方广电机构通过国际合作，也成为纪录片走出去的新生力量。如贵州广播电视台与法国电视二台联合制作的《相约未知地带——走进贵州苗寨》，节目首播当晚有 523 万法国观众收看，收视率达 21.9%。加上重播，法国观众人数超过了 1500 万，平均每 4 个法国人就有 1 个人收看。上海广播电视台制作的《海上丝绸之路》已在境内外 10 多家电视媒体播出，还编译成 10 个语种版本陆续在“一带一路”沿线国家的主流电视媒体播出。广东广播电视台与美国公共电视台制片人杰弗里·莱曼携手合作拍摄的《一个美国制片人眼中的海上丝绸之路》，英文版于 2017 年 4 月底在美国公共电视台（PBS）下属的 210 家电视台、美国考克斯（COX）有线电视网以及时代华纳有线电视网的黄金档陆续播出。广西电视台和老挝国家电视台等联合摄制的纪录片《光阴的故事》被赞为“深深撼动两国民众心灵”。纪录片《中越友谊家庭纪事》《光阴的故事——中越情谊》等在越南和泰国播出。

2. 建立国际播出平台，实现规模化播出

五洲传播中心与探索亚太电视网共同开办的《神奇的中国》栏目于

2015 年 3 月 28 日开播，栏目开播 3 年每周播出 1 小时中国题材高清电视节目，已到达亚太 37 个国家和地区的 1.03 亿家庭订户；五洲与国家地理频道合办《华彩中国》栏目于 2016 年 10 月 1 日开播，通过国家地理频道亚洲区和欧洲区（含非洲）、拉美区共计 41 条频道播出，覆盖全球 170 多个国家逾 3 亿有线电视用户。国际台打造“一带一路”纪录片全媒体国际传播平台，实现纪录片国际化传播。其中，印地语纪录片《龙象共舞》登陆印度主流有线电视台；《你好，中国》第四季系列纪录片登陆今日俄罗斯电视台；波斯语系列纪录片《伊人华彩》登陆伊朗国家电视台 8 个频道，收看总人数 6000 多万。

3. 原创纪录片进入欧洲和亚洲主流社会，获得广泛认同

央视纪录频道节目陆续在德国、法国、意大利、比利时、波兰、美国、澳大利亚、非洲等国家的主流媒体黄金时段实现持续播出。纪录频道出品的节目已经成为代表中国优秀影视作品的一张亮丽的名片。2013 年春节期间，《舌尖上的中国》7 集法语配音完整版在比利时国家电视一台（RTBF）黄金时段播出，受到该电视台负责人高度评价。节目播出后带动了比利时的中国餐馆生意火爆，当地多家媒体还对此进行了专访。2013 年底，波兰最大的商业电视台 Canal + 在黄金时段播出波兰语配音的《舌尖上的中国》，这是中国纪录片第一次在波兰主流媒体播出。从 2013 年 10 月 4 日开始，德国 RTL 的新闻纪录频道（N-TV）每周五晚 8：05 完整播出德语配音版纪录片《超级工程》，标志着中国原创纪录片真正进入德国核心媒体平台。2018 年 2 月，日本最大的视频网站 NICONICO 面向 7000 多万名会员，播出了 6 集纪录片《辉煌中国》，收获了日本观众的赞叹与欣赏。NICONICO 总制片人吉川圭三表示，全片场面宏大、节奏感强，还用了许多日本没有的拍摄技术，日本年轻人感到非常震惊。

4. 在国外举办国际纪录片节展，实现从借船出海到造船出海的升级

北京华韵尚德国际文化传播有限公司在德国法兰克福成功举办了两届国际纪录片金树节，已初步形成了一定的影响力。2016 年第一届金树节，共有 37 个国家的 387 部作品参加角逐；2017 年第二届共有 92 个国家的 1017

部纪录片报名参赛。截至2018年2月底，2018年第三届金树节已有123个国家和地区的3143部作品参赛，其中美国、印度、英国影片数量位居前三。

五 综艺领域涌现一批国际性品牌节目

近年来，广电机构加强引导综艺节目的原创性和创新性，推出了一系列优秀原创综艺节目，受到国际市场的关注，一些综艺节目在国际市场实现品牌化发展。2016年，中国综艺专题节目出口额达到845.60万美元，其中出口美洲245.23万美元，出口亚洲（不含港澳台）282.93万美元。①

1. 春晚系列成为全球性春晚品牌

央视春晚系列已成为国际性品牌节目，具有广泛的国际传播力。2016年，央视中文国际频道亚、欧、美三版首重播央视春晚40余次；2016年元宵晚会通过YouTube、Facebook同步高清播出，并及时发布点播视频，Facebook平台总曝光量超过1273万次，独立浏览用户超过900万人，总互动人次超过47万。2017年春晚，全球157个国家和地区的222家电视机构全程转播中文国际频道和CGTN直播信号，CGTN新媒体多平台同步报道春晚，全球用户阅读量为1467.3万，独立用户访问量为1257.7万。《华人春晚》是“春节文化走出去”国家级文化品牌之一，已具有一定的全球影响力。2018年，《华人春晚》由湖南台举办，通过湖南国际频道、芒果TV、各大互联网平台和各国地方电视台实现全球传播。江苏台的《春节联欢晚会》和《元宵联欢晚会》在马来西亚、文莱、新加坡、柬埔寨、美国、加拿大同步播出。南宁电视台携手13家国内外媒体打造的《春天的旋律·2017》辐射到东盟大部分地区以及“一带一路”沿线国家的电视媒体。

2. 《非诚勿扰》持续多年在海外热播

江苏卫视王牌栏目《非诚勿扰》发行到美国、加拿大、澳大利亚、马来西亚、新加坡、韩国等国家和地区，以及中国香港、日本、新加坡、卡塔尔、澳大利亚等多条国际航线；澳大利亚主流电视台SBS连续五年播出江

① 国家新闻出版广电总局财务司：《2016年全国广播电影电视业发展指标统计》，第116~117页。

苏广播电视台打造的品牌综艺节目英文字幕版《非诚勿扰》。从 2011 年在澳大利亚开始启动“海外专场”至今，《非诚勿扰》先后走入 11 个国家，举办了 16 个专场，并且凭借现象级气质成为中国第一档入选哈佛商学院课程的电视节目。2018 年，《非诚勿扰》在推特上走红，英国《每日邮报》第一时间进行大篇幅报道，并进行全方位解析。

3. 《我是歌手》引发对象国广泛关注

湖南台《我是歌手》通过引进国际元素，实现国际化传播。如将哈萨克斯坦歌手迪玛希带入中国观众的视线，哈萨克斯坦国家电视台迅速引进该节目，每周与湖南卫视同步播出，同时参赛的中国歌手也在哈萨克斯坦家喻户晓，迪玛希在哈萨克斯坦成了“民族英雄”。习近平主席在《哈萨克斯坦真理报》发表的署名文章称赞迪玛希为中哈友谊的使者。在英美主流社会有举足轻重影响力、在伦敦奥运会上担任主唱的 Jessie J. 受邀参加 2018 年《我是歌手》，在中英两国的音乐爱好者中间产生了巨大反响，直接影响到主流人群，英国首相访华，邀请她担任中英文化大使出席有关活动。

4. 实现节目模式输出

2013 年，《非诚勿扰》被津巴布韦国家电视台引进，成为全国首个模式输出非洲的综艺节目。《超级战队》模式输出到美国、西班牙、葡萄牙、法国、意大利、马来西亚、新加坡、中国香港等国家和地区。湖南台最近热播的综艺节目《声临其境》，其节目模式也即将实现“走出去”。

第二节　传播范围：进入全球200多个国家和地区

中国影视作品通过各种传输手段、多元主体，已进入全球五大洲 200 多个国家和地区，实现了广泛的国际传播。

一　政府引领，签署国家间影视合作协议

国家高度重视影视节目“走出去”工作，积极推进国家间影视合作，

签署了大量的政府间影视合作协议，为影视作品“走出去”提供了强大的国家支持。截至2016年底，国家新闻出版广电总局已与“一带一路”沿线67个国家签署了政府间广播影视合作协议；截至2017年底，中国已与20个国家签署了电影合拍协议。

二　旗舰媒体和龙头企业主动作为，积极拓展国际市场

以央视为主的广电传媒机构，积极拓展海外市场，加强频道落地，成为中国影视作品进入国际市场的重要渠道。截至2017年底，中央电视台已在全球154个国家和地区实现整频道落地，海外用户2.53亿。国际电视总公司作为中国影视节目国际发行的龙头企业，发行的影视节目覆盖全球200多个国家和地区。电视剧龙头企业华策累计将10000余小时影视节目发行至全球180多个国家和地区。四达时代积极拓展非洲市场，其直播卫星信号可覆盖撒哈拉以南非洲45个国家、约9.7亿人口；在30多个非洲国家注册成立公司并开展数字电视运营，发展用户近千万，成为非洲发展最快、影响最大的数字电视运营商。

三　多元主体广泛参与，推动国际市场形成新格局

1. 亚洲仍然是主要市场

亚洲一直是中国影视出口的主要市场。2016年，中国影视节目出口亚洲国家的金额占比为88%（见图6－1），其中东南亚、日韩、中国台湾、中国香港是核心出口市场。根据统计数据，2017年全国影视内容产品出口亚洲5723万美元（其中主要为东南亚地区，共1305万美元；日本、韩国分别为739万美元和158万美元）；中国港澳台3823万美元（其中主要为香港和台湾地区，分别为2579万美元和1065万美元）。

2. “一带一路”沿线国家成为重要新兴市场

广电系统积极参与“一带一路”建设，通过国际合作方式拓展沿线国家市场。2015年1月，国际电视总公司与越南西贡有线电视台（SCTV）以商业化模式合作开办的《中国电视剧场》开播，西贡有线电视台SCTV－4

频道每晚黄金时间固定播出中方提供的全部使用越南语译制的中国电视剧，全年共计播出 10 部 365 小时，覆盖 200 万收视户。其中，《老大的幸福》作为首播剧在该时段播出时，收视率超过该台平均收视水平。2015 年 5 月，国际电视总公司以商业化模式在印度尼西亚建设运营央视第一个海外本土化电视频道“Hi-Indo!”（你好，印尼!），面向印度尼西亚主流社会播出中国电视剧、纪录片、动画片、综艺、汉语教学等译制成印度尼西亚字幕版或配音版的中国影视节目。

同时，广电机构也积极搭建平台，形成走出去合力，共同开发沿线国家市场。如国际电视总公司牵头成立的“丝路电视国际合作共同体”，成员单位及伙伴单位扩展达到 47 个国家和地区的 85 家机构。国际电视总公司启动丝路电视国际合作共同体 2018 年首次联播活动，提供央视春晚及春节系列节目、电视剧《中国式关系》、纪录片《大国外交》《辉煌中国》《长征是世界的》、大型文博探索节目《国家宝藏》等 25 部节目，总时长约 120 小

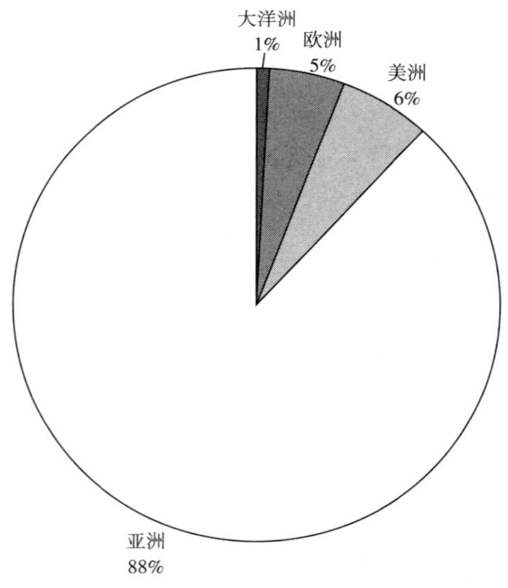

图 6－1　2016 年影视节目出口金额地区分布

资料来源：国家新闻出版广电总局财务司：《2016 年全国广播电影电视业发展指标统计》。

时，覆盖中、英、俄、葡、法、阿拉伯等 18 个语种，英国、美国、日本、俄罗斯、吉尔吉斯斯坦、葡萄牙等 24 个国家和地区的 36 家成员机构参与，16 家机构直播或转播了 2018 年央视春晚，27 家机构播出了春晚相关节目。五洲传播中心发起成立了“一带一路”媒体传播联盟，推出了“丝路电视跨国联播网”，在沿线国家 21 家主流电视媒体以 11 种本土语言播出《丝路时间》栏目，覆盖 40 多个国家和地区的 5 亿多受众。宁夏台积极拓展阿拉伯国家市场。2017 年，宁夏台共摄制 3 部合计 300 分钟的纪录片，译制节目 3000 分钟，全部实现在阿拉伯地区落地播出。

3. 非洲国家市场已经发育成熟

非洲已成为中国影视剧“走出去”的重要潜在市场。一方面，通过实施“中非影视合作工程”，大量中国影视剧在非洲热播。如《媳妇的美好时代》在坦桑尼亚热播，《父母爱情》《咱们结婚吧》《奋斗》《杜拉拉升职记》等国产剧紧随其后，踏足肯尼亚、埃及等 40 多个非洲国家。另一方面，中国企业成为非洲重要电视运营主体，推动大量中国影视节目在非洲播出。如四达时代已在泛非地区建成节目中继平台、直播卫星平台、地面数字电视传输平台三大基础网络平台，成为非洲基础网络传输平台和我国主流媒体的落地平台。

4. 欧美市场向纵深拓展

通过与欧美主流国家联合制作更具国际议题的节目等方式，中国影视节目开始进入主流媒体播出，进入主流社会影响主流人群。一是中国影视节目进入欧洲主流国家主流人群。如国际广播电台与奥地利国家广播电视台联合制作的电视节目《双座自行车》实现在德国主流媒体播出。华韵尚德在德国开办的日播中国专题栏目《来看吧》连续播出 7 年，覆盖德国 2000 万受众，成为德国观众了解中国的重要窗口和平台。英国、波兰、捷克、塞尔维亚等国家也都开办了“电视中国剧场”，播出中国影视节目。二是中国节目在北美地区从华人社区进入主流人群。如央视北美分台原创纪录片《薄冰之旅》和《再现古巴》相继登陆美国主流媒体，引发积极反响。《再现古巴》播出以来，已收到上百家电视机构的转播申请，其中包括洛杉矶 KCET 电视台、旧金山 KQED 电视台、亚特兰大、丹佛、奥兰多电视台以及下属数十个电视频道等全美排名前 25 位的公共电视台。《我们诞生在中国》在北美院线放映，票房高达 1500 万美元，其收视人群为北美本土主流人群。

第三节 传播渠道：多元融合、立体互补

经过多年建设，中国影视作品“走出去”渠道和平台不断丰富，形成传统媒体与新媒体融合发展、多元互补融合的格局。

一 建立全球化传输覆盖网络

1. 加强整频道全球覆盖

整频道落地依然是中国电视节目进入国际市场的重要方式。一是通过长城平台实现多频道打包落地。“长城平台”上共有 34 个频道（其中国内频道 29 个），9 个落地平台，是中国影视走出去的重要平台。截至 2016 年底，长城平台共发展全球用户 4540.06 万户，互联网电视业务总用户数 45686 户。二是央视等国际传播主力机构加大力度自主推进整频道落地。截至 2016 年底，中央电视台 7 个国际频道在 171 个国家和地区实现整频道或部分节目落地，在英、美、法、德、西班牙等发达国家，累计用户数超过 4 亿；纪录国际频道（CCTV－9 Documentary）在 100 个国家和地区拥有近 6200 万国际主流用户，全年平均首播率达 26.46%，比 2015 年首播率提高了近 5 个百分点。江苏国际频道覆盖亚洲、欧洲、非洲、北美洲、南美洲、大洋洲等的 50 多个国家和地区，海外用户达 600 多万；广东国际频道已覆盖了洛杉矶地区 1600 万电视观众。

2. 境外建立传输覆盖网络

四达时代在泛非地区建立基础网络平台，实现非洲全覆盖，运营 480 多个频道，包括国际知名频道，非洲本地频道，CGTN、CCTV－4、CCTV－F、CNC、长城平台等中国主流媒体频道以及四达时代自办的 38 个频道。其

中，四达时代自办的“中国影视”“中国功夫”等频道深受非洲观众喜爱。云南广电传媒集团借助中国DTMB地面数字电视传输标准和中国数字音视频编码标准，传输播出包括央视、新华社卫视、云南卫视和国际频道等中方数字电视频道进入周边国家。云数传媒输出中国地面数字电视标准，在周边国家建立了无线数字电视覆盖网络，实现中国节目内容的国际传播。

二　与国外媒体合作开办本土化频道和时段

通过与国外主流传统电视媒体合作，在其固定时段、固定频道开办“电视中国剧场”，定期播出中国优秀影视节目，提升中国影视作品的国际影响力和品牌形象。根据不同国家和地区的本土化需求，“电视中国剧场”由不同的实施主体推出不同的呈现形式，如《中国剧场》、《中国时段》以及本土化频率频道等，通过借船出海方式进入国际主流社会。

1. 国际电视总公司实现规模化运营本土化频道和时段

2015年，国际电视总公司与越南西贡有线电视台合作开办的中国电视节目时段播出，每天19：30～20：30在SCTV－4播出由国际电视总公司提供的中国节目；在印度尼西亚Mediasat卫星平台开路试播拥有自主权的海外本地化中国节目专属频道“Hi-Indo!”，该频道每天首播4小时，全天6次循环播出，免费覆盖印度尼西亚1200万收视用户。2016年，开播了柬埔寨“Hi-Cambo!”综合娱乐和纪录片2个频道，开播了南非、捷克、阿联酋、尼泊尔的中国节目时段“China Hour”。

截至2017年底，国际电视总公司已经开播印度尼西亚“Hi-Indo!”频道、柬埔寨“Hi-Cambo!”频道，以及南非、捷克、阿联酋、尼泊尔、英国、塞尔维亚、缅甸7个“China Hour”中国节目时段，形成亚洲、欧洲、非洲多点齐发态势，成为创新国际传播能力建设、拓展影视节目海外营销渠道的重要举措。在英国天空卫星（SkyTV）开办的“China Hour”中国节目时段，收视率逐步提升，受到广告商日益关注，成为海外频道时段中首个获得广告收入的时段，在商业运营上迈出可喜步伐。

2. 地方台积极开发时段合作

内蒙古台和蒙古国 UBS 电视台国际频道签订了合作协议，每天租用 GLOBALTV 国际频道 6 个小时的时段来播出内蒙古台节目。广东广播电视台海外频道《今日广东》栏目、梅州市广播电视台客家语节目免费落地毛里求斯，华语节目在海外的播出时段大幅增加。宁夏广播电视台与迪拜中阿卫视签订了《宁夏之窗》栏目合作播出协议。泉州台在泰国 BTU 卫星电视台开设常态化栏目《丝路·泉州》，实现地方广播电视节目在国外电视台长期播出的突破。上海台旗下五岸传播与星空国际卫视、EDI 环球东方卫视和美国中文电视台 Sinovision 开展时段运营合作，分别在东南亚和美国地区运营每天 2 小时和 3 小时、全年 365 天的节目时段。

3. 民营企业积极开办中国时段

华策建立“华剧场”，搭建海外渠道，覆盖 30 多个国家和地区，年播出量超过 700 小时。华韵尚德在德国推出全媒体联动传播平台，通过德国 center. TV、rheinmain. TV、SALVE. TV、CityVision-TV、新华网德语频道、华韵尚德创办的《来看吧》德语视频网站等渠道，在欧洲同步播出唯一一档德语日播的中国专题栏目《来看吧》，进入 2000 万有线电视家庭，同时覆盖全球德语网络用户。

三　加大新媒体海外传播力度

一是自建新媒体国际传播平台。央视和国际台自建新媒体平台，实现在自有平台上的国际传播。如央视上线多功能海外移动新闻网，进一步提升对外报道能力。截至 2017 年 6 月，CGTN 移动新闻网全球总粉丝数达到 5941 万人。国际台大力推进新型全媒体融合平台建设项目“中华云”工程，打造 ChinaNews、ChinaRadio、ChinaTV 三个面向全球的多语种移动新媒体品牌。中华网 24 个语种网站覆盖全球 60 多个城市 500 余万受众。国际台大力发展 CIBN 互联网电视海外业务，截至 2016 年底，海外市场累计用户 22.9 万，其中北美洲、欧洲、大洋洲等发达地区用户占到 80% 以上。

二是积极利用海外新媒体平台。央视外语频道积极开发海外新媒体平台，成立了新媒体新闻编辑部，大力推动借船出海。截至 2016 年 11 月，CCTVNEWS 在全球 12 大平台运营 23 个官方账号，总粉丝数达到 4621 万，比 2015 年底增长 113%；总阅读量超过 171 亿次，增长了 113.8%；独立用户访问量近 113 亿次，增长 157%；视频观看量逾 9.22 亿次，增长 173.6%。在海外热门社交媒体 Facebook 上，CCTVNEWS 主账号粉丝达 3859 万，位列全球新闻媒体单一账号第一；多平台累积月均独立用户访问总量已超过 2.83 亿次；在 YouTube 视频平台上，CCTVNEWS 三大账号视频点击量突破 2.06 亿次，位居央媒第一；在海外图片社交平台 Instagram 上，CCTVNEWS 账号用户超过 117 万人，已成为央媒第一大账号。国际台 11 个语种的 22 个海外社交平台账号粉丝量达 240 万，较 2015 年增长 400%。英文脸书（Facebook）官方账号粉丝量突破 500 万人。江苏台与 YouTube 达成战略合作，在该平台播出品牌节目。截至 2016 年 7 月，江苏台节目在该平台总观看流量超 5 亿，其中，北美、东南亚、欧洲的观看流量排名区域前三；广告收入分成超过 1500 万元。湖南芒果 TV 先后在 YouTube、Facebook、Dailymotion、Twitter 等重要国际社交媒体上建立了官方平台；芒果 TV 有效覆盖全球 240 多个国家和地区。截至 2017 年 3 月 31 日，其订阅人数超过 153 万，YouTube 全平台总点击量达到 35.6 亿次，累计观看时长突破 260 亿分钟。[①] 同时以芒果 TV 专区的形式，与日本、韩国、迪拜、东南亚等国家和地区的新媒体平台开启合作。中国国际电视总公司与海外主要新媒体平台如 YouTube、Viki、Netflix、DramaFever 等建立了良好的合作关系，新媒体网络覆盖了东南亚、欧洲、北美、大洋洲、非洲等 200 多个有互联网服务接入的国家和地区，在新媒体平台累计上线近 2 万小时的电视剧、纪录片、卡通片、综艺等影视节目。华策以自主办台和联合运营等方式，在美国最大视频分享网站 YouTube 以及 SIMULTV 上创建了“华策剧场”专区，以汉语配音、英文字幕形式播出。华策旗下克顿传媒自制剧目全部上线 YouTube 克顿自营频道；华策在

① 《从〈歌手〉在哈热播看中国视频平台的国际化之路》，“iNews 新知科技”公众号，2017 年 4 月 21 日，https：//www. sohu. com. /a//35571458_ 613239。

Dailymotion 平台上线 2123 个视频，内容涵盖电视剧、纪录片、动画片、短视频等。

四　搭建中国电影海外播映平台

2016 年 1 月，在国家新闻出版广电总局电影局的指导下，华人文化控股集团和华狮电影发行公司共同搭建的“中国电影·普天同映”国产电影全球发行平台在北京正式启动。春节期间，影片《西游记之孙悟空三打白骨精》通过该平台在亚洲、欧洲、北美、大洋洲 9 国共计 57 座城市的 89 座主流影院上映，观影人次达 11 万余人，总票房 660 余万元人民币。[①] 2016 年，华人文化控股集团、华狮电影发行公司共同搭建“国产电影全球发行平台”，与海外各大院线对接，实现了海外影院的直接排片，包括北美近 50 家主流影院、大洋洲前三大院线、英国四条主要商业院线、法国和德国的最大院线，并覆盖新加坡、马来西亚、泰国、印度尼西亚等多个地区。同时，在发行上积极开展多渠道、多层次的国际预售，深度绑定电视及数字媒体渠道，在多个 OTT 平台上开设“普天同映”中国频道。

五　打造“中国联合展台”海外营销平台

加强营销推广是提高中国影视节目知名度、影响力的重要方式。国家新闻出版广电总局自 2004 年开始在国际知名影视节展上设立“中国联合展台”。2016 年，中宣部和国家新闻出版广电总局开始联合支持，进一步加大资助力度，扩大参展范围，每年在戛纳电视节等 12 个重要国际影视节展上设立了“中国联合展台”，举办推介活动，集中展示中国影视节目精品，树立中国影视品牌和整体形象，带动更多有条件的影视机构在海外推广中国优秀影视内容产品。截至 2016 年底，总局已连续 48 次组织国内影视机构以“中国联合展台”整体形象参与国际影视节展。“中国联合展台”有效拓展

① 刘汉文:《“一带一路”国家战略与中国电影“走出去”》，“亚洲电影中心”微信公众号，2017 年 12 月 21 日。

了中国影视机构海外营销渠道，促进了各参展机构与国际影视机构合作。据不完全统计，近年来每年通过“中国联合展台”达成的销售额占中国全年影视内容产品销售总额的30%以上，成为促进我国影视内容产品和服务“走出去”的重要途径和有效形式。2016年，通过“中国联合展台”达成的意向签约金额为4500万美元，比往年增长80%，约占2016年全年影视节目整体出口金额的56%。[①]

第四节　传播效果：有效提升国际文化认同

一　多类型影视作品在海外创下收视新高

1. 古装剧在亚洲地区创下收视新高

2012年，《步步惊心》成为韩国人气最高的海外电视剧；2013年，《甄嬛传》登陆日本，BS富士电视台专门为该剧在社交网站上创建专页，以每天2～3篇的速度更新，专页上线一周内，日本网民点赞1400余个。

2. 现实生活题材剧在非洲和中亚地区创下高收视率

译配成斯瓦希里语的《媳妇的美好时代》在坦桑尼亚国家台黄金时段第一次播出时，创下该台52%的历史收视率纪录，并应观众要求安排了4次重播。特别是2013年习近平主席在访问坦桑尼亚期间对《媳妇的美好时代》在坦热播给予积极评价后，《媳妇的美好时代》被译成英语、法语、葡萄牙语、西班牙语、豪萨语、阿拉伯语等多种语言，并很快在纳米比亚、肯尼亚、乌干达、科摩罗、莫桑比克、埃及、加蓬、几内亚等20个非洲国家热播。《金太狼的幸福生活》使用地道的埃及白话进行配音，播出后立即收到了良好的效果，在埃及国家2台收视率达到3.1%，约217万人收看该剧，且忠诚度较高，未出现换台现象。该剧英语版在南部非洲国家博茨瓦纳

① 朱新梅：《中国广播影视国际传播实现四个强》，《中国新闻出版广电报》2017年11月30日。

国家电视台每周二黄金时间单集播出，国内观众覆盖率达80%以上。2017年，《生活启示录》（蒙语版）在蒙古国播出，收视率达5.93%，市场占有率23.62%，在蒙古国同期播出的电视剧中位居第一。

3. 纪录片和综艺节目创下高收视率

国际台与以色列电视台二频道合作拍摄的《中国制造》5集系列纪录片，在以色列播出后，单集收视率都超过21%，创下以色列电视台纪录片最高收视纪录。澳大利亚国家电视台SBS2引进《非诚勿扰》澳大利亚，仅一年时间，SBS2台就将该节目从每周一集改为黄金时间段每周三集播出，收视率更是达到了惊人的11%。

二 现代剧呈现的中国生活方式受到外国观众的喜爱

我国现实生活题材影视剧在一些国家深受观众欢迎，这些作品中展现的中国生活方式受到海外观众的喜爱。如2013年12月，法语版《媳妇的美好时代》在塞内加尔播出，很多观众普遍认为，该剧“亲切”“新奇”“有趣”，反映了中国普通百姓的生活，减少了塞内加尔民众对中国的陌生和疏离感。不少观众说，以往心目中中国人的形象是严肃拘谨，不苟言笑，没想到中国人这样幽默风趣。塞内加尔国家电视台节目总监帕普·西说，“此前在该台播出的《媳妇的美好时代》风格平实、朴素，令观众耳目一新，受到塞观众的欢迎”。[①] 豪萨语版中国电视剧《北京爱情故事》在尼日利亚播出，受到热烈追捧，尼日利亚观众为中国人在解决家庭矛盾中所表现出的幽默与机智喝彩，中国青年人的情感与奋斗的故事成为当地百姓津津乐道的话题。尼日利亚纳萨拉瓦州卡鲁镇的观众乌斯曼说，虽然他在尼日利亚接触过不少中国人，但对中国人的生活几乎一无所知。通过这部电视剧，他对中国年轻人的生活有了深入的了解，尤其是剧中展现的年轻人团结奋斗、尊敬长辈的精神令人印象深刻。荣获“尼日利亚2013年度最佳青年导

① 《中国电视剧〈杜拉拉升职记〉将在塞内加尔开播》，新华网，2014年8月28日，http://www.xinhuanet.com//world/2014-08/28/c_1112273207.htm。

演”称号的雅哈亚·巴布斯说，中国电视剧深受尼日利亚观众的喜爱，它们不仅讲述了中国人的真实生活，也展现了当代中国社会的快速发展以及普通百姓高质量的生活。博茨瓦纳总统事务部表示，《金太狼的幸福生活》作为首部登陆博茨瓦纳荧屏的中国电视剧，受到了观众的喜爱。以色列外交部亚太司司长哈盖说：“《中国制造》不仅对于以色列公众了解中国是什么样的国家非常有用，而且对于他们认识到中国自从改革开放30多年来走过了怎样的道路都是非常有用的。”①

三 外国观众加强了中国文化认同

优秀国产影视剧在海外的热播，也巧妙地传播了中国文化。不少作品在国外受到广泛欢迎，上至总统，下至普通老百姓，都对影视剧中的中国文化价值观表示赞同。如阿拉伯语版《金太狼的幸福生活》在埃及播出后，埃及国家电视台台长马基迪·拉辛说：“埃及和中国都是历史悠久的古国，都拥有伟大灿烂的文化，双方在传统文化、习俗、价值观上有很多相似之处，中国电视剧中出现的俗语和警句在埃及也有相似表达，埃及观众很容易理解和接受中国文化。目前埃及电视台已经播出的两部中国电视剧受到了埃及观众的喜爱和好评，所以我们还将继续引进中国电视剧，拉近两国人民距离。”②《媳妇的美好时代》在塞内加尔播出后，塞内加尔国家电视台节目内容总监 Alioune Fall 说：“剧中传递的中国传统价值观，如对爱情忠诚、对家庭重视、对老人尊敬等，都得到了塞内加尔观众的一致认同。”塞内加尔总统马基·萨勒谈及《媳妇的美好时代》在该国热播时说：“文化是一切的起点，也是终点，一切都归结于文化。这部电视剧的成功证明了两国人民在文化合作上可以取得巨大的成就。”③ 蒙古国铁杆粉丝表示，她在追

① 《中以合拍纪录片〈中国制造〉在以色列收视创新高》，国际在线，2017年11月17日，http://mini.eastday.com/mobile/171117171830987.html#。

② 《国际台与埃及广播电视联盟签订“中国剧场”栏目合作协议》，国际在线，2015年9月10日，http://news.cri.cn/gb/42071/2015/09/10/3245s5097899.htm。

③ 《塞内加尔总统：塞中合作硕果累累》，国际在线，2014年2月16日，http://news.cri.cn/gb/42071/2014/02/16/5892s4425328.htm。

中国电视剧《生活启示录》，一集都没落，自己从该剧中得到了很多生活的智慧。

四　极大地提升了中国国家形象

从国与国的相交，到人与人的往来，中国影视向世界讲述着一个又一个生动鲜活的中国故事，让外国民众直观地了解到一个真实、多元的中国，提升了中国形象。“非洲晴雨表”（该机构是由非洲 30 多个国家知名智库和研究机构组成的独立的非营利性研究机构）的一项调查显示，中国的美誉度在坦桑尼亚从 2015 年起超越美、英，连续排名第一，中国影视文化的影响力是其中重要的因素之一。坦桑尼亚达累斯萨拉姆大学的学生看了斯瓦希里语版的中国电视剧后大大改变了他们以往对中国片面、过时的印象，剧中展现的中国当代社会发展更增加了其对中国的向往。

第七章 中国媒体微传播国际影响力总论*

第一节 社交媒体的兴起

2008 年以来，社交媒体（Social Media）传播成为互联网发展应用与研究的一大热门，受到各界的广泛关注。但什么是社交媒体，迄今没有统一的定义。西方学者关于“Social Media”引用比较多的是传播学者安德烈·开普勒和迈克尔·亨莱因对社交媒体的定义：社交媒体是“一系列基于互联网的应用程序，它建立在 Web 2.0 的理念和技术的基础上，允许用户创造和交换自生产的内容”。[①] 该定义强调社交媒体是基于 Web 2.0 理念和技术的基础，用户可以进行内容生产和交互的互联网媒体，它的重要特点是赋予个体创造并传播内容的能力。

据美国知名的市场研究公司 eMarketer 大致测算，2017 年全球约有 24.4 亿人经常使用社交网络，占全球总人口的 33%，占网民人数的 71.0%。其中，Facebook 是全世界最受欢迎的社交网络，2017 年有近 15 亿人登录 Facebook，占社交网络用户的 60.8%，另外全球超过 2.6 亿人定期使用 Twitter。[②] 青年成为社交媒体的主要使用人群。根据《2016 尼尔森社交媒体报告》统计，每天

---

* 章晓英，博士，北京外国语大学国际新闻与传播学院教授、执行院长，研究方向为国际传播、跨文化传播；卢永春，研究员，人民日报海外网数据研究中心主任，研究方向为互联网舆情、国际传播和公共政策。

① Andreas M. Kaplan and Micheal Haenlein (2010). Users of the World, Unite! The Challenges and Opportunities of Social Media. Business Horizons. 53 (1). p. 61.

② eMarketer. Worldwide Social Network Users: eMarketer's Estimates and Forecast for 2016 - 2021, https://www.emarketer.com/Report/Worldwide - Social - Network - Users - eMarketers - Estimates - Forecast - 20162021/2002081.

使用社交媒体时间最长的是 X 世代，即 35～49 岁年龄段的人群，平均每周 7 个小时；其次是千禧世代或 Y 世代，即青少年群体，平均每周 6 小时，而且，女性每天使用社交媒体的时间比男性要多，如图 7－1、图 7－2、图 7－3 所示。

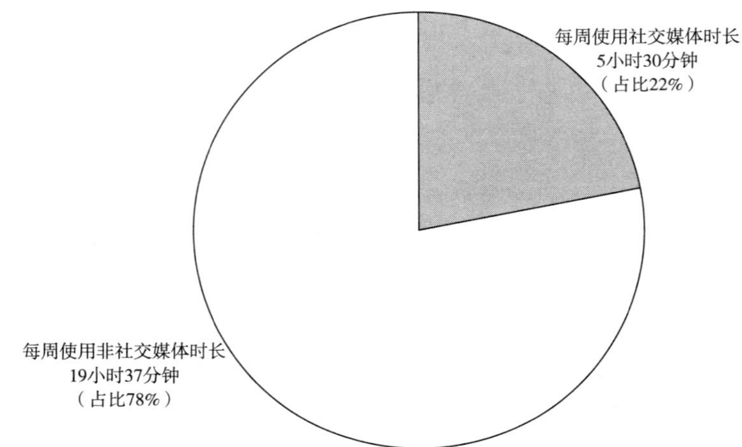

图 7－1　18 岁以上成年人使用媒体情况

资料来源：Sean Casey, 2016 Nielsen Social Media Report. http：//www. nielsen. com/us/en/insights/reports/2017/2016 － nielsen － social － media － report. html。

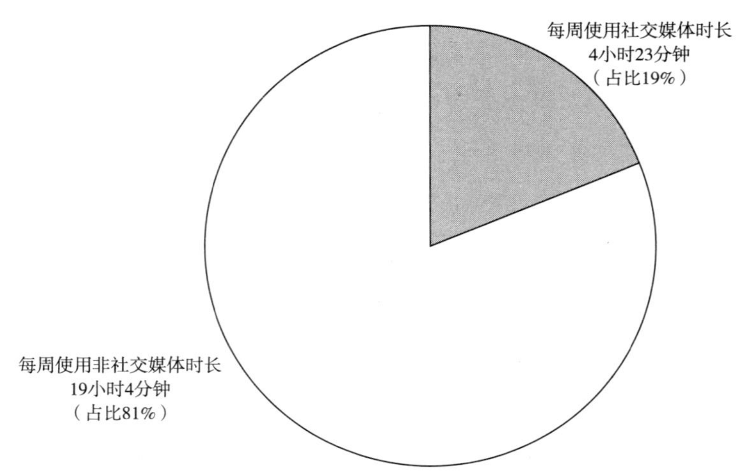

图 7－2　18 岁以上男性使用媒体情况

资料来源：Sean Casey, 2016 Nielsen Social Media Report. http：//www. nielsen. com/us/en/insights/reports/2017/2016 － nielsen － social － media － report. html。

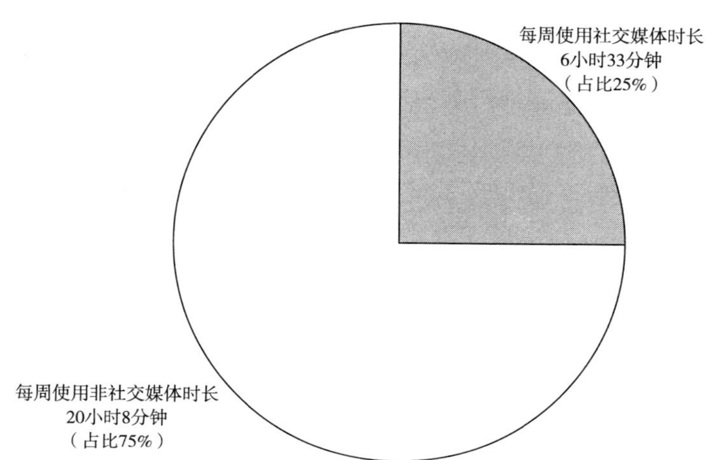

图 7－3　18 岁以上女性使用媒体情况

资料来源：Sean Casey, 2016 Nielsen Social Media Report. http：//www. nielsen. com/us/en/insights/reports/2017/2016－nielsen－social－media－report. html。

另外，《2016 尼尔森度量比较报告》[①] 也显示，年轻人更喜欢使用数字媒体平台。如图 7－4 所示，在受调查的人群中，18～34 岁年龄段的数字媒体用户占所有媒体平台总用户人数的 51%。

社交媒体的涌现不仅是一个技术过程，而且反映了一种文化变迁。[②] 不同于传统的“消费被动的媒体观看”文化，社交媒体构建了一种新的“参与文化”。在参与文化中，用户变成制作者和参与者，并根据新的规则与传播主体进行互动，某些用户会拥有更强的参与能力。用户的积极参与和互动很大程度上决定内容传播的有效性。媒体消费已成为一种集体过程，没有全知全能的人，每个人都知道一点，于是大家把自己拥有的资源和技能汇集起来，在融合文化中共同创造意义。集体智慧可以被视为另一种“媒介权力的来源”。

① http：//www. nielsen. com/us/en/insights/news/2016/the－digital－age－young－adults－gravitate－toward－digital－devices. html.

② 以下两段内容参考章晓英《从 CGTN 看融合媒体的国际传播》一文，http：//world. huanqiu. com/exclusive/2017－12/11479405. html。

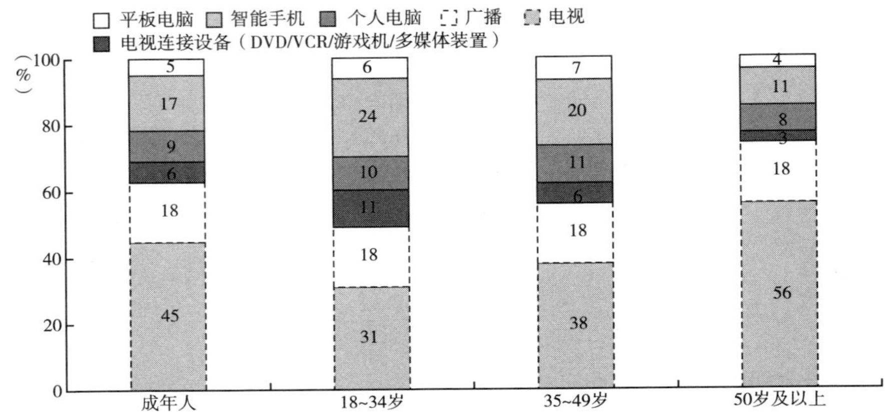

图 7－4　2016 年成年人各年龄段人群媒介使用情况

资料来源：http：//www. nielsen. com/us/en/insights/news/2016/the－digital－age－young－adults－gravitate－toward－digital－devices. html。

社交媒体的到来预示着一个新文化时代的来临，一个用户时代的到来，一场媒体思维的大变革。参与文化的核心词是"自己创造和分享"，以自由、平等、公开、包容、共享为特点。在这种去中心传播模式中，传统的"制作者、内容、受众"关系已变成"用户、制作者和内容"，话语权力下放，用户不再处于信息流通的最底层。因此，理解"用户视角"并通过其视角报道新闻变得越来越重要。在社交媒体平台上，传统单向度传播思维逐渐受到抛弃，平等、参与、互动为特征的社交思维重获新生。

在社交媒体时代，各国媒体越来越重视培植或应用社交媒体进行国际传播。美国、英国、日本、印度等主要国家的媒体较早转变思维，大量入驻 Twitter、Facebook 等国际社交媒体平台，提升国际话语权。

过去几年，我国媒体也积极转变思维，"走出去"力度不断加大，中国声音逐步传遍世界，如今已初步形成以中央和地方主流媒体、商业媒体账号矩阵为主体的国际微传播体系。如人民日报 Facebook 账号粉丝已突破 4800 万人，新华社 Twitter@ New China 每天以文字、图片和视频形式不间断向用户推送新闻等。中国方案日益成为国际社会共识，国际传播取得显著成效。

第二节 中国媒体国际微传播基本现状

一 中国媒体海外社交账号开设和互动量

近几年，中国媒体在国际传播能力建设方面持续发力，国际微传播建设步伐显著加快，《人民日报》、新华社、CGTN、《中国日报》等国家级媒体纷纷布局海外社交平台。中央电视台、《环球时报》、《中国日报》早在2009年就已经开通Twitter账号，中国网、《人民日报》、新华社分别于2010年、2011年、2012年开通，成为最早一批在海外社交媒体布局的中国主流媒体。

2017年，中国主流媒体账号粉丝量获得较大提升，其中有些社交媒体账号粉丝覆盖面接近西方国家的主要媒体。据笔者统计，截至2017年12月，新华社Twitter主账号@XHNews共计发布帖文超过11万条，粉丝量超过1200万人，接近美联社的Twitter粉丝量；人民日报Facebook账号@People's Daily获得点赞量约4268万次，远高于同期西方主流媒体CNN的2971万次和纽约时报的1533万次。良好的国际微传播效果既得益于中国国际地位的提升，亦得益于中国媒体对海外社交媒体平台运营的重视和传播技巧的不断探索。在Twitter平台上，中国主流媒体的粉丝数量增长迅速，已经超过了一些西方主流媒体（见图7-5）。

在受众互动上，中国媒体也交出较好的成绩单。作者随机抽取2017年9月15家中国媒体海外社交媒体运营数据发现，在Twitter平台，15家中国媒体旗下主要账号累计发文1.5万余条，被各国网民转发617597次，点赞数达到1369478个；在Facebook平台，15家中国媒体旗下主要账号累计发文1.1万余条，被各国网民转发2034990次，点赞数达到24390971个，评论量也有318337条（见表7-1）。

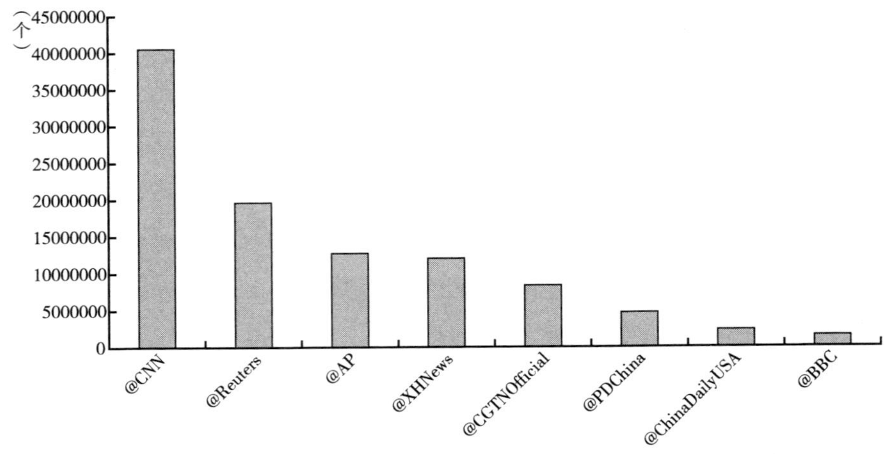

图 7－5　2017 年中外主要媒体 Twitter 粉丝数量对比

资料来源：Twitter 平台。

表 7－1　2017 年 9 月中国媒体海外社交媒体运营情况

序号	机构名称	活跃 Twitter 账号数量	发文量（条）	转发量（次）	点赞数（个）	活跃 Facebook 账号数量（个）	发文量（条）	转发量（次）	评论量（条）	点赞数（个）
1	中国国际电视台	3	3866	123902	426393	3	2594	282194	98356	11063429
2	《中国日报》	1	1537	27440	92558	1	1166	1059776	54807	4892265
3	《人民日报》	1	918	74368	133779	1	741	124182	22834	1814515
4	新华社	2	2438	199849	466198	3	942	25352	9222	252593
5	《环球时报》	1	1424	79853	128971	1	1009	43273	9529	2871836
6	中国国际广播电台	2	1104	5671	19781	5	1096	232652	11547	1767867
7	iPanda	1	80	3525	7523	1	203	198020	78384	1225571
8	《光明日报》	1	222	681	1551	1	1056	57001	24987	208246
9	中国新闻网	1	770	27547	17354	1	719	1998	245	9359
10	中国新闻社	1	706	21751	13692	1	684	1929	407	7596

续表

序号	机构名称	活跃Twitter账号数量	发文量（条）	转发量（次）	点赞数（个）	活跃Facebook账号数量（个）	发文量（条）	转发量（次）	评论量（条）	点赞数（个）
11	第一财经	1	1301	32777	34849	1	780	29	3851	14432
12	澎湃新闻	1	361	1444	2108	1	367	3698	2213	17184
13	中国网	1	380	1694	3782	2	244	1535	1056	183860
14	湖南卫视	1	163	1440	2004	1	209	3144	838	60103
15	中国中央电视台	1	224	15655	18935	1	17	207	61	2115

资料来源：Twitter 平台。

二 “借台唱戏”，中国媒体海外多平台以及多语种布局

1.《人民日报》：打造权威信息海外传播窗口，传递中国态度

目前，《人民日报》已在 Facebook、Twitter、YouTube、Instagram 四大平台开通官方英文账号，以及在 Twitter、Facebook 开通汉语繁体官方社交媒体账号。各账号根据目标群体使用习惯和喜好兴趣实施差异化运营，呈现不同的讯息类别，采用不用的表达方式。其中，Facebook 账号重点推送风景名胜、科学技术、娱乐趣味、新奇事物、社会正能量等新闻信息。Twitter 则突出报道国内重大事件和突发性新闻，向境外用户还原事实真相，传递中国态度。YouTube 通过新闻短视频的制作与发布为境外用户提供更为直观的可视化新闻服务，增强信息的扩散效果。其中，2015 年视频《Who is Xi Dada》在 YouTube 平台首次公开发布后，获得 800 万次点击量，并获中国新闻奖一等奖。为加强运营传播效果，《人民日报》组建了专业化的海外社交传播运营团队，国内和国外统一协作，无缝对接。目前，《人民日报》海外社交平台账号已实现 7 × 24 小时不间断更新。梳理人民日报 Twitter 账号（@ PDChina）2017 年发布的帖文发现，涉及的国内突发重大事件

中，90%以上的发布速度快于西方媒体。主动发声引导国际舆论，成为人民日报海外社交媒体运营的主要亮点。

2. 新华社多语言、多维度、多平台推动国际微传播

据大致统计，新华社在Twitter平台的认证账号共有15个，其中主账号@XHNews的影响力最高。自2012年2月注册运营以来，@XHNews粉丝量、推文量、转发量、收藏量等指标逐年增长。截至2017年12月，@XHNews共计发布推文超过11万条，粉丝量超过1100万，其中2017年发稿量超过2.5万篇，日均发稿量约70篇。在Twitter平台上，新华社共15个账号，涉及11个语种，其中主账号@XHNews的各项量化统计数据均超过其他央媒主账号。

新华社在Facebook平台的认证账号有3个，分别为主账号China Xinhua News、科技账号China Xinhua Sci-Tech及体育账号China Xinhua Sports，其中主账号China Xinhua News（@XH. NewsAgency）的影响力最强。自2013年3月注册运营以来，@XH. NewsAgency粉丝量已超过4800万人，2017年全年共计发布信息约2.9万条，日均发稿量约80条。

新华社在YouTube平台开设有5个频道（Channel），分别为主频道New China TV、西班牙语频道China Xinhua Español、越南语频道Tân Hoa、缅甸频道Xinhua Myanmar及非洲频道Xinhua Africa。其中主频道New China TV的影响力最强，自2012年5月注册运营以来共计发布了超过2.6万条视频新闻，订阅用户超过18万人；西班牙语频道、越南语频道、缅甸频道的订阅量分别约为1.2万人、4000人和1700人。

3. 《中国日报》全平台、多形式向全球展示中国形象

截至目前，《中国日报》已经拥有报纸、网站、移动客户端、Facebook、Twitter、微博、微信、电子报等10余种媒介平台，拥有由中国版及9个海外版、数字媒体构建的覆盖全球各大洲的传播体系，全媒体用户总数累计超过9000万，全球发行90万份，其中海外60万份。同时，中国日报运营官方Facebook账号、Twitter账号、微博账号、微信公众号矩阵等社交媒体。截至目前，《中国日报》全球社交媒体粉丝总数已经突破7300万，其中

Facebook 粉丝总数为 3770 余万人，Twitter 粉丝为 187 万人。中国日报新媒体中心 2017 年产出微视频节目 1742 条，2017 年总播放量达 19 亿次，从 2016 年至 2018 年累计总播放量达 30 亿次。截至 2018 年 2 月，中国日报客户端全球下载用户超过 850 万。上述数据显示，《中国日报》以微传播手段开展的国际传播工作取得了不俗的业绩。

4. CGTN 等媒体转型实现了由传统电视向新型融媒体集群的传播升级

2017 年是 CGTN 开播元年。中国环球电视网（China Global Television Network），是“电视 Television” + “网络 Network”基础上的多语种、多平台的融媒体新闻平台。拥有官网、移动客户端、社交媒体。上线一年以来，CGTN 实现了由传统电视向新型融媒体集群的转型升级，新媒体平台国际传播影响力和公信力大幅提升，构建了中国在国际传播领域的话语权。根据美国最大的第三方 App 评估公司 AppAnnie 统计数据，2017 年 1～11 月，在全美国新闻类应用中，CGTN 客户端领先 BBC、CNN 等媒体应用，名列安装增长量第 9 位。

目前，CGTN 新媒体平台运营了全球 12 大平台 23 个官方账号，全球粉丝已超 1.01 亿，总阅读量超 94 亿次，累计独立用户访问量 61.5 亿次，视频观看量逾 5.5 亿次，总互动 4.84 亿次。Facebook 主账号粉丝数达 5736 万，位列全球新闻媒体单一账号首位；YouTube 自频道视频点击量破 3 亿次，位居央媒第一；照片墙平台粉丝数将近 120 万，稳居央媒第一。西班牙、法、阿、俄频道社交媒体集群总粉丝数近 2592 万。在 Facebook 上，CGTN 西班牙语频道成为国内西班牙语媒体粉丝量最大账号，粉丝数超 800 万；法语频道在全球法语媒体账号粉丝数位居第二，粉丝数 841 万；阿语频道跻身全球阿语主流账号，粉丝数 900 万。俄语频道主攻俄本土 VK 网，粉丝数达到 50 万，俄语频道各平台账号粉丝数与国内俄语媒体相比，居于首位。

5. 今日头条：技术出海，新媒体产品吸引全球年轻网民

技术是今日头条出海模式的核心，近年不断推出自家产品海外版，包括今日头条海外版 TopBuzz、TopBuzz Video 和抖音短视频海外版 Tik Tok 等。

同时头条还收购了短视频平台 Flipagram、移动新闻服务商 News Republic 和音乐短视频平台 musical. ly，在海外形成了以直播、短视频为主的传播矩阵。

2016 年诞生的抖音及一年之后诞生的 Tik Tok，在产品出海、国际传播方面扮演了至关重要的角色。Tik Tok 因其创新的产品模式深受全球年轻用户的欢迎，在印度尼西亚、泰国、马来西亚、越南和日本等国家多次登顶当地的应用分发榜单。据抖音总裁张楠透露，目前包括 Tik Tok 和 musical. ly 在内的抖音海外产品已经覆盖 150 个国家，月活用户超过 1 亿，目前仍在持续高速增长。Tik Tok 善于考虑用户需求进行分众化运营。在日本，为迎合日本人的心理，Tik Tok 会发布一些适合团体挑战的玩法；泰国传统节日泼水节期间，Tik Tok 专门推出了三款节日贴纸，在泼水节前后三周时间使用量超过 4 万次。Tik Tok 在培养 KOL 上更是大刀阔斧，邀请超级网红和明星入驻，这些自带流量的名人入驻后带动大量粉丝使用 Tik Tok。如 Twitter 上有 400 万粉丝的日本艺人 Kinoshita Yukina，歌手“彭薇薇”、常年霸榜日本 Oricon 公信榜前三的女子偶像团体 E-Girls 等都成为 Tik Tok 用户。

今日头条借助技术出海、孵化新媒体产品形式强化海外影响力，吸引全球网民聚集，这也是当前我国媒体提升国际传播能力建设的一种新路径与新探索。

第三节　中国媒体国际微传播主要特征分析

一　利用新技术创新传播形态

2017 年，中国媒体积极适应“智能化”“视觉化”的国际微传播环境，创新传播手段和内容生产方式，提升中国在国际传播领域的话语权。例如，2017 年下半年，新华社在海外社交平台推出脱口秀类型的对外传播产品“The Spark”，以中国视角、全球视野评析国内外热点话题，目前面向全球受众用英语播出，及时对外宣介中国理念、中国方案，并针对涉华热点释疑解惑。同时，十九大召开期间，新华社 Twitter 官方账号@ XHNews 直播会议进程，并推出“What was the making of Xi Jinping?”系列视频，引起了海外受众的广泛关注。再如，CGTN 新媒体擅于使用可视化技术呈现新闻报道，十九大期间，CGTN 客户端精心设计了 H5 融媒体交互专页，使用户“一页聚焦十九大”，全球点击量高达 6336 万次。《中国日报》借助新技术手段不断完善产品形态，在视频、直播、微动漫等领域的探索取得很好的国际传播效果。据不完全统计，《中国日报》2017 年全年海外社交媒体的视频播放量达 18.93 亿次，较 2016 年增长 1.25 倍。在海外社交平台共进行 94 场直播，总阅读量超过 5500 万，总观看量近 1000 万。此外，《人民日报》海外社交媒体平台，将虚拟技术融入传播实践中，提高海外受众对中国发展、中国文化的深度感知。

二　主动设置议程，打造权威信源

经过多年的探索发展，中国媒体在国际微传播中的议程设置能力、内容原创能力、舆论引导能力逐渐提升。中央媒体海外社交账号已经成为世界看中国、讲好中国故事的重要“窗口”，国际微传播的综合实力不断增强。

针对国内国际热点议题，如洞朗事件、达沃斯世界经济论坛、2017 年 APEC 会议、中美贸易战等，《人民日报》、《中国日报》、新华社、CGTN 等中央媒体海外社交账号及时发声，在国际话语格局中阐明中国立场。同时，中国媒体不断提升内容的原创能力，CGTN 以微视频、直播、评论为着力点，其中，视频是社交媒体上互动率最强的板块。2017 年，CGTN 共发布 1400 条原创微视频，仅占内容总量的 9%，但贡献了 50% 的流量。此外，《中国日报》2017 年在海外社交平台新增《学中文懂中国》、《直击中国》（Eyes On China）、《全景中国》（360 beauty）和《中国脉搏》（China Heartbeat）等视频和直播栏目，为海外受众全视角呈现中国的科技文化、经济发展，有效提升中国形象的海外认知。

三　适应国际传播环境，实施软传播

囿于文化背景、意识形态等方面的不同，海外受众对“中国式表达”的接受和理解存在一定的难度。习近平总书记指出，讲故事是国际传播的最佳方式。近年来，在中国媒体国际微传播中，“软传播”特征日益凸显。注重国际化表达，“陈情”与“讲理”相结合，用一个个鲜活案例讲述“中国故事”，一定程度上扭转了国际社会对中国的“刻板印象”。例如，2017年CGTN在Facebook平台播放量最多的一条视频为《救护车隧道遇堵 众车让道赢得救命时间》，播放量达274万次，网友留言“很受震撼”。此外，《中国日报》2017年制作了五集系列视频《“一带一路”睡前故事》，以睡前故事的形式，讲述“一带一路”的起源与建设，全五集二次传播全网有效覆盖量超过1000万次。

四 分众化传播，平台差异化运营

信息消费市场，分众化、垂直化、小众化已成趋势。《纽约时报》《卫报》等国际主要媒体率先实施了定制化、精准化传播策略。2018年，《卫报》移动创新实验室推出一种新闻叙事新模式——Smarticle，一种为移动端设计的新闻叙事模式，旨在为用户提供对他们而言最有用的信息。《人民日报》海外社交媒体账号通过大数据采集描摹用户画像，以便更精准地提供个性化新闻服务。同时，在海外社交媒体传播中，根据不同产品、不同受众、不同平台采取差异化的运营方式成为共识。新华社、CGTN等中央媒体开设了多个小语种账号，并在内容生产层面针对受众的文化习惯进行策划运营。CGTN阿语新媒体利用对象国特定时间节点，制作系列特色传统文化的内容，吸引用户关注。同时，Facebook、Twitter、YouTube、Instagram等海外社交媒体在传播机制上各有特色，实施平台差异化运营。《人民日报》海外社交媒体各账号根据目标群体，呈现不同的讯息类别，采用不用的表达方式。新华社Twitter账号侧重发布具有一定时效性的报道，在Facebook、YouTube上则探索产品的创新。如新华社Facebook账号发布的短视频“Let's go Belt and Road”，以“京剧+说唱”的形式，融合东方与西方、传统与现代的文化元素，播发后在Facebook平台的观看量迅速突破万次。

第四节 中国媒体提升微传播国际影响力的策略建议

海外社交媒体是讲述中国故事、传播中国声音的重要平台。如今，《人民日报》、新华社、中央电视台等主流媒体正积极布局海外社交平台，主动进行国家形象塑造，在诸如 Twitter、Facebook、YouTube 等平台上聚集了数量庞大的“粉丝”。但是，从目前发展形势来看，“西强我弱”的国际话语格局依然存在，传播技术发展迅速，一些媒体在人才队伍、传播理念、传播策略方面仍有不足之处，因此，针对目前国际微传播实践中面临的问题与挑战，对未来我国主流媒体调整改进国际传播工作、提升国际影响力提出以下对策建议。

一　加强人才队伍建设，组建专业化运营团队

开展国际传播工作，面临着不同的话语体系、文化背景、传播规则、政治环境等各种因素的挑战，构建一支既懂海外社交媒体传播规律又熟悉海外文化的专业化运营团队，是大力提升国际传播影响力和公信力的重要保障。一方面，不仅要科学合理引入高素质的国际传播人才，丰富人才队伍的知识结构；另一方面，还要加大对团队成员的培训力度，提供多样化的国际传播技能学习机会和多场专业讲座，增强人才队伍的学习能力，不断更新知识体系，让团队成员真正掌握微传播领域最新最优的传播手段和运营方法。

二　运用新技术驱动创新，实现新闻产品智能化和精准化

目前，传播技术的飞速发展，多次颠覆了传统新闻生产分发的路径，大数据、人工智能、虚拟现实技术、无人机等新兴技术不仅使新闻生产更多样化，而且在分发过程中更能切中用户需求，实现传播效果的最大化。

首先，运用大数据分析工具，精准分析社交媒体平台用户的信息需求。从内容生产角度来看，借助算法，可透过大数据深度挖掘和采集分析用户需求，描摹粉丝画像，以提供个性化的、精准化的内容服务。这既是传媒行业从信息提供者向信息服务者角色转变的内在要求，也是打破当前“西强我弱”的国际话语格局的外在要求。

其次，重视虚拟现实技术在新闻生产中的应用，增强用户体验。虚拟现实技术的运用将进一步打破国家与地域的界限，拉近用户与新闻事实的距离。目前，虚拟现实技术的变革主要集中在用全视角视觉体验打造真假难辨

的数字化世界，给用户带来身临其境的体验。如《纽约时报》、CNN 等国际媒体已率先实施了虚拟现实与新闻的融合，采用新闻纪录影片的形式和 AR 技术，聚焦战争、环境、恐怖主义等全球性的重要议题。

三　注重“软性”传播策略，及时关注用户反馈

我国媒体以往的对外传播工作往往局限在线性思维中，侧重信息生产与发布的单向传播，忽视了受众对信息的接收和反馈过程，导致传播工作事倍功半。近年来，随着媒体融合的不断加强，用户需求已经成为内容制作的重要依据。中国媒体在利用海外社交媒体进行国际微传播实践时，一方面在新闻选题和报道角度方面淡化官方色彩，趣味性软话题和严肃性硬话题相结合、兼顾高层动态与百姓生活两类内容，如历史民俗、风景名胜、科学技术、逸闻趣事、感人故事等轻松议题，体现人文关怀，激起共鸣，吸引受众的注意力。另一方面，应关注用户反馈，增强与粉丝的互动，及时回应用户的问题类和建议类信息。同时阶段性评估新闻落地效果，及时调整社交平台内容生产策略，提高媒体国际传播的质量。

四　加强社交媒体理论研究，推动微传播实践创新

理论源于实践，又指导实践，并在实践中得到检验。目前，我国主流媒体以新思维改变传播方式，主动尝试利用海外社交媒体建构国际话语权，国际微传播实践飞速发展，国际传播影响力在不断上升，但同时，也仍然面临社交媒体时代的“西强我弱”局面，世界传播体系失衡问题依然存在。为此，我们需要发展与国际微传播实践相适应的国际微传播理论研究。首先，我国媒体近几年进行了大量的国际微传播实践活动，我们应总结经验，建立国际微传播案例库；其次，需要创造性地吸收借鉴世界各国国际微传播的前沿成果；最后，需要立足于中国新时代，面向世界新时代，深入研究和理解习近平总书记关于国际传播的重要思想，更好地理解和挖掘中国自身的文化资源，推动新时代国际微传播理论研究，建构新时代国际微传播理论，推动我国国际微传播实践创新，同时也丰富全球传播理论。

第八章　中国动漫游戏海外发展总论*

第一节　中国动漫海外发展报告

一　中国动漫海外[①]发展的基本情况和变化特征

2017 年中国动漫产业规模达 1500 亿元，除了有大量优质动画进入大众视野，还出现了诸如《斗破苍穹》《全职高手》等现象级动画产品，2018 年中国动画行业已进入高速发展期。从市场到产能，中国动漫产业实现飞速发展，即将进入一个“黄金时期”，这已是当下动漫从业者的共识。如今，讲好中国故事，传递好中国声音已经成为中国动漫、动画行业的创作共鸣。在 2017 年出台的《文化产业发展规划》中，动漫被列为 11 个文化产业中的重点行业，并提出“支持原创动漫创作生产和宣传推广，培育民族动漫创意和品牌”。市场规模不断扩大的同时，一些优秀动漫作品也在加快“走出去”。一批国产动画正在苦练内功，时刻做好“出海”的准备。中国动漫如何走出一条国际化之路，成为中国动画人必须思考和解决的问题。

1. 中国动漫海外发展的基本情况

动漫游戏具有受众群体庞大、传播效率高、易于跨文化传播的特点，是

---

* 郭靖，副教授，北京外国语大学文化产业研究中心副主任；宫玉选，北京外国语大学文化产业研究中心主任，中国文化产业管理专业委员会理事。

① “海外”一般指国外，但为行文方便，在涉及港澳台市场时亦如此表述，并不附加政治含义。——编者注

各国民众尤其是青少年喜闻乐见的文化娱乐形式，也是青年创业创新的沃土。2015 年动漫产业总产值达到 1131.58 亿元，出口收入 14.20 亿元。尤其是动漫游戏产业出口规模保持年均 52% 的复合增长率，2016 年产值近 3000 亿元，在世界动漫产业市场具有一定的认可度和信誉度。

（1）中国动漫出口数据

中国动漫出口数据，目前只有官方的电视动画出口数据，见表 8－1、表 8－2。

表 8－1　2015 年中国电视动画出口情况统计

类别	欧洲	非洲	美洲		亚洲						大洋洲	合计
			美国	总计	日本	韩国	东南亚	中国香港	中国台湾	总计		
出口总额（万元人民币）	1292.72	153.40	959.20	979	—	1763.43	1824.42	1681.88	1446.45	7545.74	88.37	10059.23
出口时长（小时）	141	162	185	121	—	20	365	222	246	2512	91	3091

资料来源：国家统计局网站。

表 8－2　2016 年中国电视动画出口情况统计

类别	欧洲	非洲	美洲		亚洲						大洋洲	合计
			美国	总计	日本	韩国	东南亚	中国香港	中国台湾	总计		
出口总额（万元人民币）	84.32	17.56	752.33	931.33	—	343.00	173.07	1905.14	11.71	2622.97	5.65	3661.83
出口时长（小时）	531	72	153	154	—	6	263	112	130	648	2	1407

资料来源：国家统计局网站。

从表 8－1、表 8－2 对比分析可以看出 2016 年与 2015 年出口总额和出口时长都有大幅度下降，平均价格也从 3.25 万元/小时下降到 2.60 万元/小时。从出口洲域和国别来看，我国电视动画节目主要出口到亚洲、美洲、大洋洲、欧洲和非洲，以及美国、日本、韩国等国家和东南亚、中国香港、中国台湾等地区。①

（2）2015～2016年国家文化出口重点企业和重点项目

为鼓励和支持我国动漫产业参与国际竞争，扩大相关产品和服务出口，推动中华文化走出去，商务部、中宣部、财政部、文化部、国家新闻出版广电总局根据《文化产品和服务出口指导目录》，经各地组织申报、相关部门评审，共同认定了2015～2016年度国家文化出口重点企业和国家文化出口重点项目。北京天视全景文化传播有限责任公司、央视动画有限公司、灵然创智（天津）动画科技发展有限公司为代表的47家动漫企业，以及50部国产原创漫画版权出口计划，以童子山动画电影、东联动画系列片《中华德育故事》15个动漫项目被分别认定为2015～2016年度国家文化出口重点企业和国家文化出口重点项目（见表8－3、表8－4）。

表8－3　2015～2016年度国家文化出口重点企业（动漫企业部分）

省　份	企业名录
北　京	北京天视全景文化传播有限责任公司、北京洋洋兔文化发展有限责任公司、北京每日视界影视动画股份有限公司、央视动画有限公司、幸星数字娱乐科技（北京）有限公司、北京妙音动漫艺术设计有限公司
天　津	灵然创智（天津）动画科技发展有限公司、天津画国人动漫创意有限公司
内蒙古	内蒙古东联影视动漫科技有限责任公司
黑龙江	黑龙江龙德天合动漫有限公司、哈尔滨极光文化传播有限公司、哈尔滨品格文化传播有限公司、哈尔滨英立科技开发有限公司、哈尔滨亿林网络股份有限公司
上　海	上海今日动画影视文化有限公司、上海动酷数码科技有限公司、上海炫动传播股份有限公司、上海幻维数码创意科技有限公司、上海河马动画设计股份有限公司、上海美术电影制片厂
江　苏	江苏山猫兄弟动漫游戏有限公司、江苏久通动漫产业有限公司、江苏欧瑞动漫有限公司、江苏原力电脑动画制作有限公司、常州卡米文化传播有限公司、无锡九久动画制作有限公司、南京艾迪亚动漫艺术有限公司
浙　江	浙江特立宙动画影视有限公司、美盛文化创意股份有限公司、浙江中南卡通股份有限公司

① 中国动漫游戏产业年度报告课题组：《2015年中国动漫游戏产业发展报告》，2016年6月27日，中国出版网。

续表

省份	企业名录
安徽	安徽时代漫游文化传媒股份有限公司、合肥乐堂动漫信息技术有限公司
福建	福建省子燕动漫科技有限公司、福州智永信息科技有限公司
江西	江西腾王科技有限公司
河南	河南约克信息技术股份有限公司
湖南	湖南金鹰卡通有限公司、湖南山猫卡通有限公司、湖南华视坐标传媒动画有限公司、湖南蓝猫动漫传媒有限公司
广东	骅威科技股份有限公司、深圳市方块动漫画文化发展有限公司、环球数码媒体科技研究（深圳）有限公司
海南	海南英立科技开发有限公司
重庆	重庆享弘影视股份有限公司
四川	成都精英设计制作有限公司、成都立方数字科技有限公司

资料来源：商务部服务贸易和商贸服务业司网站，http://fms.mofcom.gov.cn；中国动漫游戏产业年度报告课题组：《2015年中国动漫游戏产业发展报告》，2016年6月27日，中国出版网。

表8－4　2015～2016年度国家文化出口重点项目（动漫项目部分）

省份	项目	企业
北京	50部国产原创漫画版权出口计划	北京天视全景文化传播有限责任公司
	《中华弟子规》60集、《中华美德故事36集》	北京妙音动漫艺术设计有限公司
天津	基于4k分辨率的胶片修复项目	灵然创智（天津）动画科技发展有限公司
	童子山动画电影	天津画国人动漫创意有限公司
内蒙古	东联动画系列片《中华德育故事》	内蒙古东联影视动漫科技有限责任公司
辽宁	美盛文化构建动漫文化产业生态园	美盛文化创意股份有限公司
上海	动画片《泡泡美人鱼》	上海今日动画影视文化有限公司
湖北	《米乐米可之神奇海豚岛》	海豚传媒股份有限公司
湖南	“山猫和吉咪”品牌文化产品对外出口	湖南山猫卡通有限公司
广东	陆丰皮影戏	陆丰市皮影动漫文化产业有限公司
	《熊出没》系列动漫产品	深圳华强文化科技集团股份有限公司
广西	大型山水神话动画片《龙母巡江》	广西漫博通动画制作有限公司
重庆	享弘动画国际版权交易新媒体技术项目	重庆享弘影视股份有限公司
宁夏	动漫、电子产业国际会展项目	宁夏网虫信息技术股份有限公司
新疆	104集高清3D动漫连续剧《少年阿拜》	乌鲁木齐阿拜之路文化传播有限公司

资料来源：商务部服务贸易和商贸服务业司网站，http://fms.mofcom.gov.cn；中国动漫游戏产业年度报告课题组：《2015年中国动漫游戏产业发展报告》，2016年6月27日，中国出版网。

（3）国际合作是动漫作品打入国际市场的重要方式

因为文化背景的差异，许多动漫公司通过中国版权出口海外、海内外联合投资制作等国际合作模式进行内容自制，打破审美壁垒。如在深圳文博会广州馆展示的《太空学院》片段，该片由中国与新西兰共同投资合拍，共享版权。目前《太空学院》已与英国 Cake1 Entertainment 公司签署海外发行战略合作协议，也与拥有全球销售渠道的产商共同开发衍生产品。[①] 在国际化的进程中，中南卡通一直致力于华流出海，输出动画节目至全球 90 多个地区。通过海外的持续布局，逐步探索出一条原创动漫资源整合与海外优质资源引入的行业“破冰之路”，为未来的战略布局打下基础。中南卡通在中国国际动漫节上宣布其国际化新动作——将与马来西亚著名动画公司 Animasia Studio 组建合资公司“ZOLAND ANIMASIA WORKS”（以下简称 ZAW），双方集聚优势资源和团队重点开发国际化精品动画。[②] 2017 年，杭州以动漫为载体继续讲好“中国故事”，并将这些好故事带到了更远的地方，由中国国际动漫节节展办公室牵头组织或资助扶持杭州动漫游戏企业参展参会参赛遍布了全球 11 个国家和地区，征程 25 万公里，洽谈意向合作和签约金额超过 1 亿美元。正在热映中，众筹 3000 万元成为国漫史上众筹最大金额的动画电影，由中国美术学院副教授刘健执导的动画电影《大世界》，获得了第 54 届金马奖最佳动画长片奖，是内地首部获得金马奖的最佳动画长片。令人骄傲的是，《大世界》还是中国动画电影第一次入围三大国际电影节（威尼斯电影节、戛纳电影节、柏林电影节）主竞赛单元，也是继 2001 年宫崎骏的《千与千寻》后，再度获此荣誉的亚洲动画电影。2017 年，博采传媒的动画电影《昆塔 2：反转星球》在美国主流影院上映，同时进军意大利、哈萨克斯坦、中东等海外市场；翻翻动漫的漫画作品《拾又之国》登陆日本销量领先的《少年 Jump》漫画杂志，动画项目由日本最大的漫画出版集团集英

① 蔡敏婕：《中国动漫离“国际化”还有多远?》，中国新闻网，2018 年 5 月 15 日，http：//e. gmw. cn/2018 - 05/15/content_ 28799400. htm。

② 张名豪：《内容产业国际化全面升级　中国卡通传承创新揭开动漫新篇章》，浙商杂志，2018 年 4 月 28 日，http：//finance. ifeng. com/a/20180427/16218566_ 0. shtml。

社参与联合制作，并邀请了《火影忍者》系列导演伊达勇登亲自执导；杭州漫奇妙动漫公司创作的动画片《洛宝贝》邀请了英国威尔士最大的动漫制作公司布猫动画专家参与制作，并与加拿大知名的“九故事”传媒集团签约，该公司负责《洛宝贝》的海外发行。[①] 动漫产业是国际通用的文化语言，也是文化“走出去”的新载体。中国有大量的作品产生，有自己的内容和 IP，要想在全球市场上参与竞争就要树立全球视野，让国际交流更加深入，将中国风格和元素、古老传说的叙事和神话融入动画形式中，会使人感受到非常独特的中国风格，好中国动漫 IP 会展现出惊人的发展潜力。

2. 中国动漫海外发展的特征

（1）与“一带一路”沿线国家交流合作日益紧密

动漫已经成为当下中国与“一带一路”沿线国家加强文化交流、增强相互理解、面向未来促进民心相通的重要载体。中国动漫游戏产业发展很快，中国动漫企业与“一带一路”沿线国家交流合作日益紧密，已与沿线 50 多个国家在创意、生产、技术、资金等方面开展了业务合作。为了更好推进动漫游戏产业借助“一带一路”倡议走出去，文化部发布了《关于推动数字文化产业创新发展的指导意见》，明确动漫游戏是数字文化产业的重要板块。文化部也已明确将动漫游戏产业纳入“一带一路”文化发展总格局，2017 年出台了《动漫游戏产业“一带一路”国际合作行动计划》。顺应“一带一路”建设的大势，中国动漫走出去持续向“一带一路”国家拓展，填补了很多以往的空白。2015 年以来，中国动漫先后在哈萨克斯坦、泰国等国取得突破性进展，哈萨克斯坦副总理会见了中国动漫企业代表，泰国政府组团参加中国国际动漫游戏博览会。新疆、陕西、宁夏、福建、广西、上海等地的动漫企业积极创作“一带一路”题材的动漫产品。中国动漫在东南亚、中亚、西亚、东欧、非洲等地区的市场拓展都取得了新进展。[②] 2017 年中

① 丁岚：《2017 年杭州动漫游戏产业发展十大亮点》，杭州网，2018 年 1 月 10 日，http：//game. people. com. cn/n1/2018/0110/c40130 – 29755840 – 3. html。

② 中国动漫游戏产业年度报告课题组：《2015 年中国动漫游戏产业发展报告》，2016 年 6 月 27 日，中国出版网。

国动漫游戏企业开展合作的“一带一路”沿线国家包括哈萨克斯坦、俄罗斯、沙特阿拉伯、阿联酋等50余国的电视台或重点企业，合作内容包括创意、生产、技术、资金等多个方面，已经出产了《熊猫和小鼹鼠》《阿廖沙和龙》《垃圾王国》等优秀动漫作品。[①] 2017年4月，作为世界上规模最大、影响力最广的国际视听产品和数字内容交易市场展，法国戛纳电视节在法国戛纳举行，河南动漫元素精彩亮相，与世界知名动画公司迪士尼、梦工厂、皮克斯等同台展示。在法国戛纳电视节上，约克动漫与法国、俄罗斯、葡萄牙、德国、意大利等多个国家的电视台达成合作意向。[②]

（2）中外合拍成为中国动漫走向世界的重要方式

2012年开始，中国动漫一方面积极地“走出去”，学习日本、美国先进的制作技巧和理念，另一方面，把国外优秀的制作团队“请进来”，开启了中外合拍之路。中美合资的“东方梦工厂”在上海落户，为中美双方在动画制作方面的合作开启了新篇章。2016年初，第一部中美合拍动画片《功夫熊猫3》横空出世，享誉全球。同年7月，由郑钧与好莱坞团队历经六年磨砺的《摇滚藏獒》上映，虽然国内遭受排片挤压，票房不佳，但在北美却广受好评。而眼下，又一部中美合拍动画电影《哪吒与变形金刚》也已提上了日程……。当然，近五年来，中国除了在动画电影的合作上频繁发力，在动画短片的合作上更是动作不断，尤其是中方和日本的合拍。数据显示，仅2016年一年，中日合拍动画片的数量就多达8部，创历史之最。而2017年以来，中日合拍动画不但在数量上有增无减，在质量上也是突飞猛进，成绩喜人。值得一提的是，这些合拍片还成功登上日本主流电视台，受到了大批日本粉丝的追捧。[③]

① 陈悦：《在“一带一路”倡议下中国动漫“走出去”迎来机遇期》，2017年11月17日，http：//www. sohu. com/a/204874877_ 115832。

② 温小娟：《河南动漫“走出去”渐入佳境》，http：//newpaper. dahe. cn/hnrb/html/2017 - 05/17/content_ 147247. html。

③ 黄梅梅：《献礼十九大：盘点十八大以来中国动漫行业的八大转变文创资讯》，2017年10月20日，http：//baijiahao. baidu. com/s? id = 1581740283344928413&wfr = spider&for = pc。

（3）视频网站持续发力，助推中国动漫走向世界

视频网站在动漫领域的持续发力，将推动中国动漫制作模式、内容质量、用户规模、发行模式向更加成熟的方向发展，同时推动动漫产业的国际化进程，最终将吸引更多资本入局，为动漫产业的发展提供更多力量，形成有利于产业发展的良性循环。视频网站通过以文学、动漫为源头进行 IP 全面开发，形成超强内容矩阵，最大限度挖掘 IP 内容价值，以此为基础，在中游进行全球发行，进一步扩大动漫内容影响力，并将在下游充分发挥 IP 的媒体及商品等价值，最终实现动漫 IP 的范围经济价值拓展，该模式将成为未来几年视频网站布局自制动漫的重要模型。未来，动漫将与剧集、电影等内容一起，并入内容付费大潮。视频网站逐力布局动漫产业，“自制” + “内容布局” + “全产业链开发” + “出海”是平台布局动漫关键。爱奇艺主打儿童及二次元动漫，并独立运营儿童动漫 App 奇巴布及二次元动漫 App，目前覆盖了国内 40% 以上的国产儿童动漫内容资源，爱奇艺自制儿童动漫《无敌鹿战队》及多部二次元动漫作品等优质内容领航出海，国际一线动画播出平台或预购或购买版权播出。腾讯视频依托腾讯动漫参与出品和播放了较多的青少年和成年动漫，《全职高手》《斗破苍穹》等动漫是其典型代表。① 随着国际合作的日渐频繁，动漫内容质量及商业模式将与国际接轨；制作模式及动漫内容的国际化，必将助力中国动漫的海外发行板块，提升综合影响力。②

（4）中国动漫 IP“走出去”已经成为新趋势

从 2014 年以来，很多漫画作品被挖掘、开发成为超级 IP，在国际收购市场上非常抢手，它们带动产生了上千万甚至几十亿元的价值。眼下，我国很多优秀的国产动漫，也在打造自己的 IP 产业链，实现从收购到原创、从引进来到“走出去”的创新之路。动漫 IP 的开发，可以延伸出很多形式，

① 艺恩：《2017 中国在线动漫市场白皮书发布时间》，2018 年 4 月 12 日，http：//www. useit. com. cn/thread－18644－1－1. html。

② 徐潇：《中国动漫产业市场规模逾千亿　迎来“黄金时代”》，《工人日报》2018 年 5 月 16 日，http：//news. xmnn. cn/xmnn/2018/05/16/100363753. shtml。

除了大家比较熟悉的游戏、玩具、服装等，甚至还可以是纪念币和舞台剧。比如，国版阿凡提主题文化交易平台首发了2500枚2014版《米奇和他的朋友们》纪念银币。此外，由动漫作品《我叫白小飞》改编的舞台剧，近日在上海上演，得到了很好的市场反响。IP的形式可以包括漫画、文学、动画、网剧等，投资界的选择也更加多样化。[①] 动漫作为一种优秀的国际性文化语言，已成为中国与世界交流沟通的重要桥梁。一直坚持“影视动漫数字内容+科技手段+教玩具实体产品”这一联动运营机制的画国人公司，经过九年来的精心打造，目前已拥有两个实践制作基地、70多人的原创团队，真正成为一家在业内处于领先地位的“全国文化出口重点企业”。画国人在影视动画方面，已经原创制作和联合出品了《童子山》《奇妙·多乐园》《摇滚藏獒》等多部动漫作品，其中《童子山》入围国家精品工程提名，并与美国NES公司合作，出口成交额达上百万美元；《奇妙·多乐园》不仅成功入选文化部弘扬社会主义核心价值观动漫扶持计划，而且在全国幼教展和法国戛纳电视节MIPTV进行了预售及衍生产品授权。[②]

（5）动漫海外授权日益成为我国动漫“走出去”的主体形式

在动漫产品数量大幅度增长的同时，优秀作品陆续在国际节展上获奖，海外市场竞争力明显提升。2015年1月，近10位中国漫画家远赴法国，参加全世界规模最大的漫画盛会——昂古莱姆国际漫画节。5月，中国原创漫画又一次集体出现在俄罗斯莫斯科国际漫画节上设立的“中国馆”。10月，“中国原创动漫走进非洲”大型主题展览在阿尔及利亚国际漫画节登场。2017“一带一路”（南宁）动漫游戏产业合作发展论坛（CAG+）在南宁开幕。论坛以“中国动漫游戏产业的全球化未来”为主题，与会各方共同探讨中国与“一带一路”沿线国家在动漫游戏产业领域的合作和未来发展。论坛上，腾讯企鹅影视、南宁峰值文化和接力出版社正式签署三方战略合作协议。三方将共同开发《海豚帮帮号》动画系列片项目，并将整合各自优

① 《国漫发力原创　重视“走出去”》，http：//www.flamecn.com/news/dongman/52.html。

② 郭佳：《“画国人”力推国产动漫“走出去”》，《渤海早报》2016年9月19日，http：//www.tj.xinhuanet.com/culture/20160919/3446692_m.html。

势资源，力争将《海豚帮帮号》打造成为以动画为新形式传播中国传统美德，宣传“人类命运共同体”意识，进入“一带一路”沿线国家学龄前儿童市场的优秀案例，推动中国优质动画产品“走出去”。论坛上，来自中国动漫集团、广西动漫协会、腾讯视频、湖南金鹰卡通、意大利 Chili、法国 Eurodata TV Worldwide、印度尼西亚 MNC Animation 等国内外知名行业精英齐聚一堂，共同探讨全球动漫游戏产业领域内前沿和关键话题，以及跨区域、全球化产业合作的机遇和方向。①

（6）新媒体动漫日益成为我国动漫产业“走出去”的重要突破口

随着以数字技术、网络技术、信息技术为代表的新技术迅猛发展并在动漫领域得到广泛应用，新媒体动漫日益成为我国动漫产业发展的重要突破口和新的增长点。据统计，2014 年我国动漫产业总值超过 1000 亿元，与 2013 年相比增长 14.84%；其中手机动漫游戏的市场规模达到 230 亿元，较上一年度增长约一倍。手机（移动终端）为载体的动漫创作方式更加方便、快捷且互动性强，目标客户群体以 16 岁以上的青年及成年人为主，用户体验以碎片化时间为主，对动漫企业在内容创作上提出了新的要求。2017 年 1 月 21 日，北京邮电大学世纪学院以学术成员的身份向国际电信联盟第 16 研究组（SG16）提交《手机（移动终端）动漫文件格式》标准立项申请，2 月 19 日，在经过讨论后正式成为国际电联标准化局的研究项目。该项目立项是首次将文化内容引入电信服务标准制定，对整个行业产生深远影响。手机（移动终端）动漫文件格式第一版国际标准文稿的提交，是我国文化科技领域内的一次突破。接下来还要在各国家代表间进行多次磋商和修改。标准如果最终获得国际电信联盟审议发布，我国将是标准的主导方和最先实行这一标准的国家，将极大提高我国手机（移动终端）动漫产品在国际上的核心竞争力，扩大我国手机（移动终端）动漫运营平台的国际影响力，对推动我国动漫“走出去”具有极为重要的影响。标准公布后，很多传统动

① 林艳华：《中国动漫市场存量超 500 亿美元 “一带一路”合作前景广》，中国新闻网，2017 年 12 月 7 日，http：//www.chinanews.com/cj/2017/12－07/8395205.shtml。

漫企业开始成立独立的手机（移动终端）动漫创作研发部门，开发更符合手机（移动终端）特点和用户群体的动漫产品，开拓成年人动漫市场，同时提高手机（移动终端）动漫生产效率。

二 中国动漫海外发展存在的问题

2018 年 4 月，北京电影学院中国动画研究院、社会科学文献出版社共同发布了《数字娱乐产业蓝皮书：中国动画产业发展报告（2018）》。报告认为，目前国产动画电影创作存在三大问题：故事的讲述能力亟待提升、目标的定位能力亟待提升、政策的引导能力亟待提升。同时，随着移动互联网时代的到来，商业模式更是从 PC 互联网时代的流量经济变成了粉丝经济。这在产品生产模式上，主要体现为娱乐化、IP 化、互动化。尽管国产动画片生产总量早已媲美动画强国美国或日本，但国产动漫的影响力早已被国际动漫巨头甩在身后。从《玩具总动员》《飞屋环游记》到《怪兽大学》，在这些风靡全球的动画电影背后，是创作团队在故事构思、形象设定和动画技术创新等多个方面的精心制作，是对产业链建设、资本逐利、核心内容坚持的完美运转；更是对本土文化和价值体系的深度褒奖和创新，这值得中国动漫企业深思。中国动漫要想国际化，在内容的安排上要讲述海外年轻人喜欢的“中国故事”，而内容的打造则需要国际化复合型人才，了解海外市场、技术、营销等。①

1. 中国动漫本土动画 IP 竞争力弱

随着国内动漫市场的开放，境外动画片大举抢占国内各级电视频道，美国动画电影和日本动画电影等也纷纷走进中国影院，虽然为国内动画电影市场带来了丰富多元的文化产品，但也带来了冲击与挑战，特别是就“吸金”能力而言，依然是外国动画片赚得盆满钵满。比如观众熟知的充满中国元素的《花木兰》《功夫熊猫》等动画片，都是国外动画企业运营取得的商业成

① 徐潇：《中国动漫产业市场规模逾千亿 迎来“黄金时代”》，《工人日报》2018 年 5 月 16 日，http：//news. xmnn. cn/xmnn/2018/05/16/100363753. shtml。

功。值得注意的是，由于本土动画IP竞争力仍相对较弱，中国动画衍生品市场75%以上营收利润流向日本、韩国、美国的动画衍生品厂商。其中，日本和美国动画的衍生品中玩具的销售比例最大，其次是服装和挂件。而国产动画衍生品以服装及挂件等为主，附加价值以及客单价更高的模型销售份额偏低。

以小猪佩奇为例，其IP所属的英国公司公布的其2017年上半年在中国的授权和商品销售收入显示，同比增幅超700%。在互联网上，带有小猪佩奇元素的周边衍生品，已经扩展至玩具、服装、快速消费品等众多领域，即使其中充斥着假货、劣质产品、商品的版权问题等隐患。[①]

2. 国产动漫内容缺乏创新

一部《大圣归来》曾掀起了动画内容的投资热潮，一批资本纷纷涌入，动漫公司、人才的身价随之水涨船高。但聚集了资本、人才的动画产业，并没有持续产出高水准内容。尤其是在米老鼠、哆啦A梦等美日经典动漫形象面前，传统国产动漫形象总显得稍逊一筹。同时，随着移动互联网时代的到来，商业模式更是从PC互联网时代的流量经济变成了粉丝经济。这在产品生产模式上，主要体现为娱乐化、IP化、互动化。调查显示，90后、00后群体用户付费比重较高，他们愿意在各种动画内容上消费，例如海报、写真等印刷品，玩偶等周边产品，以及声优的演唱会及相关表演。在动画文化周边上，动画用户每年平均花费超过1700元，国内市场潜力巨大，对内容的要求越来越高。中国动漫曾在国际舞台上展映，中国故事也曾将中华优秀文化传递到千家万户。

3. 中国动漫缺乏在内容和创新上的"沉淀"

要让中国的动漫不断挺进世界动漫版权产业链，沉淀是必不可少的途径。动漫产业日益成为中国文娱产业重要部分。根据娱乐产业研究机构艺恩咨询发布的《2017中国在线动漫市场白皮书》，截至2017年底，中国动漫

---

① 徐潇：《中国动漫产业市场规模逾千亿　迎来"黄金时代"》，《工人日报》2018年5月16日，http://news.xmnn.cn/xmnn/2018/05/16/100363753.shtml。

产业产值达1500亿元，在6300亿元的文娱业总产值中占比24%。动漫产业要真正想走上国际化之路，不能一味地靠数量打天下，只有在创意、内容上沉淀，去粗劣和杂质，才能让国产动漫吸引海外采购商驻足。

沉淀并不是驻足不前，也不是慢吞吞不发展。不难看到，有一部分中国动漫遭遇“海内风光，海外遇冷”的局面，造成这个局面的原因是中国动漫在原创内容的锤炼上还不够，要真正让中国动漫赶上日本和美国，国产动漫只有在创意和内容上精选再精炼，才能创作出如《铁扇公主》《大闹天宫》《神笔马良》等优秀动漫在国际舞台上一直“闪耀”。[①]

4. 用国际语言讲述自己故事的能力不足

任何作品背后都有一个普适价值观的问题。如果连中国人都感动不了，也很难感动外国人，各个地方的人在美学上是有同感的。故事讲述仍然是2016年国产动画电影发展的瓶颈和软肋，故事是商业动画的骨架和灵魂，承担着将影片事件表达清楚的重任，也承载着传递精神、挖掘人性、升华情感等使命。在内容题材的选择上要注意不能太地域化，要做一些适合国际市场需求的节目，不能动不动就把我们的想法强加给别人。我们的目的是要把更多的为外国人所接受的、真正有中国文化价值和观念的文化产品带出去，在表达形式方面，就需要深入地研究。如有些动漫作品涉及了很多复杂的中国元素，虽然中国人对此家喻户晓，但对外国人来说却难以理解。如果将这些元素一成不变地搬上银幕，是很难赢得国际市场的。而好莱坞的动画电影有大而复杂的背景以及简单的故事线条。由于题材类型、语言文化、人文风情等各方面的差异，都会影响到外国观众对中国动漫的接受程度。不同国家观众的生活背景、文化理念、接受的教育均有所差异，这使得各个国家观众的需求也不一样，这导致国内受欢迎、票房高的影片在海外难以获得成功。若想在海外市场同样获得观众的欢迎，就需要以让各国观众能明白、能接受的表达方式来制作，使产品的供给和需求匹配，不仅要有适合国际市场的题

---

① 石成平：《沉淀会使中国动漫和国际化更好接轨》，南京文明网，2018年5月14日，http://nj.wenming.cn/ycpl/201805/t20180514_5204084.shtml。

材和主题，还要让故事的叙述风格适合海外市场。

5. 动漫产业链、价值链不完善

美、日、韩三国动漫产业所以能够占有较大国际市场份额，核心在于其发达成熟的动漫产业链、价值链。以日本而言，先出版原创漫画刊物，得到受众欢迎后出版漫画专集，制作动画影视作品，开发动漫衍生产品，推出动漫形象品牌授权和服务业务，放大动画影视商业价值、利润空间，获得更大产业增值。美国以核心品牌与形象为依托，制作动画精品、打造视听盛宴，建设主题公园，拓展动漫衍生产品，完善产业链，获得最大市场利益。中国由于缺少具有深刻意蕴与创意的动漫产品，产业利润获取只停留在播出盈利层面，难以开发出高质量的动漫衍生品，影响产业价值空间扩大与价值链建构，动漫产业链发展呈现非良性发展状态。2015 年中国动漫衍生品市场规模为 380 亿元，只占动漫产业总体的 33.5%，① 而日美动漫衍生品产业达到同等水平，甚至超过动漫主体产业本身产值。② 近年来，全球动漫游戏产业逐步扩大，产业链快速延伸。中国动漫游戏市场也从成长期进入快速发展的黄金期，漫画、动画、游戏领域市场存量已超过 500 亿美元。2017 年我国动漫业产值已突破 1600 亿元，动漫衍生品行业是跨界创意、设计、生产、供应链和渠道的综合行业，需要专业化、精细化的操作和协作，“动漫 +”更是需要实现动漫产业与不同行业之间的融合。

6. 动漫产业国际化发展理念缺位

中国动画作品，最近几年在国际舞台上开始崭露头角，但不得不承认的是，尽管部分国产动画影视剧在国内取得较好的票房与口碑，但在海外却难以获得同样的风光与地位。票房不理想，市场反响不佳，国外观众评价一般，这些元素都严重阻碍国产动画影视剧走出国门。2015 年，国产动画电影《西游记之大圣归来》以 9.56 亿票房，拿下了好莱坞影片长年占据的中

① 卢斌、牛兴侦、郑玉明主编《中国动漫产业发展报告（2016）》，社会科学文献出版社，2016。

② 中国动漫游戏产业年度报告课题组：《2015 年中国动漫游戏产业发展报告》，2016 年 6 月 27 日，中国出版网。

国动画电影榜冠军，真人动画电影《捉妖记》更是成为华语电影首部破20亿票房的影片。但这两部在国内大受欢迎的动画电影，到了国外却集体遇冷。中国动画电影的海外票房在影片总收入中占比偏低，甚至可以忽略不计，该状况在较长时间内或难有大改观，海外发行对国产动画电影来说，不是主要业务，但又是不能完全舍弃的业务。另外，中国电影市场的消费潜力巨大，在众多好莱坞大片将中国视为“大票仓”时，国产动画电影的主战场必然仍在本土。①

7. 动漫产品制作水准难以达到国际市场要求

不可否认当前国产动画片生产总量早已媲美动画强国美国或日本，但国产动漫的影响力早已被国际动漫巨头甩在身后。内容为王，中国动漫在进行创新的同时，必须打上自身文化特色。中国动漫要想国际化，在内容的安排上要讲述海外年轻人喜欢的“中国故事”，而内容的打造则需要国际化复合型人才，了解海外市场、技术、营销等。② 中国动漫走向海外，尤其是欧美地区，需要以中华传统文化为根，融合中西方多种文化，包括故事结构、整体表现形式等方面。动漫的美术设计需要讲究审美。所谓“民族化”就是审美不要疲劳，要有独特风味，我们要从传统的审美中提取价值元素。在故事情节上，缺乏“在麻木的生活中寻找艺术点”的灵光；在故事内容方面，故事场景缺少带入感，故事节奏缺乏刺激感。日本、美国的动漫在某种程度上更像是“深度游”“自驾游”，而国漫更多像是“半日游”。“我们的故事节奏有点像小区荡秋千，而人家故事节奏是游乐园过山车，你永远预知不到下一站将是什么。”③ 美国梦工厂技术总监、导演，雅虎总部动漫总监 Nigel 补充谈到，打造具有高水准的动漫影视作品，技术和工具诚然重要，但最重要的还是故事内容，“要在故事层面上从人性角度超越文化、

① 中国动漫游戏产业年度报告课题组：《2015 年中国动漫游戏产业发展报告》，2016 年 6 月 27 日，中国出版网。

② 徐潇：《中国动漫产业市场规模逾千亿 迎来“黄金时代”》，《工人日报》2018 年 5 月 16 日，http://news.xmnn.cn/xmnn/2018/05/16/100363753.shtml。

③ 魏金金：《比肩国外优秀动漫 中国动漫需在“设计”上下功夫》，中国经济网，2018 年 4 月 23 日，http://economy.gmw.cn/2018-04/23/content_28455066.htm。

超越种族”。[①]

8. 中国动漫产业国际营销能力不足

在制度与政策鼓励下，社会与民间投资主体积极投资动漫产业，因而企业数量大大增加，呈现出多元化、社会化、市场化趋势。有些动漫企业通过培育特有动漫形象品牌在国际市场崭露头角。但由于营销理念滞后，企业运作模式简化，原创能力较弱、动漫精品缺乏，新产品开发不力，资金周转缓慢，经营规模普遍偏小，企业布局分散导致中国动画电影的海外票房在影片总收入中占比偏低，甚至可以忽略不计。同时由于缺乏具有高水平的创意大师和领军人才，以致动漫产品或缺乏优秀创意、内涵与思想，使产品“有技术、缺灵魂”；或“有灵魂、有创意、缺制作”，核心竞争力低，难以走出海外。有些绘画、定型、三维等制作能力达到国际领先水平的企业常常为他人做“嫁衣裳”。[②] 由于缺少高级国际化营销人才，即使有高水平制作和创意的动漫作品、衍生品，也难以进行国际化商业运作，走向海外市场，导致许多动漫产业园区为国外企业做代工和加工服务。中国动漫产业通常徘徊在产品创意差、档次低的状态，很难做到“冲出亚洲、走向世界”。

三　中国动漫海外发展的未来规划

从国家战略大局看，动漫是新时代文化“走出去”的新载体。党的十九大报告指出：要坚定文化自信，推动社会主义文化繁荣兴盛。加强中外人文交流，推进国际传播能力，讲好中国故事，展现真实、立体、全面的中国，提高国家文化软实力。动漫产业以文化为载体，产生了超越国界的影响力，不仅创造了巨大的商业价值，更影响了几代人尤其是青少年的价值观。因此，动漫要成为新时代中国文化“走出去”的新载体。从国际传播格局看，动漫是一种更容易让国际接受的新表达。动漫是一种国际化的语言，它

① 魏金金：《比肩国外优秀动漫　中国动漫需在“设计”上下功夫》，中国经济网，2018 年 4 月 23 日，http：//economy. gmw. cn/2018 －04/23/content_ 28455066. htm。

② 中国动漫游戏产业年度报告课题组：《2015 年中国动漫游戏产业发展报告》，2016 年 6 月 27 日，中国出版网。

和音乐一样没有国界，也不分年龄，老少皆宜；动漫也是一种二次元的流行语言，它在以80后、90后为代表的二次元人群中成为时尚的表达方式和交流手段。因此用动漫讲好中国故事，传播中国文化，既是一种无须更多翻译的语言，也是一种更容易让国际社会接受的表达方式。[①] 21世纪国际竞争将是文化软实力的竞争。预计2016～2020年，全球动漫市场规模将翻五番，尤其是亚太市场、中国市场将成为动漫产业的主要增长市场。

1. 注重用动漫与世界对话

每个人都是看着不同动漫长大的，都能从动漫中找到相同的情感共鸣，当今动漫已经成为一种世界通用语言。中国原创动漫“走出去”，本质上是中国文化得到海外认同，也是中国文化自信提升和行业创作环境开放的具体表现。中国动漫“走出去”的意义就在于用动漫与世界对话。中国动漫“走出去”最好的一种方式是开展国际合作。平衡好国际性与民族性的关系，用国际通用的“话语体系”讲好“中国故事”，是国产动漫“走出去”亟待破解的核心议题。而要把中国古老题材的动画电影国际化，需要挖掘出原著中最精华的东西，挖掘人类共性中最能打动人的东西，并且把故事用现代元素表现出来，使其符合当代的审美，并赋予其现代价值。央视动画走出去的战略“熊猫+”，成功与捷克合作了动画《熊猫和小鼹鼠》、与俄罗斯合作了《熊猫和开心球》、与新西兰合作了《熊猫和奇异鸟》、与南非洽谈合作《熊猫和小跳羚》等。海外代工的国产动漫，经历了由量变向质变的飞跃，同时海内外对于中国动漫市场的认同也愈发提升，从单纯的“引进来”到“走出去”。2017“一带一路”（南宁）动漫游戏产业合作发展论坛（CAG+）在南宁开幕。论坛以“中国动漫游戏产业的全球化未来”为主题，与会各方共同探讨中国与“一带一路”沿线国家在动漫游戏产业领域的合作和未来发展。腾讯企鹅影视、南宁峰值文化和接力出版社正式签署三方战略合作协议。三方将共同开发《海豚帮帮号》动画系列片项目，并将整合各自优

① 黄梅梅：《献礼十九大：盘点十八大以来中国动漫行业的八大转变文创资讯》，2017年10月20日，http://baijiahao.baidu.com/s?id=1581740283344928413&wfr=spider&for=pc。

势资源，力争将《海豚帮帮号》打造成为以动画为新形式传播中国传统美德，宣传“人类命运共同体”意识，进入“一带一路”沿线国家学龄前儿童市场的优秀案例，推动中国优质动画产品“走出去”。[①] 中国动漫企业有较强的技术研发实力，也有被认可的讲故事方式，但中国文化在海外普及程度还很低，需要做大量的本地化工作才能适应当地市场。

2. 引入大数据分析手段

维克托·迈尔·舍恩伯格、肯尼斯·库克耶在《大数据时代》中认为：通过对不同来源大数据的管理、处理、分析与优化，将创造出巨大的经济和社会价值。动漫作为一种优秀的国际性文化语言，已成为中国与世界交流沟通的重要桥梁。因此，为提高中国动漫产业国际竞争力，必须依托国际动漫产业市场大数据分析，挖掘世界动漫市场发展规律，创新动漫产业国际化发展路径，推动中国动漫产品走向世界。数据分析是动漫游戏产业不可或缺的重要环节，大数据技术正在全球范围内加速企业创新，动漫游戏产业要想发展得迅速稳健，离不开准确的数据分析。与全球分析研究机构进行广泛合作，对收集到的信息进行科学分析，将其提供给动漫游戏机构，助其有针对性地创作出受到市场欢迎的产品。要依据国际动漫产品市场、消费者大数据库，创新、拓展服务模式，以原创化、多元化为主要逻辑，开发培育一大批具有国际影响力的动漫产品，拓展新产品、新服务、新业态，促进动漫产品真正走出国门。依托中国5000年源远流长的历史、深厚的文化底蕴，开发结合中外文化元素，寓意深刻、内涵丰富，中外观众均能认可、接受的原创动漫品牌与形象，提升中国动漫产品的品位。依据国际动漫市场大数据库分析，树立差异化发展理念，打造不同年龄段观众与消费者喜爱的差异化、多元化产品与品牌。树立精品化发展理念，加强技术创新能力，提升动漫产品与高新科技、信息技术的融合度，将符合世界动漫产业发展潮流的高级创意，通过动漫制作技术创新的方式转化为产品，打造动漫精品，推进中国动

① 林艳华：《中国动漫市场存量超500亿美元 “一带一路”合作前景广》，中国新闻网，2017年12月7日，http：//www.chinanews.com/cj/2017/12-07/8395205.shtml。

漫产品、产业国际化发展的进程与步伐，使中国原创动漫作品、动漫衍生品依靠现代高新技术走出国门、走向海外市场。

3. 中国动漫制作要有匠心精神

对于动漫游戏产品而言，产能是品牌系列化的前提，产能的提升则依赖科技创新。这就要求无论是镜头、动画、特效、灯光、渲染等，都能达到所见即所得的制作效率。随着国产动漫的国际影响力、品牌竞争力不断提升，在未来，将会有越来越多的优秀国产动漫远渡海外，以极具竞争力的国产IP带动中华文化的对外输出。加州大学洛杉矶戏剧电影学院动画剧本写作专业教授Robert认为，在剧本写作过程中，“首先要把观众放在心里，然后再去想怎么吸引观众。但也不能一味追求观众的感受，一个真正好的电影，最重要的是能够触及人的情感部分，很多东西都是发自内心的”。[①] 美国梦工厂技术总监、导演，雅虎总部动漫总监Nigel谈到，打造具有高水准的动漫影视作品，技术和工具诚然重要，但最重要的还是故事内容，“要在故事层面上从人性角度超越文化、超越种族”。[②] 不同国家或民族的故事有不同的逻辑、情感和思路，虽然外国动画团队借中国的花木兰、功夫、熊猫这些符号做出了成功的动画电影，但并不能因此反向推出“中国动画制作可以通过取材国外故事来拉近与国际市场的距离”，毕竟，一部动画电影的成功不是简单的“有了好故事”，而是在于“如何讲这个好故事”。中国不担心高质量制作，因为多年代工已提高了制作水平，中国要用心学习的是如何找到一个好题材以及如何讲出一个好故事。

4. 抓住制定移动终端动漫国际标准的机遇

2017年3月16日，文化部牵头并主导制定的手机（移动终端）动漫标准，由国际电信联盟正式发布成为国际标准。这是我国动漫文化领域首个国际标准，也是我国文化标准走向世界的重要标志。ITU-T. 621移动终端动漫

① 魏金金：《比肩国外优秀动漫　中国动漫需在“设计”上下功夫》，中国经济网，2018年4月23日，http：//economy. gmw. cn/2018－04/23/content_ 28455066. htm。

② 魏金金：《比肩国外优秀动漫　中国动漫需在“设计”上下功夫》，中国经济网，2018年4月23日，http：//economy. gmw. cn/2018－04/23/content_ 28455066. htm。

国际标准产业联盟正式成立，这将对手机动漫标准国际标准在全球范围内推广提供强有力的保障。动漫企业可以持续加大研发投入，在动漫的数字内容创意特效辅助工具、内容分发与精确运营、手机移动终端适配与交互、AR/VR等技术方面形成国家或国际专利，促进构建更多国家、国际标准体系，加快我国手机移动动漫“走出去”步伐，不断铸就中华文化新辉煌。移动终端动漫国际标准的发布与应用，不仅将大力推动我国动漫文化产品“走出去”，在国际电信联盟和国际“互联网+文化”的领域发出“中国声音”，还见证我国在“互联网+文化”的国际技术水平上从跟跑、并跑向领跑的跨越，向世界展示了我国的文化自信，也将进一步推动文化与科技的融合，让更多更好的中国文化产品跨越标准的障碍，走向世界。[①] 动漫尤其是移动终端动漫具有受众群体庞大、传播效率高、易于跨文化传播的特点，是各国民众尤其是青少年喜闻乐见的文化娱乐形式，也是青年创业创新的沃土。可以说，动漫游戏已经成为当下中国与世界各国加强文化交流、增强相互理解、面向未来促进民心相通的重要载体。我国数字动漫产业的创新与发展、移动终端动漫国际标准的创立，将不断推动移动动漫产业合作，促进移动终端动漫国际标准成果转化，不断扩大移动终端动漫国际标准在产业内外的影响力，并将成为我国移动终端动漫“走出去”的重要保障。

5. 实现漫影游等跨界联动，开辟互动娱乐新生态

动漫产业的发展扩大，除了是动漫产业自身的发展，也是产业跨界的结果，这里的跨界是“漫影游联动”，即一个优秀的IP（指著作权、版权等）可以用漫画、影视、游戏三者不同形态的产品表现出来，彼此间的跨界合作展现出巨大的市场潜力。这已经成为泛二次元世界最热的打开方式。中国大批游戏国漫作品和动漫平台如腾讯动漫开始崛起，并得到海外市场的认可，《大圣归来》《大鱼海棠》等优秀作品，更是走出国门，成为弘扬中国传统文化的先锋。自2008年成立以来，电魂网络就通过游戏出海的方式让国产

① 《移动动漫国际标准产业发展论坛　用中国的标准讲中国的故事》，中关村在线，2017年11月17日，http://comic.people.com.cn/n1/2017/1117/c122418-29652975.html。

动漫走向世界；中国动漫游戏市场也从成长期进入快速发展的黄金期，漫画、动画、游戏领域市场存量已超过500亿美元。在快速发展的同时，中国动漫产业也发生了一系列深刻变化，行业资源整合加速，动漫与网络文学、影视等文化产业领域的互动融合愈发紧密，呈现出多领域交互融合发展态势。随着传统媒介的没落，动漫行业的触网成为发展的必然趋势，利用“互联网+”,将网络技术与动漫行业进行有机整合。动漫已经成为国内各大视频网站继电视剧、电影和综艺节目之后的第四大内容板块，视频网站借助数字产品极低的复制成本和互联网络极低的传播成本，正在取代传统电视频道成为动画内容产品集成分发的首要媒体，即时通信（IM）、微博、社交网站（SNS）和论坛等以社交元素为基础的网络应用平台为强化互动性和用户黏性，纷纷使用大量动漫形象作为图释，进一步丰富了新媒体动漫的产品形态。中国动漫产业正在进入以互联网为核心，多形态、跨媒介、跨行业融合发展的时代。动漫产业作为文化创意产业的重要领域，与传统产业融合发展是共赢之举，也是当前我国市场经济发展的重要选择。动漫产业与传统产业在品牌建设、产品定位、渠道拓展方面三力合一，提升品牌竞争力，能够助推动漫产业增产增效，增加新的经济增长点，形成产业间相互促进的良好局面。

6. 深入开发本土动漫 IP

动漫是内容产业的重要源头，给全产业链开发提供了大量内容，衍生品、快闪店、跨界合作等实现 IP 的商业变现，动漫小镇则紧紧抓住旅游转型升级黄金期，顺应新消费升级需求，走文旅融合发展之路。视频网站通过以文学、动漫为源头进行 IP 全面开发，形成超强内容矩阵，最大限度挖掘 IP 内容价值，以此为基础，在中游进行全球发行，进一步扩大动漫内容影响力，并将在下游充分发挥 IP 的媒体及商品等价值，最终实现动漫 IP 的范围经济价值拓展，该模式将成为未来几年视频网站布局自制动漫的重要模型。迪士尼美国总部和 Netflix 采购了一部中国原创动画片《豆小鸭》，成为有史以来国际主流儿童媒体采购的第一部中国原创动画片，这让优扬传媒在中国动画领域更加成为关注焦点。优扬将一如既往地专注于 10 岁以下儿童 IP，因为儿童动画更有机会成为全球性的 IP，世界的就是中国的，中国的也是世界的，“优扬将致力于打造一个根植中国、面向国际的儿童 IP 孵化和运营平台，完成从 IP 开发到制作再到运营变现的整个链条。发现和链接全球创意源，共同打造有国际影响力的儿童 IP，共同分享价值”。[①] 从单纯地引进动漫 IP，到原创动漫 IP 的深度开发，中国动漫 IP 市场是片新蓝海，随着中国原创动漫 IP 和营销深度结合，将向全球观众发出“中国声音”。[②]

7. 充分利用“一带一路”机遇，推动中国动漫“走出去”

文化部印发了《文化部“一带一路”文化发展行动计划（2016—2020年）》，鼓励中国 - 东盟博览会等综合性平台设立文化交流板块，助推动漫游戏产业“一带一路”国际合作行动计划，因此要深入研究和探讨中国与“一带一路”沿线国家在动漫游戏产业领域的合作和未来发展。加强与“一带一路”沿线国家的文化交流与合作，积极培育动漫游戏产业开展对外文化交流。随着国家促进文化产业发展各项扶持政策陆续出台，动漫产业的市场前景越来越广阔，“一带一路”倡议必将为国内外动漫企业带来无限商机。2017 年中国动漫游戏企业已与“一带一路”沿线 50 多个国家的国家电视台或重点企业在创意、生产、技术、资金等方面开展了业务合作，规模超过 15 亿元，出产了多部优秀动漫作品。[③] 当前以东南亚为龙头，以中东等为重点，以中东欧为新增长点的中国动漫“一带一路”国际合作格局已经初步形成。“一带一路”倡议给中国动漫游戏产业“走出去”带来了难得的机遇：一方面，“一带一路”沿线国家的经济实力、发展水平、空间维度，符合中国动漫“走出去”的传播规律、传播途径和梯次布局；另一方面，中国动漫自身的崛起，也为“走出去”提供了丰富的内容和可授权可商业化运作的强 IP。“一带一路”沿线许多国家人口出生率高于世界平均水平，青少年数量多，对动漫产品需求旺盛，尤其许多东南亚国家和中国的文化有

① 《优扬发布原创动画国际化战略，中国动画踏上全球之路》，中关村在线，2017 年 6 月 2 日，http://comic.people.com.cn/n1/2017/0602/c122418 - 29314694.html。

② 李佳赟：《中国动漫 IP“走出去”：与世界分享中国故事》，中国新闻网，2017 年 4 月 17 日，http://www.chinanews.com/it/2017/04 - 17/8201740.shtml。

③ 陈庚：《业内人士：中国动漫“一带一路”国际合作格局初步形成》，央广网，2017 年 11 月 16 日，http://xm.cnr.cn/xwpd/zjxm/20171116/t20171116_ 524028419.shtml。

很大的共同性或者互补性，年轻人对以动漫为载体的中国文化的传播接受度也比较高。在“一带一路”倡议下，中国以及中国文化如何走出去，一直备受关注，动漫产品就是文化的传播载体，我们要用国际化的思维和表述方式讲好中国故事，向世界传递充满中国符号与价值观的文化。

8. 开展线下活动促进内容推广与国际合作

国产动画影视剧要“走出去”，海外销售发行渠道是必要途径，但这也正是目前我国具有相对劣势的领域。目前我国动漫产业在海外的市场话语权还不足，国产动漫缺乏发行平台和渠道。片方要积极地与海外发行方提前接洽，调整制作细节，制定发行策略。使中国动画制作企业更好地把控动画创作过程，保证作品质量。但在此之外，还必须根据自身特点确定一个有效的海外发行战略，寻找合适的海外交易平台。比如《兔侠传奇》在确定海外发行思路后，为达到最理想的效果，由来自香港的海外发行负责人制定了详细计划——先去釜山国际电影节，接着是香港国际电影节，之后是柏林国际电影节，最后才是戛纳国际电影节。无论自营或代理，国外几大知名电影节都是国产动画电影走向海外的必经通道，业内有“美洲去洛杉矶，欧洲去戛纳，亚洲去新加坡”一说，意即拓展美洲市场要去美国最大的电影交易会美国电影市场，拓展欧洲市场要去法国戛纳国际电影节的电影交易市场，拓展亚洲市场则去亚洲电视论坛及内容交易市场与新加坡影汇。[①] 对动漫企业而言，涉及具体的发行事务时，由于语言、合同条款、时差等原因，多数动画企业会选择发行代理或合作出品方来处理海外发行各事项。选择自行处理动画电影海外发行事宜的如果是体量足够大的集团化企业，可以借力集团内的海外市场业务资源，如深圳华强数字动漫有限公司、光线传媒彩条屋影业；或者是以联合出品身份参与动画电影项目，以自身宣发资源来操盘片子的海外发行，如上海炫动传播股份有限公司。[②]

① 《中国动漫如何走出一条国际化之路?》，新浪动漫，2017 年 1 月 13 日，http：//comic. sina. com. cn/guonei/2017 - 01 - 13/doc - ifxzqnip0991118. shtml。

② 《中国动漫如何走出一条国际化之路?》，新浪动漫，2017 年 1 月 13 日，http：//comic. sina. com. cn/guonei/2017 - 01 - 13/doc - ifxzqnip0991118. shtml。

9. 中国动漫“走出去”应先在本土练好“内功”

动画电影一直被称为“文化折扣最小的片种”，容易进入国际文化传播语境，加上政府有关主管部门对文化“走出去”的倡导和支持，因此多数动画制作企业都有立足国内，放眼全球的想法，在此基础上积极开拓海外市场，具体体现在创作、制作中，会有意识地借鉴、融合国际化动画语言，并在形象、故事、色彩、音乐等方面向国际接轨；体现在市场运营上，则是主动、系统地进行探索，对参加海外节展、会展能做到“有备而来，终有所得”。《大圣归来》《捉妖记》的成功只是个开始。在未来几年内，国产动漫将进入“从规模到精品”的换挡期，还会有更多“合家欢”定位的精品动画走出低幼怪圈，在艺术和技术上做出探索，成为有“国际语言”的“中国故事”。中国动漫“动起来”并“走出去”，是一个“润物细无声”的过程，而不可能是“大跃进”式的，我们要稳扎稳打，量力而行，不可冒进。与其徒有“走出去”的虚名还不如先脚踏实地把故事基础打好，把艺术功底做扎实，先在本土市场上获得认可。[①] 要树立精品化发展理念，加强技术创新能力，提升动漫产品与高新科技、信息技术的融合度，将符合世界动漫产业发展潮流的高级创意，通过动漫制作技术创新的方式转化为产品，打造动漫精品，推进中国动漫产品、产业国际化发展的进程与步伐，使中国原创动漫作品、动漫衍生品依靠现代高新技术走出国门、走向海外市场。

第二节　中国游戏海外发展报告

一　2015～2017 年基本情况和特征

2010～2012 年，中国很多游戏企业并不重视海外市场，后来少数公司才意识到要在海外自建分公司或通过收购建立据点；到了 2014 年，又出现

① 《中国动漫如何走出一条国际化之路?》，新浪动漫，2017 年 1 月 13 日，http：//comic. sina. com. cn/guonei/2017 - 01 - 13/doc - ifxzqnip0991118. shtml。

了游戏公司组团“走出去”的趋势，一些企业开始构建平台，希望利用自身的资金和渠道优势，携带一些中小型的国产企业出口。从这时候中国游戏企业开始跨行业合作，与手机制造等相关产业抱团，将产品和产业链一起带出去。从中国游戏产品近年的出口趋势可以看出来，包括腾讯、完美世界在内的很多企业已经建立了对国际市场的开拓与把控能力，对海外玩家的研究、对其消费习惯的把握都已经成熟。下面分别介绍 2015～2017 年的海外游戏发展基本情况和特征。

1. 2015 年基本情况和特征

2015 年，中国游戏（包括客户端游戏、网页游戏、社交游戏、移动游戏、单机游戏、家庭游戏机游戏等）市场实际销售收入达到 1407.0 亿元，同比增长 22.9%。但与上一年度 37.7% 的增长率相比，略有放缓。增速放缓的原因主要是以下两方面。一方面随着游戏产业规模基数的增大，增长难度越来越高。另一方面，游戏产业缺乏新兴增长引擎。传统的客户端游戏已进入增长乏力期，大部分经典老游戏的收入都在下降；新兴的 H5 游戏、电视游戏、移动竞技游戏仍处于市场开拓阶段，留存率和流量变现能力依然不足，对整个产业增长的贡献率有限。用户方面，2015 年中国游戏用户数达到 5.34 亿人，同比增长 3.3%，呈小幅增长态势。2015 年，中国自主研发网络游戏市场实际销售收入达到 986.7 亿元，同比增长 35.8%。其中，2015 年，中国自主研发游戏海外市场高速增长，海外市场实际销售收入达到 53.1 亿美元，同比增长 72.4%①。

这一年中国游戏海外市场的发展呈现出“保东南亚争美欧”的态势。一方面，在较早进入的东南亚市场表现出色，老的游戏依然能够为游戏企业带来不错的收入，新的精品游戏又快速获得成功。比如，自主研发游戏在韩国市场上就呈现类似情况。另一方面，一些游戏企业利用外国的 Facebook、Google 等渠道，在欧美市场取得新突破，如《列王的纷争》就是典型的成功案例。这与习近平总书记在 2013 年提出的“一带一路”倡

① 数据来源：中国音数协游戏工委（GPC）、伽马数据（CNG）、国际数据公司（IDC）。

议有很大关系。习近平总书记提出这一倡议以后，沿线各国积极共同打造政治互信、经济融合、文化包容的利益共同体、责任共同体和命运共同体，造福沿线国家人民，促进人类文明进步事业。这一倡议的实施有利于不同文化的交融，给游戏海外出口带来新的机遇。一些拥有中国文化内涵的精品游戏逐渐得到不同同市场的认可，如《少年三国志》；游戏企业在研发过程中有意识地将一些跨国家、跨地域的文化元素纳入游戏中，进而帮助产品开拓海外市场，如《太极熊猫》《列王的纷争》。

2. 2016 年基本情况和特征

2016 年，一些游戏公司将国外先进的游戏技术、理念等引入国内，能够促进本土游戏发展，提升本土游戏产业的综合竞争力。随着国内游戏市场逐渐走向成熟，越来越多的企业将目光转向海外，无论是产品、市场还是资本领域，中国本土游戏产业的对外开放步伐都在加速。

2016 年，中国游戏市场实际销售收入达到 1655.7 亿元，同比增长 17.7%；中国游戏用户数达到 5.34 亿人，同比增长 3.3%。在诸多细分领域中，移动游戏市场成为份额最大、增速最快的市场。影游融合、VR 游戏、电子竞技、游戏直播成为中国游戏产业新热点。2016 年，自主研发网络游戏海外市场实际销售收入为 72.3 亿美元，同比增长 36.2%。具体到细分领域，移动游戏已经成为支撑自主研发网络游戏海外收入增长的重要因素。受移动互联网快速普及影响，中国移动游戏市场逐步成为全球最大的移动游戏市场，这促使游戏企业更快的发展，中国游戏企业也得以取得先发优势，获取进军国际市场的基础。2016 年，国家新闻出版广电总局批准出版国产游戏约 3800 款，其中移动游戏约占 92.0%，网页游戏约占 6.0%，客户端游戏约占 2.0%。这反映出移动游戏市场依然是最具市场活力的领域。其中，北京出版游戏数量约占 25.0%，上海出版游戏数量约占 31.0%，广东出版游戏数量约占 5.0%，其他地区约占 39.0%。一线城市游戏企业和出版资源集中的优势，促使游戏出版地域“集中”的特点在移动游戏时代继续保持。

2016 年海外移动游戏份额进一步加大，企业出口海外的移动产品保持稳定增长，如《列王的纷争》《城堡争霸》等上线两年之久依然保持顽强的生命力，目前《列王的纷争》为海外移动游戏收入最高的产品。另外，企业的海外收购对海外市场也有着很大贡献，如腾讯对于《皇室战争》游戏开发商 Supercell 的收购，势必将增加其海外收入份额，同时扩大其在全球范围内的影响力。这也有利于本土企业做大做强，从而提升本土游戏产业在全球市场中的竞争力。例如，腾讯的《王者荣耀》、网易的《梦幻西游》以及盛大游戏的《龙之谷手游》这几个占据国内手机游戏市场上收入前几位的作品，在全球市场上同样位居前列。

在游戏出海过程中，逐渐形成了两种不同的方式，一种是侧重自研，以产品为驱动，并借助海外发行体系的构建，开拓市场，如智明星通；另一种是与国内企业呈现“分工”态势，通过将国内精品引入海外市场，累积海外运营经验，推动海外收入的增加，如易幻网络。

借助“研运一体”的模式，智明星通能够提升对产品的把控，有助于后续产品研发及海外本地化能力的提升，进而保证海外收入的持续增长。具体来说有以下几点。第一，精品复制。智明星通研发、运营的《列王的纷争》《世界争霸》《帝国战争》等策略类游戏均是市场上表现优秀的产品。智明星通依靠上述游戏积累的研发、运营经验和用户基础，研发并推出了新款游戏《女王的纷争》《王权争霸》等，同样取得了不俗的市场表现。第二，全球化布局。从《开心农场》开始，智明星通一直致力于全球化的发行。通过八年在海外市场的探索，拥有了多个国家的长期合作的运营推广商，同时熟悉各个主要国家的用户导入模式、产品类型偏好和当地文化特色，能够进行针对性有效的推广，在更广泛的市场和更大数量的用户群体中取得收入。第三，运营反哺研发。在研运一体的模式下，智明星通能获取最大化的收益，获取一线的市场与运营数据，这些资源都能快速投入自身研发的游戏中，研发团队也能根据运营团队的意见做到游戏的快速更新，不断满足用户需求。《列王的纷争》正是依靠研运一体模式，通过强势的广告宣传、每周一次的版本更新等方式，逐渐占据市场。在这一模式下，企业可能对单一产品依赖性较强。目前，《列王的纷争》2015 年度占主营业务收入的

74.62%，2016年为79.79%。游戏都存在生命周期，若未能研发出相媲美的产品，智明星通可能会面临缺少新的业务增长点的情况。此外，这种模式也要求企业在兼顾自研高投入的同时，还得兼顾全球运营体系的构建。然而，布局全球市场过大，用户群体多，造成运营投入成本高，在运营维护上需投入大量的人力、物力，提升了成本，进而提升企业运营风险。

通过代理打开海外市场的易幻网络，境外游戏收入连续多年占游戏收入的99%以上，整体收入保持稳步增长。借助精品代理优势打通海外市场的易幻网络，能最大化地利用自身海外资源；代理的方式则能保证易幻网络能够拥有丰富的产品资源。而这两点都建立在其丰富的海外运营资源之上。第一，境外收入份额高，先发优势明显。逐步通过代理运营国内优质的游戏产品打开海外版图，至今共发行数十款游戏、十几种语言并拥有全球超过73个国家的发行经验，并已在中国香港、中国台湾、东南亚、韩国等移动网络游戏市场建立了竞争优势，处于市场第一梯队。第二，成熟的数据分析系统及精细化的营销体系。易幻网络自有游戏数据分析平台GM Tool，对所运营的游戏进行实时数据监控，及时收集相关运营数据并进行精准分析和比对，及时且客观评估游戏运营状况并制定最佳运营策略。同时还可以进行高效精准的统计分析，对市场变化及时迅速地做出判断并进行调整，最大限度确保数据支持运营的有效性和高效性，把控不同产品的风险，提供产品成功率。第三，具有全球化的市场开拓能力。易幻网络以中国香港、中国台湾、东南亚、韩国三大主力市场为业务核心，支撑对全球其他新兴市场的开拓和探索，先后将产品推向中东、日本、南美、俄罗斯、德国等多个海外市场。同时，易幻网络与Facebook、Google、Twitter、Line、Kakao、DeNA等国际知名公司形成长久深厚互信的合作关系。由易幻网络负责游戏运营的各项工作，包括市场推广、信息反馈、运营控制、服务器支持和支付渠道支持等。由于易幻网络每年发行和运营的游戏数量较多，因此需要大量的人力、资金成本投入。如果其中部分游戏运营不及预期，则将面临一定的经营风险。此外，缺乏对产品的把控，使得一些产品风险难以控制，如知识产权、产品生命周期等。

3. 2017年基本情况和特征

《2017年中国游戏产业报告》显示，2017年中国游戏市场实际销售收入达到2036.1亿元，同比增长23.0%。从2007年的100亿元到2017年突破2000亿，十多年间增长近20倍，游戏行业成为中国文化产业当之无愧的增长冠军。具体来看，移动游戏市场实际销售收入1161.2亿元，份额继续增加，占57.0%；客户端游戏市场实际销售收入648.6亿元，份额减少，占31.9%；网页游戏市场实际销售收入156.0亿元，份额大幅减少，占7.6%；家庭游戏机游戏市场实际销售收入13.7亿元，份额有所增加，占0.7%。其中，2017年中国自主研发网络游戏海外市场实际销售收入达82.8亿美元，同比增长14.5%（见图8-1）。

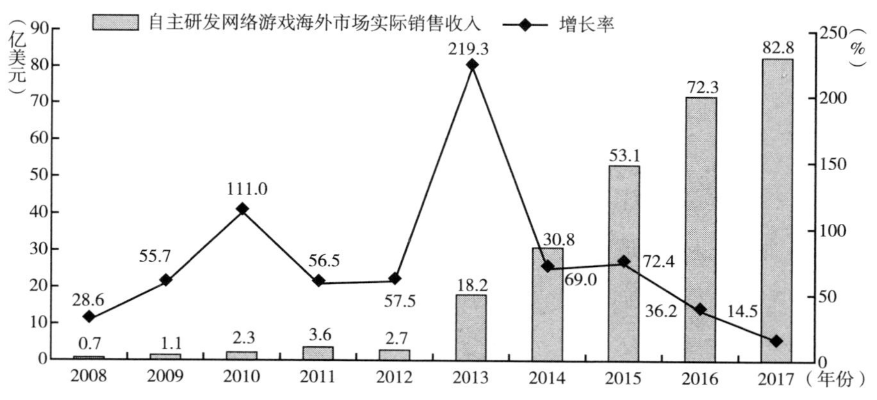

图8-1　自主研发网络游戏海外市场实际销售收入

资料来源：中国音数协游戏工委（GPC）、伽马数据（CNG）、国际数据公司（IDC）。

2017年的中国游戏企业"走出去"有别以往，表现出一些新特征。

第一，中国游戏类产品的海外发展也大大促进了中国文化元素和中国文化的国际推广。比如完美世界公司的网游产品多数取材于中国传统文学经典。包括《武林外传》《赤壁》《口袋西游》《倚天屠龙记》《笑傲江湖OL》等，其题材都来自中国本土的文学作品，很受大众欢迎。如《完美世界国际版》这款经典的网络游戏，便是以中国古典神话《山海经》为背景改编，游戏中许多元素都来自《山海经》的故事。例如，游戏中的"化蛇""腾蛇”“鸣蛇”“修蛇”等怪兽，就是以《山海经》所描述的奇兽为原型。游戏中有很多的中国风的建筑、人物和具有中国传统文化的人际关系，这些具有强烈中国文化的内容很难让海外玩家理解和喜欢。他们公司的策略如下：一是修改玩家角色创建的选择，让玩家可以创建西方面孔和体型的游戏角色；二是建立游戏维基系统，方便玩家了解历史故事；三是制造具有中国风唯美的场面，把玩家带入虚幻世界，这样玩家可以把中国风认为是特色而不是异类。

第二，中国自主研发网络游戏海外市场实际销售收入结构优化。目标市场不再局限于文化相近的东南亚，欧美、日韩、俄罗斯、中东等地区都取得不同程度的突破，实现了海外地区的“多点开花”。产品类型更加多样，既有海外地区本身强势的策略类，也有中国游戏企业擅长的角色扮演类。此外，音舞类、经营类、军事训练类、多人在线战术竞技类（MOBA）等不同类型产品均出现在海外市场上。

第三，大、中、小游戏公司以不同方式参与全球游戏市场竞争。其中，实力较强的组建海外团队；拥有资本优势的，借助收并购，快速建立自身的海外市场地位；自主研发能力突出的，借助优秀游戏产品打入海外市场。多数中、小游戏企业则与成熟的海外发行企业合作，还有部分企业为区域海外市场定制开发游戏。

第四，中国自主研发网络游戏海外影响力提升，产品品牌地位显著提升。经过10余年的发展，游戏出口额已从2008年的0.7亿美元，达到2017年的81.6亿美元，暴增百倍以上。目前，中国已经成为游戏输出大国，东南亚、日、韩排名靠前的进口游戏多为中国自主研发游戏；而且，一批中国自主研发网络游戏也得到了苹果、脸书（Facebook）等渠道在全球范围内的推荐。

第五，一批优秀中国自主研发网络游戏产品在海外市场表现突出。2017年，随着中国游戏企业“走出去”，中国自主研发的一批二次元游戏也逐渐进入海外市场，成为热点，比如《阴阳师》《崩坏3》《碧蓝航线》等。其用户价值进一步提升，并逐渐得到验证，二次元游戏迎来发展机遇。“二次元”经过多年动漫文化培育，代表的是“青年化”“巨大的消费潜力”。二次元移动游戏用户主体“90后”“95后”，正逐步成为可支配收入较高的社会群体，消费能力较强。同时，移动通信技术的发展，打破了二次元游戏“小众”的标签，将其成功推向了更多的泛二次元用户。从表8－5、表8－6中可以看出，由二次元改编的游戏在海外市场最为活跃。

表8－5　优秀产品名单

产品名称	开发商	产品名称	开发商
《阴阳师》	网易游戏	《王国纪元》	天盟数码
《最终幻想:觉醒》	完美世界	《战火与秩序》	壳木软件
《王者荣耀》	腾讯游戏	《全民枪战》	英雄互娱
《少女前线》	云母组	《偶像梦幻祭》	乐元素
《剑侠情缘》	西山居	《战舰帝国》	华清飞扬
《一起来飞车》	英雄互娱	《碧蓝航线》	勇仕网络、蛮啾网络
《崩坏3》	米哈游	《权力与荣耀》	祖龙娱乐
《阿瓦隆之王》	趣加	《丧尸之战》	龙创悦动
《永恒纪元》	三七互娱	《诛仙》	完美世界
《热血江湖》	龙图游戏	《列王的纷争》	智明星通

资料来源：中国音数协游戏工委（GPC）& 伽马数据（CNG）& 国际数据公司（IDC）。

表8－6　中国自主研发二次元游戏在海外市场排名情况

游戏名称	各地区上线时间及周期	市场表现(均为各地区最高日收入排名)	研发商
《阴阳师》	2016年10月全球上线(13个月) 2016年12月繁体版上线(11个月) 2017年2月日本地区上线(9个月) 2017年8月韩国地区上线(3个月)	韩国苹果商店第3、谷歌商店第3 日本苹果商店第16、谷歌商店第15 美国苹果商店第7,加拿大苹果商店第1 新加坡苹果商店第8 蝉联港澳台苹果商店和谷歌商店榜首	网易游戏
《崩坏3》	2016年12月北美地区上线(11个月) 2017年2月日本地区上线(9个月) 2017年5月港澳台地区上线(6个月)	日本苹果商店第6、谷歌商店第22 美国苹果商店第20,加拿大苹果商店第5 台湾苹果商店第3,澳门苹果商店第23,香港苹果商店第4	米哈游

续表

游戏名称	各地区上线时间及周期	市场表现（均为各地区最高日收入排名）	研发商
《偶像梦幻祭》	2015年5月日本地区上线(30个月) 2016年12月港澳台地区上线（11个月）	日本苹果商店第1、谷歌商店第9 澳门苹果商店第3	乐元素
《奇迹暖暖》	2016年7月韩国地区上线（16个月） 2016年8月港澳台地区上线(15个月） 2016年12月日本地区上线（11个月）	日本苹果商店第11、谷歌商店第33 韩国苹果商店第2,谷歌商店第4 台湾苹果商店第1,澳门苹果商店第2,香港苹果商店第2	腾讯游戏
《碧蓝航线》	2017年9月日本地区上线(2个月）	日本苹果商店第2、谷歌商店第4	勇仕网络 蛮啾网络
《梅露可物语》	2014年2月日本地区上线(45个月） 2014年10月港澳台地区上线（37个月）	日本苹果商店第6、谷歌商店第9 台湾苹果商店第2,澳门苹果商店第2,香港苹果商店第9	乐元素
《封神召唤师》	2017年8月港澳台地区上线(3个月）	台湾苹果商店第3,澳门苹果商店第2,香港苹果商店第2	紫龙互娱
《少女前线》	2017年1月东南亚地区及港澳台（10个月） 2017年7月韩国地区上线(4个月）	韩国苹果商店第3,谷歌商店第3 香港苹果商店第2,澳门苹果商店第4,台湾苹果商店第4	云母组

注：1. 上表中以2017年10月31日为截止日期计算产品上线周期；2. 市场表现为截至2017年10月27日产品在各地区苹果商店或谷歌商店游戏畅销榜最高排名。

资料来源：中国音数协游戏工委（GPC）、伽马数据（CNG）、国际数据公司（IDC）。

第六，中国游戏出版和出口产地均以北京为龙头。2017年，在批准出版的国产游戏中，北京出版游戏数量约占38.4%，上海出版游戏数量约占15.2%，广东出版游戏数量约占9.6%（见图8－2）。同时随着游戏行业的发展，整个行业正在经历洗牌与整合：某些公司被市场淘汰，而腾讯等巨头则通过投资并购等方式，占据了大部分市场份额。2017年，北京市游戏企业在“走出去”方面表现活跃，一批实力雄厚的企业积极收购海外的研发和发行公司，布局全球动漫游戏市场。以昆仑游戏、完美世界等为首的原创研发企业网络游戏出口金额约为116.09亿元，与2016年的60.2亿元相比增长了约93%，原创网络游戏已经成为北京游戏出口中的新锐力量。

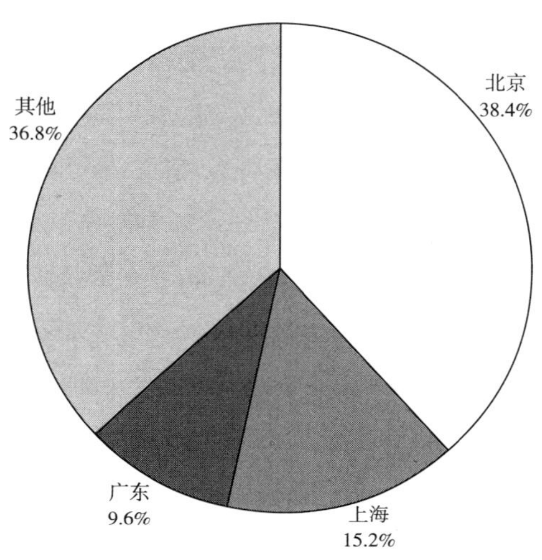

图 8-2 2017 年各地出版游戏占比情况

资料来源：中国音数协游戏工委（GPC）、伽马数据（CNG）。

第七，海外竞争门槛大大提升，多品类、全球化已经到来。随着国内厂商对于海外市场剖析得越来越深刻，不乏很多厂商在海外主要市场都建立了本地化运营公司，或者寻求海外本地发行产品，经过数年的出海探索，国内厂商出海打法进一步升级。首先是在类型上，如今厂商出海不再仅局限于风险较小的 SLG，在其他游戏品类上也取得了不错的成绩，MOBA、“吃鸡”、二次元、ARPG、MMO 等类型在海外各大市场都有所斩获。比如在韩国市场占据榜单前列的《少女前线》、日本市场的《荒野行动》《PUBG Mobile》，东南亚市场的《AOV》《Mobile Legends》等。以往厂商出海会选择当地用户偏爱的游戏类型发行，但如今国内厂商似乎拥有了更多的主动权。拿东南亚市场来说，2016 年动作类游戏占比玩家游戏时常仅为 9%，而在 2017 年却高达 30%。根据游戏榜单排名来看，不难发现这一变化主要是由于 MOBA 以及“吃鸡”手游等竞技品类相继爆发。国内手游对于当地的游戏市场的影响力有所增长。在海外发行上，国内厂商正在实现从单地区到真正意义上全球化的突破。无论是《AOV》还是《PUBG Mobile》《荒野行动》等一批竞技游戏，在全球范围内都取得了非常亮眼的成绩。《AOV》可以说是东南亚市场的“国民游戏”，《荒野行动》在日本市场的成绩难以撼动，而《PUBG Mobile》到目前为止已经拿下了124个市场App Store免费榜第一名。2017年日本市场的中国手游总收入额为28.2亿元，其中《拳皇98：终极对决》以5.8亿元的收入额成为出海日本的中国手游中收入额排名第一的游戏。①

二　中国游戏出海成功因素分析

1. 中国游戏企业出海经验

纵观“走出去”取得不错成绩的中国游戏企业，最重要的经验是，在走向海外的过程中，逐步建立全球性的研发、发行和运营体系，可以使中国游戏企业的国际化运作能力大大提高。第一，在产品开发阶段遵循国际惯例、尊重版权、尊重本土文化，尤其是利用游戏聊天功能和社交网络不断改进和优化。比如完美世界把《诛仙》推向日本市场时，将女主人公名字从“陆雪琪”改为日本玩家认为最具美感的“白丽”；出口一款游戏到中东地区时，他们给其中女性角色戴上头巾；每款游戏出口前，他们会进行最专业的翻译和核校，务求语言“接地气”。细致到位的本土化，自然使得其在海外接受度高。第二，精准化营销模式在海外市场取得成功。精准化投放早已成为国内游戏企业重要的运营模式，力求在供过于求的游戏市场中，运用有限的资源，最大限度地获得目标用户。对于各具文化特色的海外市场，由于用户特征、付费习惯不同，游戏精准化运营有利于降低游戏企业运营成本，快速定位目标用户群，从而提升成功率，降低风险。游戏企业通过对海外市场特色进行研究，形成用户特征标签，根据不同用户的游戏行为反馈，对不同渠道用户进行筛选，实现精准化投放。第三，中国游戏出口由单一化向多元化转变。以前，中国自主研发网络游戏出口的目标市场，为文化相近的东南亚等地区，以动作角色扮演游戏（ARPG）为主，类型单一、地域限制大。近年来这一现象发生改变，除传统的动作角色扮演类游戏（ARPG）

---

① 数据来源：*Mobile Index*。

外，策略类、卡牌类、音乐舞蹈类等中国自主研发网络游戏均有代表作在海外市场热销，如策略类游戏《阿瓦隆之王》，卡牌类游戏《少年三国志》，音乐类游戏《钢琴块2》等；动作角色扮演类游戏（ARPG）作为中国游戏企业擅长的一种类型游戏，不再单纯依赖华人文化圈，如游族网络的游戏《狂暴之翼》（Legacy of Discord）在欧、美、中东等市场表现出色。如刚成立两年的龙腾公司的游戏《苏丹的复仇》进入中东市场，月市场实际销售收入达数千万。第四，抓住了这一波移动游戏在海外市场快速发展的历史契机。全球移动游戏市场的快速增长，为各国游戏企业出海带来了契机，中国游戏企业乘势而上，适时开拓、发展中国自主研发移动游戏海外市场。因为中国游戏企业已经累积了不少精品游戏和丰富的研发运营经验；同时部分海外市场起步晚、发展较慢，有利于中国游戏企业。在这种情况下，中国游戏企业利用自身对游戏体验的设计优势，与在移动游戏领域不擅长剧情、画面表现力的传统欧美游戏企业竞争，成功打入比较成熟的欧美游戏市场。

2. 政府政策导向因素

2000年以后，随着中国个人电脑的普及与专用游戏机的升级，海外来华的各类电子游戏也不断更新换代，游戏性质也由最初较为简单的“闯关”“格斗”“射击”逐步升级为“智力决策”“角色扮演”“团队互动”等类型。例如，美国维尔福软件公司推出的《反恐精英》（又称“CS”）将玩家分为“反恐精英”阵营与“恐怖分子”阵营两队，每个队伍必须在某个特定地形环境中进行多回合的战斗。游戏不仅考验玩家自身的随机应变能力，而且还需要玩家之间彼此配合、智勇并用，才能保证团队取得胜利。这一时期，《生化危机》《魔兽争霸》《红色警戒》《奇迹MU》等外来游戏，都成了中国玩家的经典记忆。不过，进口游戏来华在激活游戏市场、令人们大开眼界的同时，也让不少青少年沉迷于其中，一些不健康的游戏还引发了社会问题。2000年以后，国务院相关部门出台了针对电子游戏经营场所的监管措施，以减少游戏对青少年学业的影响。

2016年，国家新闻出版广电总局在《关于实施“中国原创游戏精品出版工程”的通知》中明确指出，要进一步加强内容建设，引导游戏企业打造更多传播中国价值观念、体现中华文化精神、反映中国人审美追求的游戏精品，为广大人民群众特别是青少年提供昂扬向上、丰富多彩、寓教于乐的精神食粮。通知还提出，2016～2020年，要建立健全扶持游戏精品出版工作机制，累计推出150款左右游戏精品，扩大精品游戏消费，支持优秀游戏企业做大做强。

为推动动漫游戏产业发展，北京市文化主管部门加大了对原创与核心技术的扶持力度，积极开展动漫企业认定、年审和进口动漫开发生产用品免征进口税收资格年审工作，为企业落实相关税收优惠政策，充分利用“动漫北京”这一重要品牌为企业搭建交流、展示、交易的优质平台。北京对动漫游戏人才的政策待遇有了一定突破。2017年，北京市积极会同有关部门开展了全国首例也是唯一的社会化动漫游戏专业职称评审，并依托行业协会开展了全行业培训，着力推动动漫游戏产业的人才培养。

上海的支持政策是：对拥有自主知识产权、年销售收入4000万元以上的网络游戏产品，给予每款20万元的扶持；对合法取得国内原创动漫、影视、文学作品版权，拥有自主知识产权，年销售收入200万元以上的网络游戏产品，给予每款25万元扶持；对拥有自主知识产权、年销售收入100万美元以上的出口网络游戏产品，给予每款产品20万元的扶持；对拥有自主知识产权、年销售收入50万元以上的虚拟现实/增强现实（VR/AR）类游戏产品，给予每款产品10万元的扶持；对拥有自主知识产权，年销售收入50万元以上的主机游戏产品，给予每款产品10万元扶持。[①]

北京、上海、深圳、杭州等重点城市的政策扶持对游戏产业发展有明显的推动作用。以北京为例，2018年1月，北京市文化局发布了2017年北京动漫游戏产业的相关统计数据。数据显示，2017年北京动漫游戏产业企业总产值达627亿元，相比2016年的521亿元增长约20%；2015年动漫游戏产值达455亿元，占全国三分之一，比2014年的372亿元增长22.3%。

① 上海产业政策服务中心的博客（新浪博客）blog. sina. com. cn/s/blog－e81433be0102xmn7. html，2017年6月1日。

2017年北京原创研发企业网络游戏出口金额约为116.09亿元，与去年的60.2亿元相比增长了约93%。北京市已成为全国动漫游戏产业的研发中心，涌现出了一批全国知名的动漫游戏企业和优秀产品，形成了包含创作、出版、运营、发行以及产品开发的全产业链，涵盖了从研发型到渠道型的全产业类型，产业基础雄厚。深圳也有类似情况，深圳拥有全中国最集中的技术中心之一，85%的游戏公司位于南山区，这些公司当中的70%都在同一个建筑群内。你只要在那里待两天，就能看到深圳的所有游戏公司。

3. “泛娱乐”消费趋势推动因素

“泛娱乐”消费趋势推动了中国游戏产业在相关产品互补和融合的基础上快速发展。虽然国外并没有“泛娱乐”的概念，但用同一IP进行开发而形成的相关产业链很早就有。比如日本的动漫产业链和美国迪士尼动画片产业链等。近年来的“泛娱乐”概念已在国内更广泛领域内被接受，在游戏、影视、文学、动漫、音乐、实景演出等其他领域广泛布局同IP的开发模式，通过多种文化创意产品体验链接并聚合了粉丝情感，构建知识产权的新生态。一方面，在该概念下，游戏、文学、动漫、影视、音乐、戏剧不再孤立发展，而是以IP作为链接和聚合粉丝情感的核心，诸多产业互为宣传平台，推动用户在不同产品之间的转移，实现IP资源的价值最大化。另一方面，具有强大流量获取功能的影视、音乐、文学等产业与具有强大变现能力的游戏、周边产品等产业相结合，可以形成品牌知名度不断提升与盈利能力不断增强之间的正向循环。在信息化时代的背景下，这种协同效应也愈发凸显。通过以“泛娱乐”概念为指导的发展模式，优秀的文化企业能够利用IP多方位综合开发为用户提供多元化互动娱乐体验，培养品牌文化并挖掘更丰富的品牌价值，探索多元化跨行业的多赢商业模式。比如完美世界公司就利用日本的经典漫画版权改编游戏，后来公司成立影视分公司投资拍摄了多部电影和电视剧。近年来，由网络文学改编而成的影视剧、网络剧、网络大电影以及游戏等作品类型，几乎每年都会出现“爆款”，比如近日，由阅文集团旗下热门网络小说《全职高手》改编而成的同名动画特别篇正式在腾讯视频与哔哩哔哩上线。首集上线10小时，双平台的专辑总播放量便突破1亿次。未来，网络文学平台将会为动漫、影视、游戏等改编贡献IP，有望在内容开发、作品品牌增值以及商业模式打造上展现新的活力，推动内容产业升级。不过，网络文学的类型多元化也契合动漫游戏等行业的多元化发展要求，多个行业的融合和促进也必将是一个长期的过程。事实上中国游戏在海外的很多游戏文化内容都来自中国经典文学和影视故事，如《西游记》《三国》《花千骨》《天龙八部》等，也有一些是来自国外的成功动漫作品，比如完美世界公司就用日本动漫《圣斗士》版权开发了一款游戏。

三　中国游戏海外发展存在的问题

1. 一些中国的游戏产品在传播中国文化方面还处于不清晰或碎片化状态，缺乏内在价值精神支撑

在一些游戏中以中国元素为特点的角色原型，在数量上并不占优势，且呈现出混杂化、同质化与表征化的特点。具体表现为以下几点。第一，中国文化符号一定程度上与日本等其他国家文化符号杂糅在一块，与其称之为游戏中的中国元素，不如称之为“东亚文化元素”，而在东亚文化元素中，日本文化比重也远远大于中国。第二，中国元素呈现出同质化，即每款游戏中提到中国无非仍然以“熊猫、武术、旗袍”等为创作原型，新时代下的中国文化符号表现出明显的匮乏。第三，表现中国形象大多以物品、服饰、物种、美食为主，中国故事、人文精神、中国人性格特征层面的中国元素仍显不足。大部分表征的中国符号甚至没有任何文化的意味。

2. 游戏公司过于追求经济价值、娱乐价值，忽略游戏的人文关怀

在实际的游戏出口中，大多数中国企业多以经济利益为主，在产品的开发上，注重游戏的可玩性、易传播性、酷炫性等娱乐价值。更严重的是，有些企业为了赢得市场，不惜将产品开发的重点放在暴力、色情方面，而忽略了产品内容、价值观念、形象设计、玩法等层面的人文性。如不加规制，不仅会损害中国游戏在海外的形象，亦会破坏文化产品之经济效益与人文效益的统一性。

3. 山寨、抄袭、盗版横行，也影响着中国游戏产业的国际形象

长期以来，由于国内知识产权保护机制的不完善与游戏市场（技术、资本、市场、运营）的相对不成熟，很多企业为了短时间内获取巨大的经济利益，不惜去抄袭国外游戏产品。这种侵权问题不但扰乱了市场秩序，更无形中拉低了中国游戏产业的总体形象。玩法同质化是目前整个手游行业一个越来越严重的问题。对此，仅有少数团队坚持创新，大部分产品则选择了借鉴甚至抄袭。以大热的《花千骨》为例，其电视剧的热播也捧红了同名手游，并一度冲到了 App Store 畅销榜第二的位置。但不久后研发商蜗牛数字发表声明称，《花千骨》手游的玩法、游戏界面、人物属性和道具属性等方面全面抄袭了《太极熊猫》，已经正式向《花千骨》手游开发方天象互动及发行方爱奇艺 PPS 发出律师函，并要求渠道明示《花千骨》存在抄袭侵权行为，下架该游戏。

4. 苹果手游代充中介扰乱了正常的游戏市场秩序，一直都是游戏厂商的心头痛

在淘宝网随便一搜，就能搜到许多专为 App Store 中的手机游戏充值的店铺。这种店铺之所以能够吸引客户，就是因为两个字：便宜！例如，人民币与王者荣耀点券的兑换比固定为 1∶10，即 68 元人民币只能购买 680 点券，而代充店铺则可以做到 58 元购买 715 点券，省了 13.5 元，对于广大并不富裕的玩家而言，这无疑是极具吸引力了。无论采取哪种代充行为，由于手游代充行为客观上严重扰乱了手游市场的正常秩序，致使大量游戏厂商蒙受巨额损失，影响了手游市场的正常发展，代充商们还可能构成非法经营罪。但遗憾的是，尽管我国法律对代充行为并不缺乏规制的手段，但通过在裁判文书网检索案例可知，因为代充而被追究刑事责任的案件并不多。原因可能是多方面的。首先，代充行为本身并不违法，违法的是黑卡、36 技术以及恶意退款等代充的方式。面对充斥网络的代充商，侦查机关没有能力一一甄别。其次，尽管可以肯定代充商大概率存在违法行为，但游戏厂商实际并不确定哪些代充商究竟采取了什么样的代充方式，刑事报案难度大。最后，网络犯罪的侦查难度本就较高，取证也存在诸多困难。这客观上也导致了游戏厂商维权难的尴尬境地。

5. 本地化翻译不佳造成语言差异。一些游戏由于翻译粗糙产生语言差异，很难本地化，这个问题未来一定要解决

本地化就是利用各种翻译技巧解决语言之间差异的问题。有很多游戏翻译者往往还没有来得及了解游戏的内容就直接改造游戏里面的文字系统，这样粗鲁的行为造成的结果往往就是游戏中出现的一些语句阴阳失调。很多游戏翻译者在进行游戏本地化翻译的时候闭门造车，忽略玩家的意见，导致翻译出来的游戏虽然没有大的错误，却还是少有玩家青睐。由于游戏本地化流程上的特殊性与复杂性，游戏本地化常常有别于其他产品的本地化实践，对于国际化的游戏开发商而言，针对不同母语玩家的本地化游戏版本统一时间发布上市至关重要。也就是说，当源语言版本上线的同时，其他各种语言的版本应该同时上线。尽管其间存在很多困难，但这种模式是被大多数游戏制造商所接受的。一起上线要求游戏本地化的过程应与源语言版本开发过程同步。每种语言都具有独特性，通常表现为同样的意思，用不同语言写出来的长度不同。这就要求游戏企业选择国际化的翻译团队，既要懂中国方言，又要懂对象国的俗语。目前这样的翻译团队还不多。

四　进一步完善中国游戏“走出去”的建议

1. 着力解决中国游戏中中国文化不清晰或碎片化的问题

第一，中国游戏公司应该把优秀而久远的历史文化变成游戏中的精髓，如孔子、京剧、武术等传统文化，要精心包装策划。第二，要设法纠正被国外游戏公司破坏了的中国经典文化形象，可以尝试通过影游联动的方式。第三，要重视把中国文化和当代流行文化结合起来，因为流行文化可以强有力地影响新生代。前一阵子，中国的网络文学在海外火了，收获了一大批外国粉丝。美国小伙读了半年中国网络小说后成功地戒掉了毒瘾。网剧《白夜追凶》被 Netflix 买下，成为美国热播剧。这些情况对中国游戏进一步优化开发很有参考价值。

2. 把人文效益作为所有游戏公司的重要责任

由于一些中国游戏企业偏重经济效益而忽视了人文效益，进而导致了自

身的伦理危机。因此，提倡人文效益就显得十分必要。这种人文效益，既是指中国游戏产业要开展一场自净运动，逐步解决产业运行中的道德失范现象；又是指中国游戏产业要以人文性的内容和人文化的手段改善、提升自身的形象，以消除海外市场对中国文化产业和中国文化、经济的误读和误解。首先，在“走出去”的过程中要防止侵犯知识产权、盗版、暴力、欺诈、色情等影响产业健康和中国游戏产业形象的现象发生。其次，在产品内容呈现上要注重价值理念的传达，要以市场环境为参照建构产品内容和价值理念，在不产生冲突的基础上讲好中国文化。最后，在运营环节上要实现良性发展，既要通过差异化避免与当地企业的恶意竞争，又要遵循不同市场的规则，处理好与所在市场的关系。这一点需要企业的自觉与政府、行业的及时协调。

3. 提高自主创新能力，规避法律风险

目前，国内的网游开发人员队伍薄弱，素质参差不齐，与庞大的行业产值总量和需求相比，存在较大差距。从业人员整体素质的低下使得我国网游无法与国外高端精细制作相竞争，而低水平的开发更造成我国网游同质性，无法适应和跟上玩家们新的游戏理念以及升级的市场需求。现今教育行业高校所有的专业，包括跟游戏相关的心理学、产品概念、设计理念的教育和培养都是非常不足的。因此，为了促进中国网游出海，除了在国内采取措施培养优秀的开发人员之外，有条件的网游企业还可以考虑从国外引进高素质人才，高素质人才的引进一方面可以起到“鲶鱼”效应，另一方面有利于吸收新的研发理念，并在合作中碰撞出创意的火花。如果你观察西方游戏，会发现设计师首先设计游戏的核心机制。在日本 RPG 中，剧情是关键，而韩国游戏会使用前沿技术。在未来，中国游戏应该从以产品为核心转向以服务为核心。如何让游戏沉淀真正对粉丝有意义和价值的文化，而不是利用人性弱点的沉迷，这是所有游戏公司未来都要考虑的。除了那些积极向上、对儿童适宜的冒险游戏之外，还应该探索人性的深度，研究角色的黑暗面以及光明面，模拟真实的各种困难，将它们逼到极限，这对塑造年轻人成熟的个性有益处。完美世界等公司的影游联动也许是一个好的尝试。

4. 进一步开拓“一带一路”沿线国家手游及社交网络游戏市场，密切关注各国文化消费的变化

有资料显示，俄罗斯社交游戏规模越来越大，在社交游戏类别中的用户62%为女性，且具有年轻化（平均年龄30）、收入高（平均收入达到1.5万美元）、受教育水平高的特征，也倾向在社交平台上花费更多时间。俄罗斯地域辽阔，移动终端的携带比电脑更为方便，这也在一定程度上预示着俄罗斯手游及社交网络游戏的消费市场前景，对中国网游出口企业来说，更快地布局最有消费潜力的市场，无疑是最有先见之明的做法。

5. 培养国际化的游戏翻译人才和队伍

任何一个游戏开发商都想使自己的游戏获得最广大群众的认可，如果仅采用一种语言系统，势必造成游戏受众单一从而使游戏不能得到最广泛的发展。而语言系统本土化指的也并不是只用一种语言进行翻译，要使游戏得到最广大群众的认可，就要做到将游戏翻译成国际化的游戏，即游戏翻译者应具备国际眼光，采用大家都能接受的语言形式进行翻译，在传达文本意思的同时尽量做到简洁明了。简洁的语言能够让大家看懂或听懂，使游戏体验更加轻松。例如很多游戏中出现“Double Kill”的同时，再配合以“双杀”的画面就非常容易让游戏受众接受，而这种语言处理方式也使得游戏变得更加高端，更受广大游戏受众的青睐。专业翻译团队不能以知识作为权威，对游戏进行本地化翻译的时候要充分征求玩家的意见。玩家若反映游戏中语言过于烦琐，就使之适当简洁化；玩家若反映游戏中语言过于严肃，就使之适当活泼化。总之，满足玩家的意愿，征求玩家的意见，并据此对游戏进行合理改进是本地化翻译过程中的重要环节。

第九章　中国文学海外发展总论*

近年来，随着我国经济总量的增长、综合国力的提升以及我国在国际政治、经济舞台上所扮演的角色日益重要，国际社会了解、认识和理解中国文化的兴趣也在明显增长。推动中国文学在海外的发展，[①] 是响应乃至满足国际社会了解、认识和理解中国文化的需求的重要途径之一。为此，我们有必要放眼中外文化交流的大格局，对中国文学在海外的发展情况进行跟踪调研，并以此为基础，对中国文学在海外的发展情况进行尽可能及时、全面、客观、细致的梳理，展示中国文学海外发展的成绩，总结中国文学海外发展的成功经验和有效做法，从中国文学海外发展的不完满状态乃至失败案例中吸取教训，从而为今后更好地推进中国文学的海外发展提供积极有益的启示和借鉴，以基于“中国文学走出去”实践的具体行动，为中国文化“走出去”服务，为塑造积极正面的中国国际形象贡献独特精神资源，进而促进中国与世界其他国家之间的文化交流和文明互鉴。

第一节　编撰中国文学海外发展年度报告的原则

要在一个相对短暂的时间段内，对中国文学在海外的发展情况进行全面

---

* 姚建彬，文学博士，北京师范大学文学院教授、博士生导师，主要研究方向为西方马克思主义文艺美学、欧美文学，中西比较文学、中国文学海外传播等。

① 我们把中国文学在海外的译介、传播与接受，统称为中国文学在海外的发展。无论是称之为中国文学在海外的传播，还是中国文学在海外的发展，其历史皆非始自今日，这已经是学界共识。基于这一共识，我们会交替使用中国文学海外传播和中国文学在海外的发展这两种表述，来梳理我们主动翻译、推介，或者由目的语国家翻译、出版、接受的中国文学在域外世界的各方面情况。

调研，几乎是一项不可能完成的任务。这样的声明，并不是为了给我们无法圆满完成《中国文学海外发展报告（2018）》的调研与撰写找借口，而是希望能够适当降低读者对于本报告所抱持的不切实际的预期。

为了尽可能及时、全面、客观地呈现 2015 ~ 2016 年中国文学海外发展的基本面貌，我们首先要解决的一个问题就是明确界定本年度报告的调研对象与范围。

世界上现有 200 多个国家和地区。从理论上讲，除中国之外，其他国家和地区都是中国文学海外发展潜在的对象国或者目的语国家。在不到一年的时间内，单凭我们不足 20 人的调研团队，要把 2015 ~ 2016 年中国文学在如此多的可能的目的语国家和地区方方面面的发展情况搞清楚，存在显而易见的难度。为了切实而有效地解决本年度报告调研需求与调研困难之间的矛盾，我们对年度报告涉及的调研对象与范围做出了必要的限定。

基于课题组针对中国文学在海外的发展所做的前期摸底考察，我们对本年度报告的调研对象进行了如下必要限定：从文类上而言，鉴于 2015 ~ 2016 年中国当代戏剧和散文这两大文学样式在海外的译介和传播极为有限，我们在本年度报告中对这两大文类在海外的发展不做专门梳理和评述，而把关注的重点聚焦于中国当代小说、中国当代诗歌和中国当代科幻文学，同时还会关注中国当代武侠小说、悬疑小说、推理小说、谍战小说、盗墓小说、网络小说等类型文学，以及中国当代儿童文学；从时间跨度上考量，我们主要关注中国当代文学在海外的发展，除非有特别的必要，我们在一般情况下都不对 2015 ~ 2016 年中国古典文学在海外的发展情况进行跟踪调研，我们也不对这两年内中国近现代文学在海外的发展情况进行跟踪和调研。我们对调研对象所做的这种限定，主要基于以下几个方面的考虑：第一，就当下的中外文学交流而言，海外读者最为关心、最感兴趣的主要是中国当代文学；第二，中国古典文学和近现代文学是中国文学海外发展的基石，如今已经走过了其海外发展的黄金时代；第三，最能反映中国当代社会发展状况、最能激发海外出版商出版热情和翻译家翻译热情的中国文学作品非当代文学莫属。

鉴于以上三方面原因，我们在《中国文学海外发展报告（2018）》中，把调研的主要对象聚焦于中国当代文学。我们通过各种手段和方式，把中国主动向外翻译、介绍和出版的中国当代作家作品、主动向海外世界推介的作家和诗人在海外的文学交流活动，以及目的语国家的出版商、翻译家、汉学家、文化交流机构等有选择地向各自所在的目的语国家和地区翻译、介绍和出版的中国当代文学作品的基本情况，作为本调研报告的基本对象。

具体而言，我们的调研对象，包括：

第一，2015～2016年，中国作为源语国家主动对外翻译、出版的中国当代文学作品的外语译本；

第二，2015～2016年，中国作为源语国家主动对外介绍、宣传的中国当代作家在海外开展的文学交流活动；

第三，2015～2016年，目的语国家以“拿来主义”眼光翻译、出版的中国文学作品的当地译本；

第四，2015～2016年，在目的语国家和地区开展的多种形式、多种层次的中外文学交流活动；

第五，2015～2016年，目的语国家对中国当代文学的报道、批评与研究；

第六，2015～2016年，以外语译本为主的中国当代文学作品在目的语国家和地区的出版、销售、馆藏和读者评分等方面的情况。

从作家来看，我们优先关注的是活跃在当今中国文坛上的著名作家；从作品来看，我们优先关注那些在海内外引起很大反响的当代文学作品；从翻译的角度来看，我们优先关注那些由著名翻译家或汉学家翻译的中国文学作品；从出版流通渠道来看，我们优先关注在行内和业界享有盛誉的出版商和经销商；从读者反馈来看，我们优先关注在目的语国家最为知名的网上评论区、专业评论报刊以及在线读书俱乐部或讨论社区对中国当代文学的讨论。

在对2015～2016年中国文学海外发展的调研对象做出以上明确界定的基础上，以下进一步界定2015～2016年中国文学海外发展的调研范围。

从语种上看，我们将调研范围主要限定于课题组成员各自精通的第一外语的语言背景上。本课题组成员中，各自精通或擅长的第一外语包括英语、法语、德语、西班牙语、葡萄牙语、荷兰语、匈牙利语、韩语、日语、泰语、俄语、印地语、孟加拉语、阿拉伯语等语种，其中英语又是课题组多名成员共同擅长的第一外语。这样的语种分布，为课题组成员从中国文学海外发展的目的语国家和地区搜集和查找第一手资料提供了极大的便利，有效地保障了各位成员在各自承担的分章调研报告中呈现的数据、材料等的真实性、可靠性。需要说明的是，同世界现存的语种总量相比，我们的课题组成员精通或擅长的第一外语还远远不能满足对理论上的中国文学海外发展的所有目的语国家和地区进行穷尽式调研的理想需求。在这种情况下，我们也会不拘一格，谨慎选择和使用一些经过转译的材料，以弥补课题组通过第一外语获取相应研究资料和数据等方面的实际局限。

与以上从语种上对 2015～2016 年中国文学海外发展的调研范围所作限定相呼应，我们在本报告中并没有对 2015～2016 年中国文学在海外所有的目的语国家和地区的发展情况进行穷尽式跟踪和梳理。我们所做的这种限定，主要基于三个方面的考虑：第一，在 2015～2016 年，中国文学根本就没有进入目前仅在学理层面可能的或者潜在的一些目的语国家和地区；第二，在 2015～2016 年，中国文学即使在有些目的语国家和地区（比如葡萄牙语世界）表现出发展的事实，但是其总量极为有限，暂时还不具备对其进行调研的学理价值；第三，鉴于前两点理由，我们把本报告调研的地域范围，主要限定于 2015～2016 年中国文学的海外发展表现得比较活跃而且成果相对出色的那些目的语国家和地区。

从时间上看，我们按照总课题负责人的要求，把调研范围基本上限定于 2015 年和 2016 年这两年。但是，在有些情况下，我们会依据具体的调研情况，尤其是依据中国文学在特定目的语国家和地区的实际发展情况，对中国文学在这些国家和地区的传播和发展历史进行必要的回溯。比如，《中国文学海外发展报告（2018）》的第二、三、五、七、八等章，都在不同程度上对中国文学在对应各章涉及的国别或地区的译介、传播、接受、研究的历史，以及该国家或地区同中国的文学交流史有所回溯。这样做至少有两个方面的好处：第一，可以为一般读者、学界乃至业界了解和研究中国文学在该国家或地区的发展脉络提供历史依据；第二，可以为我们在一定的历史坐标内评价中国文学在特定目的语国家和地区的发展成绩与不足提供纵向的参考依据。这种历史脉络的回溯，有时候可能会类似于梳理中国与某些特定目的语国家和地区的文学交流史。① 从本年度报告的未来持续调研来考量，② 我们认为梳理并呈现这样的背景不仅极有必要，而且也可以为今后在同一目的语国家和地区的调研节省更多空间。

与此同时，我们还会在特定的情况下，将本报告调研的时间下限推移到2017 年；在个别情况下，我们甚至会将调研的时间下限延展到 2018 年。

我们之所以在调研中，将主体的时间范围统一锁定在 2015 ~ 2016 年，同时又允许各课题组成员根据各自承担的调研任务，对调研的时间范围的上下限进行灵活调整，这主要是由文学交流和传播，尤其是中国文学海外发展的特殊性所决定的。③

从学理层面而言，跨地域、跨国界、跨语言和跨文化的文学传播和交流，往往会表现出从源语到目的语之间的时间/效性、接受 - 反应度、受众范围、出版发行和馆藏数量等多方面或深层或表面的差异。这一点，对于中国文学的海外发展而言自然没有例外。以时间/效性的差异为例，我们注意到，在一般情况下，一部源语文学作品被译介到目的语，常常要花费较长的时间。④ 跨地域、跨国界、跨语言和跨文化的文学译介成果的出现，往往并

① 比如，《中国文学海外发展报告（2018）》的第二章“中国文学在泰国等东南亚国家的发展”的前半部分，就用了不小的篇幅来梳理中国与泰国及东南亚地区之间的文学交流史。

② 根据“中国文化‘走出去’研究报告”项目总负责人张西平教授的设计与构想，从 2018 年开始，将逐年推出包括《中国文学海外发展报告》在内的 11 个分卷年度报告，将其打造成中国文化走出去协同创新中心的品牌性智库产品。

③ 这一时间范围的限定，往上也可以承接我们自 2012 年以来就中国文学在海外的译介、传播与发展所做的相关调研工作，从而使我们所做的前期工作同本年度报告之间保持一定的学术延续性。

④ 有必要指出的是，由于国际互联网和远程即时通信手段的出现，加之中外文学交流的日益频繁，短篇小说和篇幅不长的单首诗、单篇散文等形式的文学作品，可以实现中外同步或者大体一致的原创与翻译。但是，这种情况，同跨地域、跨国界、跨语言和跨文化的文学传播和交流相比，不仅数量有限，而且很难说具有统计学意义上的价值。

不是其在源语国问世、刊布年份当年的产物，而很可能是在经历了一个较长的周期、克服了多种因素之后才最终抵达目的语国家和地区。比如，莫言2012年荣获诺贝尔文学奖之后，国际文学界和出版界对其人其作的关注度不仅瞬间提升，而且逐年增强，因而其作品在海外的翻译和流布在2012年之后也有了更大的拓展。据姜智芹的跟踪调研，[①] 仅2015～2016年，由葛浩文（Howard Goldblatt）一人所译并在英语世界刊布的莫言小说就有《丰乳肥臀》、《蛙》和《透明的红萝卜》。如果计入这两年间同样在英语世界再版的莫言作品英语译本，则还有《酒国》和《生死疲劳》。而无论是第一次出版还是再版，莫言作品的英语译本，皆与其在中国本土的出版年份无一相同。2015～2016年，莫言作品的法语译本、俄语译本、西班牙语译本、泰语译本、韩语译本的刊布，也呈现出与其作品英语译本在英语世界刊布的类似现象，而且就莫言作品的上述外语译本的出版年份来衡量，也是无一与其在中国的出版年份相一致。显而易见，莫言作品多语种译本在海外的刊布年份，同其各自对应的汉语原版在中国本土的出版时间皆不一致。这一个案，大致可以反映中国文学在海外译介与传播同对应的作品在中国本土刊布的时间差异。换言之，由于跨地域、跨国界、跨语言和跨文化的文学传播和交流存在着因版权交易、翻译审校、出版流程、受众反应等环节所导致的源语国与目的语国之间的出版时间差，致使我们在开展本领域的课题调研时所获得的数据，并不能完全真实反映当年的中外文学交流实际状况。换言之，如果我们在本报告中仅仅局限于呈现2015～2016年中国文学在海外发展的各项数据，[②] 其实并不能准确反映这两年内中国文学海外发展所取得的成绩。作为跨地域、跨国界、跨语言和跨文化的精神交流形式之一，中国文学的海外发展不仅会在不同的年份呈现出不同的面貌和特征，而且会在发展的成果方面表现出波动性与不平衡性。尽管这是一个显而易见的常识，然而仍有必要

① 具体请参看《中国文学海外发展报告（2018）》第十三章。

② 大致包括中国当代文学作品海外版权输出数据、中国当代文学作品在目的语国家和地区的印数、销售量、销售收入、读者评分指数以及在海外图书馆和研究机构的入藏量，乃至中国当代文学作品外语译本在目的语国家和地区被评价、研究的数据等。

在此予以特别说明。

在明确了调研对象和范围的前提下，我们接下来要对本年度报告中使用到的调研方法、多种数据来源及其呈现方式予以简要说明。

中国文学海外传播研究，作为新兴的研究领域，具有明显的跨学科属性，在具体的研究中，往往需要运用来自译介学、形象学、接受美学、语言学、文化研究、传播学、社会学等诸多学科领域的理论和方法。我们在2015～2016年中国文学在海外的发展情况所做的调研工作中，自然也会在不同程度上运用或者借鉴来自以上学科领域的理论和方法。除此之外，课题组各位成员，还根据各自承担的调研任务的差异和具体情况，使用图表法、问卷调查法、访谈法等多种方法，力图全方位甚至立体地呈现中国当代文学在相应目的语国家和地区的发展状况。

尽管跨地域、跨国界、跨语言和跨文化的文学翻译、介绍和传播属于精神层面的交流活动，因而具有难以称量、难以固态化的特点，这一点，对于中国文学的海外发展来说自然没有例外。但是，在不少情况下，我们也可以利用一定的数据直观而简明地呈现中国文学海外发展的动态、进程、效果和成绩。大体而言，我们在本报告的调研过程中，在不同程度上利用的数据大体上包括中国当代文学作品海外版权输出数据、中国当代文学作品在目的语国家和地区的印数、销售量、销售收入、读者评分指数以及在海外图书馆和研究机构的入藏量、中国当代文学作品外语译本在目的语国家和地区被评价、研究的数据、中国作家和诗人应邀赴海外参加各类文学交流活动的人次和活动场次等。

不同类型的数据，不仅其存储空间和格式存在差异，获取这些数据的方式、手段或途径各不相同，而且各自的服务目的彼此有别。比如，为了获得中国文学的外语译本在各目的语国家和地区的销售数据，我们会尽量利用在当地最有影响的网上销售平台（例如亚马逊美国、亚马逊德国、亚马逊法国等）进行相关数据的统计，并将由此获得的统计数据同各出版社公布的图书印数加以比对，从而对中国当代文学作品在对应的目的语国家和地区的出版发行数量做出尽可能合乎实际情况的判断。又比如，为了获取 2015～2016 年中国文学作品外语译本的海外馆藏数据，我们主要利用全球图书馆联机书目数据系统（Online Computer Library Center，OCLC）进行检索与呈现。这是目前以数据库为支撑，梳理跨文化、跨国界、跨地域的文学作品传播的比较成熟的研究模式。需要说明的是，由于图书馆的书目采购与书目检索系统均需要一定的更新周期，因此我们开展课题调研时所获得的数据，同各图书馆实际购买并入藏的图书数量之间，可能会存在一定的差异。换言之，通过全球图书馆联机书目数据系统所获得的中国文学作品外语译本的国外馆藏量，只能反映中国文学作品外语译本在被海外各级各类图书馆收藏的大体情况。就理想的状态而言，我们还应该在条件允许的情况下，对各国购买与收藏的中国文学作品进行穷尽式的调研，然后据此形成汇总的数据。但是，由于调研经费、项目完成时间、课题组成员语种背景等因素的限制，在短时期内要完成这种穷尽式的调研几乎是不可能的。为了弥补这种调研的不足，我们还尽可能地辅以实地调查、在线访谈等手段，对通过检索 OCLC 系统获取的馆藏数据予以修正或补充，并将由此获得的数据，同凭借 WORLDCAT 检索获得的相应数据加以比对，为准确判定中国当代文学外语译本在海外的真实馆藏情况提供尽可能准确的依据。

在充分挖掘各种渠道并使用多种手段获取中国文学海外发展相关数据的同时，我们还有意识地使用一些辅助形式从侧面说明中国文学在海外的发展情况，以期立体地呈现中国文学在海外的发展图景。比如，我们在梳理中国文学在俄罗斯的发展情况时，就使用了在 2015～2016 年被译介到俄罗斯的中国文学作品俄译本的多个封面图片。这种直观的图像呈现方式，自然可以有效展示中国文学在包括俄罗斯在内的海外世界的发展成绩。然而，受制于篇幅，我们无法也没有必要大规模地使用被翻译成非汉语的中国文学作品的海外译本的封面和书影等图像来展示中国文学在海外发展中所取得的成绩。就此而言，我们在“中国文学在俄罗斯的发展”这一章所使用的中国文学作品部分俄译本的封面图片，是我们采用的呈现方式的个案式代表，希望读者可以由此一斑而窥全豹，对中国文学在海外的发展情况获得直观的了解。出于同样的理由，我们在第八章，即“中国文学在荷兰的发展”这一部分，也有选择性地使用了中国当代小说荷兰语译本的部分封面。

再比如，在英语世界，如果我们要获得中国作家或中国文学作品被纳入学位论文选题而被研究的情况，我们可以借助 Proquest 期刊论文数据库获取相应数据，[①] 而在韩国，我们如果要获得同样的数据，则必须借助参考韩国学术网站 Riss、首尔大学图书馆以及《2015 中国语文学年鉴》《2016 中国语文学年鉴》中的信息来整理[②]。尽管通过这些渠道获取的相关数据，可能与实际的准确数据存在一定误差，然而考虑到获取这些数据的方式在对应的目的语国家和地区的公信力和普遍程度，我们利用上述途径获得的数据反映中国文学在对应的目的语国家和地区的发展情况，仍然具有语言、图像等方式无法替代的参考价值。

在可能的情况下，我们尽量使用目前为学界同道公认或者在学界占据主流的调研手段和方法，力图客观、准确、公正、科学而又多侧面地呈现中国文学在海外的发展情况。这样的调研报告，类似于对中国文学在海外的发展情况进行普查，也可以说是摸清中国文学在海外发展的家底，从而为总结中国文学海外发展的经验提供客观依据，为从内外两方面更好地推动中国文学海外发展提供政策咨询和建议。然而，由于我们的眼界还不够开阔、我们掌握的数据来源渠道还不够丰富、我们获取数据的手段还不够多样，我们开展中国文学海外发展情况调研的经验和学识还存在着这样那样的欠缺，致使我们在本年度报告中所呈现的事实、材料、数据以及我们提出的应对方略等，还不能理想地反映 2015～2016 年中国文学在海外发展的全部情况，因而特别期待和欢迎大家对我们的工作提出批评和建议，使我们在未来的调研中，把这项工作做得更加扎实。

---

① 比如，在《中国文学海外发展报告（2018）》第十三章，姜智芹教授就利用 Proquest 期刊论文数据库，对英语世界 2015～2016 年间以莫言为选题的学位论文情况进行了梳理。

② 参见《中国文学海外发展报告（2018）》第四章“中国文学在韩国的发展”相关部分的调研。

第二节 中国文学海外发展的基本面貌与特征

根据我们课题组的调研，2015～2016年，中国文学在海外的译介与传播，也就是中国文学在海外的发展，呈现出以下五方面的基本面貌。

第一，总体而言，中国当代小说海外发展是中国文学“走出去”的重头戏。2015～2016年，当代中国的纯文学作品在海外的传播势态看好，谍战、科幻等类型文学的对外翻译崛起。单行本的长篇小说译介依然在海外得到最多关注，与此同时，中篇小说集、短篇小说不断走进海外读者的视线。我国政府层面的“送去”与国外译者的“拿来”并行不悖，官方与民间力量协同努力，促就了中国当代小说海外发展的良好局面。

第二，与中国当代小说于2015～2016年在海外的发展所取得的喜人成绩相类似，这两年间中国当代诗歌在海外的发展也是可圈可点，“与2012～2014年中国当代诗歌主要向英、美、德等传统文化大国译介不同，2015～2016年的中国当代诗歌海外传播的文化版图面积扩大了，主要新增了横跨四大洲的20多个国家和地区，其中包括土耳其、蒙古国、波兰、塞尔维亚、罗马尼亚、孟加拉国、希腊等。对中国当代诗歌来说，海外译介与传播版图的扩大为其提供了进一步延伸的‘基地’，也使其获得了更大的伸展空间。虽然这一发展势头目前仍处于初级阶段，但对中国文化的海外传播而言，无疑具有重要的战略意义。这也反过来促使中国诗歌从沉寂走向复苏，开始回暖，而且更加具有世界胸怀，与世界不同民族的灵魂可以初步实现共脉动，这也推动中国当代诗歌能够获得世界性认同和认知，形成目前中国当代诗歌海外译介的新高潮。中国当代诗歌在与中国发展同步的同时，也正在阔步迈向前所未有的广阔地域空间和人文空间。诗歌作为软实力，现在逐步获得了硬地基”。

第三，在点数中国当代小说和诗歌海外发展成绩的同时，我们需要特别强调2015～2016年中国当代科幻文学海外发展所取得的成绩。科幻小说成为中国文学海外传播的新名片。基于中国科幻文学在国际科幻文学界不断引发的关注，我们在本年度报告中设立专章，详细梳理 2015 ~2016 年中国科幻文学在海外的发展情况，以期较为全面、准确、客观地呈现这两年间，中国科幻文学在世界多国翻译、介绍、评论、出版、发行、研究、收藏等方面的情况，这不仅可以有效呈现中国科幻文学在海外发展的成绩和效果，而且可以及时总结中国科幻文学在海外发展的经验，从而为中国科幻文学未来在海外世界的发展提供具有针对性的应对策略。中国科幻文学成为中国文学海外发展的新名片，自然离不开中国当代科幻文学近年来呈现出的繁荣兴盛局面。2015 ~2016 年，中国科幻文学共有 4 部长篇小说、65 部中短篇小说获得英译并且首版或再版。4 部长篇小说中有 3 部来自刘慈欣《三体》三部曲。其中《三体问题》（*The Three-Body Problem*）是由伦敦著名书商宙斯之首（Head of Zeus）再版的 2014 年美国版本，分别在英国和澳大利亚发行。其他两部《黑暗森林》（*The Dark Forest*）和《死神永生》（*Death's End*）是首版，前者的译者为周华（Joel Martinsen），由全球知名科幻出版社美国托尔出版社（Tor Books）于 2015 年 8 月出版，宙斯之首 2015 年 11 月再版；后者的译者为刘宇昆（Ken Liu），于 2016 年 9 月分别由托尔出版社和宙斯之首在美、英、澳三地同时首发。另一部长篇小说是王晋康的《四级恐慌》（*Pathological*），译者为程异（Jeremy Tiang），该作品于 2016 年 12 月由美国亚马逊旗下的亚马逊交叉口（Amazon Crossing）出版。65 篇英译中国科幻文学中短篇小说中，有 23 篇为再版。这些中国科幻文学中短篇小说的出版模式主要为电子杂志、纸质杂志、小说及网站刊登四种类型。2015 ~2016 年，刊登中国科幻小说的主力军为美国科幻电子杂志《克拉克世界》（*Clarkesworld*，20 篇），基本为每年 10 篇，其他如《顶尖》（*Apex*）、《银河边缘》（*Galaxy's Edge*）、《光速》（*Lightspeed*）、《不可思议》（*Uncanny*）、托尔在线（Tor. com）等则大多刊登了 1 ~2 篇。纸质杂志中，美国老牌科幻杂志《奇幻与科幻杂志》（*The Magazine of Fantasy and Science Fiction*）于 2015 年 3 月刊登了宝树的《大时代》（*What Has Passed Shall in Kinder Light Appear*），而顶级学术期刊《自然》（*Nature*）在其 2015 年 5 月和 6 月的“未来”（Future）专栏分别刊发了中国科幻作家李恬的《水落石出》（*Tempus*

Omnia Revelat）和夏笳的《黑屋》（*Let's Have a Talk*），这是该栏目开创15年来，首次刊登中国籍科幻小说家的作品。小说集也是中国科幻文学中短篇小说“输出”的主要力量，其中2016年由托尔出版、宙斯之首再版的《看不见的星球：中国当代科幻小说选集》（*Invisible Planets*：*Contemporary Chinese Science Fiction in Translation*）和2016年11月由宙斯之首再版的《流浪地球》（*The Wandering Earth*，Kindle电子版）都是中国科幻小说集。前者收录了刘慈欣、郝景芳、陈楸帆、程婧波、夏笳、马伯庸等著名作家的13篇作品，文末还附有3篇关于中国科幻文学的评论文章；而后者则是刘慈欣科幻文学短篇小说集，收录了他的11篇作品。其他一些小说集，如2015年10月的《听盐生长的声音：80后短篇小说集》（*The Sound of Salt Forming*：*Short Stories by the Post 1980s Generation in China*）首次收录了陈楸帆的《G代表女神》（*G is for Goddess*）、飞氘的《一个末世的故事》（*A Story of the End of the World*）和郝景芳的《看不见的星球》（*Invisible Planets*）；2016年2月的《克拉克世界年刊：8》（*Clarkesworld*：*Year Eight*）收录了程婧波的《萤火虫之墓》（*Grave of the Fireflies*）和夏笳的《2044年春节旧事》（*Spring Festival*：*Happiness*，*Anger*，*Love*，*Sorrow*，*Joy*）；2016年7月的《年度最佳科幻小说和幻想小说：2016》（*The Year's Best Science Fiction & Fantasy Novellas*：*2016 Edition*）再次收录了宝树和郝景芳的作品。另外，网站刊登也是中国科幻文学对外传播中一股不可忽视的力量。2015年4月，飞氘的小说《一个末世的故事》（*A Story of the End of the World*）刊登在网站蚁山（the Anthill）上，译者为亚历克·阿什（Alec Ash），他也是蚁山的创始人。汉语世界（The World of Chinese）在2015年1月刊登了迟卉的《冷》（*The Cold*），该网站为英文多媒体平台，既展示杂志内容，又有丰富的论坛和博客，集发布、交流、沟通等多种功能于一身，在英语世界有一定知名度。纸托邦（Paper Republic）是一个将中国文学译介给英语读者的翻译网站，其在2011年与《人民文学》合作，在海外发行《路灯》（*Pathlight*）杂志，目的是宣传介绍中国的诗歌及小说。《路灯》在2015年春季刊发过夏笳的《热岛》（*Hot Island*），而纸托邦在2016年12月刊登了

糖匪的《自由之路》（*The Path to Freedom*）。

第四，谍战小说在西方世界掀起旋风。正如姜智芹在《中国文学海外发展报告（2018）》的第十三章中指出的那样，在中国当代文学海外发展中，麦家领衔创作的谍战类小说在国外反响良好，掀起过“解密旋风”和“麦旋风”，成为类型小说在海外发展的范例。继麦家在海外引发关注之后，2015～2016年有更多的中国谍战小说被译成外文在海外出版或重印、再版。除麦家之外，陈浩基、陈紫金、刚雪印、秦明、松鹰等谍战小说作家分别有一部作品被译介到了海外。从这些被推介到海外的谍战小说来看，有一半以上是在国内一出版就被国外的译者看中，迅速着手翻译，并由国外的出版社出版。相比纯文学作品，国外出版社对偏通俗文学的谍战类小说出手迅速，这类作品为当下文学增添了新元素，丰富了海外认识、了解中国的途径。不可否认的是，“在当代中国谍战类小说的海外发展中，麦家的作品更具有代表性。虽然他的《解密》在2014年被译成英语出版，但其影响力在2015～2016年继续提升，激发了国外更多读者对中国类型小说的期待，在带动当代谍战类小说‘走出去’的同时，也为中国文学的海外发展提供了一些启示”。

第五，同中国当代小说、诗歌和科幻文学在海外引发的关注遥相呼应的是中国当代网络文学在海外世界的悄然走红。2017年的《亚洲经济报》刊载了一篇题为《3.3亿人被深深迷倒，中国网络小说引起市场大爆发》的文章，其中指出，“中国网络小说现已延伸到全世界，成为外国人了解中国文化与中文的窗口”。[①] 同样刊载于该报的《中国网络文学成为世界主流》一文，以更加友好而肯定的态度指出，“曾经一时被漫画化的中国网络文学现在正在人类文学史上实现独步地位。……中国网络文学正在向海外输出，在俄罗斯、美国、加拿大、英国、菲律宾、印度尼西亚、越南等地都有狂热的粉丝团”。[②] 比如，2015～2016年，韩国出版界对中国当代网络文学的译介，

① 배인선,“3억3천만명이푹빠졌다. 중국인터넷소설시장대폭발”，http://www.ajunews.com/view/20171122082518681.

② 배인선,“3억3천만명이푹빠졌다. 중국인터넷소설시장대폭발”，http://www.ajunews.com/view/20171006085044996.

就是中国文学在韩国发展的亮点之一。《琅琊榜》《花千骨》《云中歌》《那片星空，那片海》等在中国网络上广受欢迎的作品开始被引入韩国，这也是中国当代网络文学开始具有世界竞争力的结果。根据孙鹤云对中国文学在韩国的发展所做的调研，“韩国读者对中国网络文学的反馈非常积极，年轻读者发现了一个可以无负担对接的中国文学新类型，不但可以避开中国现当代文学中的历史门槛，而且也不必去习惯中国现当代作家以往沉重的叙事和意味深长的幽默感。网络文学的悬念、直接、浅显易懂让年轻韩国读者很容易沉溺其中”。

尽管2015～2016年以小说、诗歌和科幻文学为重心的中国文学在海外的发展取得了不错的成绩，然而毋庸讳言，这一成绩同繁荣的中国当代文学创作相比，其总量或绝对数量仍然是微不足道的。但是，这些经由我们主动“送去”与国外译者积极“拿来”的中国当代文学作品，无论是就作家的年龄段分布而言，还是就作品的质量而言，都具有广泛的代表性。毫无疑问，这些主动或被动走出去的作家，是中国当代优秀作家的卓越代表，这些主动或被动走出去的文学作品，是中国当代优秀文学的杰出代表。这也再次证明，我们致力于推出去的，毫无疑问都是优秀的中国文学。这正是我们彰显文化自信，以实际行动构建人类命运共同体的最好方式之一。

依据中国文学2015～2016年在海外的发展所表现出的上述五个方面的基本面貌，可以概括出如下三个方面的基本特征。

第一，同中国当代纯文学小说、科幻小说、谍战小说、网络小说、悬疑小说、中国当代诗歌等主要形态的中国当代文学海外发展遥相呼应，中国文学海外发展的地域版图较往年有了明显的拓展。中国文学海外发展地域版图的拓展，很大程度上是与中国文学一些重要文类在海外的译介与传播正相呼应的。以中国文学在法国、韩国、日本、泰国和英语世界的发展为例，上述海外世界对中国文学的关注，除了继续聚焦于中国当代纯艺术小说外，还将感知的触角延伸到了中国当代的武侠小说、悬疑小说、推理小说、盗墓小说和各种当红的网络小说。这一变化，就比我们通过对2012～2014年中国文学在海外的传播情况所做调研[①]了解到的中国文学海外发展景观要丰富而多样。中国文学海外发展的这一动态，自然有助于向海外世界传达出一个事实：中国本土的当代文学创作，其实是丰富而多样的，她远不像外界凭刻板印象曾经武断地判定的那样简单而呆板。

第二，海外世界的读者，正日渐积极而主动地追踪中国当代文学的发展轨迹。这一点特别表现在海外世界对非传统意义上的中国纯文学样式的关注上。说得更具体点，最近数年来，随着中国综合国力的上升，尤其是随着中国成为世界第二大经济体，国际社会对中国的关注度也呈上升趋势，海外世界了解和认识中国社会和文化的兴趣也在不断增长。这种趋势，在文学领域，就表现为对中国当代文坛最新动态的关注，对中国当代文学最有鲜活生命力的文学样式的关注。换言之，海外世界的出版商、翻译家、汉学家、研究中国文学的学者、作为“超级读者”的批评家和一般读者，已经将关注中国文学的眼光，从传统意义上的小说、诗歌、戏剧和散文，投向了中国当代的科幻小说、武侠小说、悬疑小说、推理小说、盗墓小说、谍战小说和各种当红的网络小说。

第三，海外世界对中国文学的阅读模式出现了新的变化，对中国文学的在线机器翻译与在线网络翻译成为海外读者追踪中国当代文学热点的重要支撑手段。众所周知，随着出版科技的革命、多媒体技术的更新换代、信息高速公路的普及和国际互联网的全球联通，人类的阅读模式已发生了重要的变化。这种变化，在跨国界、跨民族、跨文化和跨语言的文学交流中表现得尤其明显。以中国文学在海外的发展为例，每当有吸粉无数的中国当代网络小说问世之际，不少国家的海外读者便开始自发地组织网络协作群体，以接力的方式翻译他们想追踪阅读的中国当代网络小说。有的时候，他们为了达到和中国读者类似乃至同步的阅读节奏，甚至都没有足够的耐心去等待上述协作翻译的成品产生，而是直接借助在线机器翻译或者在线网络翻译去阅读他

① 姚建彬：《中国文学海外传播年度报告：2012～2014》，张西平主编《中国文化“走出去”年度研究报告（2015卷）》，北京大学出版社，2016。

们想看的中国当红网络小说。毫无疑问，这样的阅读在很大程度上差不多是囫囵吞枣，自然也谈不上对以中文书写的中国网络文学的审美风貌和精神内核的准确领悟。然而，让我们不能漠视的是，由这些对中国当代网络小说抱有疯狂热情的海外读者所开创的这种阅读中国当代网络小说的方式，已经在改写着中外文学交流的机制和版图。这种新动向，也给中国文学的海外发展带来了最新的启示。

中国文学在海外的发展所体现出的上述五个方面的基本面貌和三个方面的基本特征，为从事中国文学海外发展工作的决策者、管理者和出版者、参与者、推动者提供了积极的启示：推动中国文学在海外的发展，不仅要着眼于把当代中国最优秀、最出色、最有时代特色、最能反映当下中国经验的纯文学作品推介出去，而且要放宽眼界、拓展思路，向非纯文学要发展版图，并由此举一反三，推动纯文学与非纯文学海外发展的融合，使二者形成互为补充、互为依存的和谐局面；在推动多形态或者多样式的中国当代文学通过多种途径和多种渠道走向海外的同时，我们还应根据海外读者关注乃至追踪中国当代文学的新特点，有针对性地提供经过本土化转化的传播媒介和阅读模式。

第三节　关于中国文学海外发展的反思与建议

根据我们最近几年对中国文学在海外的发展所做的跟踪调研，总的来看，与从国家层面提出的文化“走出去”目标相比，中国文学目前在海外的发展或者中国文学在海外的译介、传播与接受还存在着这样那样的不足。这种情况同我国经济总量的增长、综合国力的提升、在国际政治、经济舞台上所占据的位置还极不相称。按照 GDP 标准来衡量，我们在 2010 年就已经是世界第二大经济体了。但是，我们的文化产品、精神产品、宣传、理论，在国际话语体系中仍然没有什么地位和声音，我们的国际形象尚处于构建的阶段。与中国本土当代文学所表现出的百花齐放、争奇斗艳景观相比，中国当代文学的海外传播与发展总体上还显得比较萧瑟，大量的中国当代作家和作品，都还处于不为海外的读者所认识、阅读与赏鉴的状态。这种状况，既不是中国当代文学的过错，也不是中国当代文学海外传播的过错，而是与中国文化目前在全球化格局中的地位有关系。海外世界一些戴着有色眼镜看中国的人，会轻蔑地评论说：“中国是经济上的巨人，文化上的侏儒。”这种论调，乍听起来自然是极为刺耳的。但是，这种刺耳论调，未尝不是对包括中国文学在内的中国文化在当今世界文化版图中真实地位的某种揭示。

为了切实改变中国文学在世界文学版图中可见度不够的局面，为了积极有效地塑造正面而丰富的中国国际形象，我们必须坚定不移地推进中国文化走出去的部署。我们应该依据扎实的调研，不断整合官方和民间的力量，通过丰富而多样的手段，借助或宽或窄的渠道，以灵活而机动的方式推动中国文学在海外的发展，以丰富多彩而行之有效的文学交流，促进中国与世界其他国家之间的文化交流和文明互鉴。中国文学的海外传播或海外发展，必将为人们探究跨文化的联系与交流模式提供新的路径，并由此促进国际社会对中国的了解和认识，增进中国人民与世界各国人民之间的了解、理解乃至友谊，从而为提升中国国际形象、为有效宣示中国的国家利益做出积极贡献。

为了实现这一目标，我们有必要对现有的中国文学海外发展策略进行理性的反思。

首先，我们需要拥有面向世界文学总体版图的文化自信心态。今天的中国文学界，需要明确一个问题，更准确地说，是需要形成一种共识：中国文学的海外传播与发展，是全方位的、面向全球范围的，而不能仅仅限于英语世界或传统意义上的西方大国。如果我们还像以往那样，仅仅把目光盯在美国、英国、德国、法国等少数西方发达国家，那实在是很悲哀的事情。我们在开展中国文学海外传播的时候，有一些人是戴着有色眼镜的。这种有色眼镜，其实是一种变相的文化自卑心态的表现：一方面，我们认为自己的文学不如西方，所以急于获得西方的认可；另一方面，我们又觉得自己的文学超出了不发达国家的文学。换句话说，我们对于较我们优势的文化圈（可以是一个国家的，也可以是一个地区的）内的文学，抱着一种仰视乃至谄媚的心态，而对于较我们劣势的文化圈（可以是一个国家的，也可以是一个地区的）内的文学，则抱着一种漠视乃至鄙夷的心态。这两种心态，都是需要彻底摒弃的，否则会阻碍中国文学海外的发展。倘若要切实有效推动中国文学在海外的发展，就必须要有胸怀天下的视野，要有将大国和小国的文学一视同仁对待的气度。

其次，我们要坚定信念，充分认识到中国文学海外传播，是一项长期而又充满挑战的伟大文化事业，它值得几代人甚至数十代人用心去推进。我们要力戒盲目、急躁、冒进的心态，尽量尊重跨民族、跨地域、跨语言的文学传播的特殊性和规律性，按照循序渐进的原则来开展这方面的工作。在具体的实践层面，我们宜向当年那些优秀的西方文化传播者学习，主要是学习他们那种不畏艰险、锲而不舍、坚韧不拔的精神，以及他们那种亲力亲为、知难而进的作风。当然，这是就我们主动对外传播中国文学而言。而对于那些主动传播中国文学的外国友人，我们则要给予友情的支持、理性的引导、学理的解释。从政府层面来说，要尽量放宽限制，要相信自己的作家，要相信自己的知识分子，要相信自己的人民，他们会主动把优秀的民族文学传播到世界各地去。正因为中国文学的海外发展是一项长远而持久的文化事业，我们就更要着眼于长远来对其进行合理规划和理性布局，分国别、分地域、分文化圈、分语言圈来推动中国文学在海外的译介与传播。

具体而言，我们可以从如下多个方面来筹划和推动中国文学在海外的发展。

第一，要在中国文学表达自我与倾听海外世界他者之间开展有效的沟通和对话，从而为中国文学的海外发展营造友善的氛围和具有学理底蕴的渠道。这样的沟通和对话，可以在政府对政府、政府对民间、民间对民间、学术对学术等多个层次上展开。这样的沟通和对话，其目的是向外部世界讲述中国故事，讲述中国人致力于推动文明互鉴，努力构建人类命运共同体的美好愿景。实现这种美好愿景的重要途径之一，就是持续不断地推动中国文学在海外的发展。与此同时，我们也要积极主动坦诚地聆听外部世界的声音，欢迎世界各国文学以适当的方式在中国获得表达空间。开展上述多层次、多形态的双向沟通和对话，目的在于营造中国文学海外发展的友善氛围，疏浚中国文学海外发展的具有学理底蕴的渠道，最终实现人类不同文明之间的互鉴，并由此促进对人类命运共同体的构建。

近年来，无论是在我们的作家群体中，还是在批评家群体中，乃至在出版界，都有不少人在倡导书写“中国经验”。从一般意义上讲，中国作家书写的就是“中国经验”，这是没有问题的。这个说法，换成我们熟悉的表述，大体上仍然等同于有关“民族的”与“世界的”之关系的讨论。但是，既然我们的文学作品瞄准的是世界文学市场，我们的受众目标瞄准的是世界范围的读者，那么，有针对性地去倾听目的国的声音，有针对性地为了目的国的读者做一些调整或者适应性改变，并不是失去文化自信力的表现，更不是文化上的“投降主义”的表现。文学固然有很强烈的民族底蕴，但是也可以在爱、美、自由、人道主义、创造力等这些主题上感染最广大范围的读者。在这个意义上说，文学书写的主题可以是民族性与世界性、地域性与全球性兼容的，而表达的方式则可以是民族性的。

从这个意义上讲，我们既然是为了“走出去”，就要有意识地采用海外民众能够理解的方式和手段来推动中国文学的海外传播，让海外受众在他们熟悉的方式中逐渐走入中国文学的天地。对于海外不同的民族文学而言，中国文学有点像一个“贸然闯入者”。如果希望别人欣然接纳中国文学这个“闯入者”，那就要做一些必要的铺垫、沟通与适应的工作，让中国文学与海外文学、中国作家与海外读者之间彼此聆听，既要避免任何沙文主义倾向，也要避免任何民族虚无主义倾向，在一种平等、尊重、自由、灵活的氛围中推动中国文学在世界不同文化中的译介、传播与接受，在表达自我与倾听他者之间寻找平衡点，从而为中国文学的海外发展提供极具智慧的保障。

第二，要采取切实有效的措施，建立作家与译者、经纪人或出版商之间的稳定关系，进行深入的交流，加强拟定翻译图书的选择、翻译策略和推广方式等各个环节的沟通与研究。要特别重视选择作品，加强对不同文化传统的国家或地区的图书市场、读者的审美期待和阅读习惯的研究，从而实现定位准确、目标明确的中国文学海外传播，避免盲目、随意甚至是错误地将中国文学译介到对中国的文化有抵触乃至敌视情绪的地方去。

要实现这样的目标定位，就不能忽视国外文学研究界对中国文学所做的研究与评论。换言之，我们要注意跟踪和了解包括国外汉学家在内的海外学界对中国文学的研究工作，促进中外学者之间的合作性研究和对中国重要作家和优秀中国文学作品的深层次研究。对国外汉学家针对中国文学乃至整体的中国文化所提出的批评意见，要抱着积极、开放的态度去了解并回应，而不能盲目地抵触或粗暴地拒绝。以汉学家为代表的国外学者对中国文学所发表的评论和所做的研究，大体上能够呈现出其所在国家的民众和普通读者[①]的审美趣味和审美习性。毫无疑问，扎实而深入地了解不同国家的民众的审美趣味和审美习性，有助于提升中国文学在海外传播的针对性和有效性。

第三，要充分利用新技术、新媒介在中国文学海外发展中能够发挥的特别作用，积极调动各种新科技和新媒介手段，因地制宜地服务于中国文学的海外发展。随着新媒体时代的到来，人们的阅读习惯和阅读方式都在发生着极大的改变。人类社会已经由读文时代进入了读图时代。由于工作节奏加快，人类生活方式出现多元化，读者的阅读习惯发生了巨大的变化。随着智能手机、智能移动终端设备的日益普及，以及网上联机大型数据库的不断出现，加上人工智能技术的不断拓展，我们要积极主动地面向海外中国文学读者群，推出可以供中国文学所到之处的当地读者在不同操作系统、多种品牌、各种款式的智能手机、移动终端下载并阅读中国文学作品的不同格式的电子版、音频版、视频版、盲文版，从而有效改变以往基本依赖纸媒介和音像制品等形式传播中国文学的单一化局面，使传播的手段更加多样化、丰富化、时尚化。与此同时，还要充分重视根据中国文学名著改编而成的电影、电视对海外受众了解和接受中国文学所具有的直观性和便捷性，有意识、有选择地将已经被成功改编的中国文学作品的电影版和电视版输往海外，用心打造中国文学海外传播的复合型途径。

第四，要高度重视专业网刊、网站对一些特定中国文学样式的海外传播

① 包括国外汉学家在内的海外中国文学批评家和学者，堪称中国文学的“超级读者”。

与发展所发挥的重要作用以及由此而带来的深远影响。比如，根据吕子青、摆贵勤两位学者分别针对中国当代科幻小说、中国当代诗歌在海外的发展所做的调研，在2015~2016年，这两种样式的中国当代文学，有不少是刊发在国外具有重要影响力和风向标意义的网站上的。比如，吕子青老师在其调研报告中就指出，2015~2016年，刊登中国科幻小说的主力军为美国科幻电子杂志《克拉克世界》（*Clarkesworld*，20篇），基本为每年10篇，其他如《顶尖》（*Apex*）、《银河边缘》（*Galaxy's Edge*）、《光速》（*Lightspeed*）、《不可思议》（*Uncanny*）、托尔在线（Tor. com）等则大多刊登了1~2篇。这也印证了谢丹凌博士在《中国文学海外发展报告（2018）》的第十四章“中国文学在英语世界的传播效果评估”中所做的“近两年，美国著名科幻文学杂志《克拉克世界》和科幻电子杂志《不可思议》加快了对中国科幻文学作品的刊载频率，有时甚至每隔一月即发表一篇”这一判断是有据可依的。根据美国加州大学河滨分校的埃里克·施维茨格贝尔（Eric Schwitzgebel）所制作的“英语科幻奇幻杂志十年（2005~2014）影响力排行榜”，托尔在线和《克拉克世界》在2012~2014年影响力榜单中分别位于第一和第三位，而这两个平台目前是中国科幻文学走向西方世界的主要舞台。由此不难推断，如果托尔在线和《克拉克世界》这类在线平台能够更多推介中国当代科幻文学作家及其作品，那么中国科幻文学必将乘着最近几年海外发展的良好势头，走向更加广阔的海外世界。

其他如非营利线上国际文学杂志《渐近线》（*Asymptote*）近几年持续刊载中国当代诗歌的最新作品，法国免费电子杂志《远东印象》（*Impressions d'Extrême-Orient*）近几年通过活泼的主题引导法语世界读者对包括中国文学在内的东方文学的关注，西班牙电子杂志 *Revista RCT* ①对中国文学西班牙语翻译的持续关注，由来自英语国家的译者组建的以译介中国当代经典作品和新锐作家作品为主要目标的“纸托邦”所引发的海外世界对中国文学的关

① Revista RCT 的西班牙语全名为 Revista China Traducida. Revista sobre Traducciones del chino al español. Con textos literarios breves。这份电子杂志目前每年发表一期，刊登中国文学作品的西班牙语译文以及中国文学相关评论文章。

注等，都无一例外地启发我们，如果能够有针对性地拓展中国当代文学作家和作品通过上述各目的语国家的专门电子杂志、网刊和网站而进入海外受众的关注、阅读、品鉴、接受视野，毫无疑问能够有效提升其在更大范围的受众群体中的可见度、认知度和影响力。

第五，要积极推动版权代理人制度。众所周知，许多国外作家，特别是欧美作家，早已经习惯将自己的版权事务交给代理人去打理，从而腾出更多的时间用来构思、体验和创作。而对于代理人来说，如果有了合适的利益分配和奖励机制，他/她或机构就会充分调动各种手段与资源，尽可能多地推动作家的作品卖出更多不同语种的版权，并由此占据更为广阔的世界图书市场份额。然而，让我们深感遗憾的是，国内大部分当红或大牌作家，都还没有真正意义上的经纪人。优秀的翻译、高效的版权代理人制度和专业化的作家经纪人，是影响现阶段中国文学海外译介、传播与发展的重要因素。

需要指出的是，中国当代作家对经纪人的态度，也各不相同。这主要是由三个原因所致。第一，观念问题。对大多数中国当代作家来说，让他们把自己的作品交给经纪人，无异于把自己的作品直接交给市场去检验。在这些作家看来，文学作为独特的审美意识形态，其价值不能由市场和利润来决定，他们更加看重的是由专业批评家和学者所构成的文学批评体系对自己的文学价值的批判。第二，中国当代作家的版税收入普遍不高，让他们难以雇用经纪人。实事求是地说，中国现有的图书定价普遍偏低，文学作品出版物的定价远不能与欧美等发达国家相比，出版社支付给大多数作家的版税不高。除了少数当红作家，作家从出版社获得的版税并不理想。加之有些不诚实的出版社还要在印数等环节上玩猫腻，作家从出版社获得的版税收入就更加要打折扣了。第三，我国的出版市场发育尚不够充分。我国已然是一个出版大国，然而还称不上一个出版强国。而要成功打造一个出版强国，“要打造一个成熟的出版产业，作家经纪人应是其中必备的重要岗位之一”。

由此看来，如果中国文学要在海外传播之路上走得顺心、舒坦、畅达，必须引入作家经纪人制度。麦家的经典密码小说《解密》在2014年的海外图书市场所刮起的“麦旋风”，就与其经纪人在背后的成功运作密不可分。

当我们从不同的方面探讨“麦旋风”带给中国文学海外传播的启示时，切不可忽视了版权经纪人谭光磊所发挥的作用。值得一提的是，最近几年来，谭光磊在助推华语文学走向世界方面可谓成绩斐然，甚至改写了华语文学圈版权经纪这一行当，他除了出任麦家的经纪人外，迟子建、吴明益、张翎等多位华语作家也是由他经纪而卖出了多国版权。

事实上，在麦家之前，已经有不止一个中国当代作家见证并认可了文学经纪人的工作效益。阿来可谓是这方面的代表之一。根据我们的调研，迄今已有近30个国家购买了阿来《尘埃落定》一书的版权，而所有洽谈和签约事宜完全是由其经纪人来运作的。在他看来，自己的《尘埃落定》一书版权输出后能在海外市场取得成功，与版权经纪人对这本书的成功推荐和运作密不可分。阿来坦言，自己不了解国外的情况，而经纪人的运作很规范，完全按照市场化的办法进行。所以凡涉及其作品国外版权的问题，他都会找自己的经纪人。交易成功后，经纪人按版税的10% ~15%提取佣金，这在阿来看来也是可以接受的。阿来曾明确表示：“对于当今作家来说，应付商业其实比较困难，所以经纪人可以帮到一些，这样便于让作家去安心专注于文学创作。”①

与此同时，我们也应该看到，国外的版权代理人也在积极发掘中国市场，就像阿来说过的那样：“市场化以后，真正有市场价值的，西方人他也在找。”西方的文学经纪人制度已经有效运转了漫长的时间。当面对商业效益明显的中国作家和作品时，他们又有什么理由拒绝呢？

“麦旋风”出现以后，我们有理由相信，至少在面对中国文学的海外传播时，将会有更多的作家选择与文学经纪人合作，作家与文学经纪人之间的良好互动格局也有望逐步提升。学习国际社会的优秀经验，建立高效的版权代理人制度，培育专业化的作家经纪人（也称文学经纪人），将是提升中国文学海外传播能力、水平和收效的重要努力方向。

第六，要以高度的前瞻性眼光推动中国当代儿童文学在海外世界的发

① 《深度调查：中国需要作家经纪人吗?》，《北京商报》2012年6月5日。

展。毋庸讳言，中国当代儿童文学在海外世界的能见度和影响力总体上还非常有限，这与我们敞开胸怀、热情拥抱世界各国优秀儿童文学的盛况形成了鲜明的对比。从目前的情况来看，在我国低幼和少儿阶段的文学读物中，外来的作品占据着绝对优势，这对我国青少年儿童未来的审美观念、文学观念的培育，对中国优秀传统文化的传承，都构成了显而易见的文化安全隐患。这反过来启发我们，从长远的未来着眼，中国文学的海外传播，要把目光更多地投向中国当代儿童文学。

值得注意是，儿童文学作家曹文轩近年来在海外出版界大受欢迎，他的作品已经被翻译成包括英、法、德、意、日、韩、希伯来语在内的十四种语言在海外出版，其作品版权已被输往五十余个国家。在英语世界，2015～2016年共有《青铜葵花》（*Bronze and Sunflower*）、《大王书Ⅰ：黄琉璃》（*Legends of the Dawang Tome*：*The Amber Tiles*）、《曹文轩中英文作品集》三部英译单行本出版，成绩斐然。在德语世界，曹文轩多部作品的德译本也相继上市，龙家出版社（Drachenhaus Verlag）继2016年推出曹文轩的《第八号街灯》之后，又于2017年推出了他的《草房子》。同样是在2017年，莱比锡童书出版社（LeiV）将曹文轩的《最后一只豹子》《痴鸡》推向了德语童书市场，从而使两部中国儿童文学原创绘本得以进入德语世界儿童的读物清单。2017年，德语区孔子学院还策划了"曹文轩文学交流德国之旅"，邀请曹文轩带着他的儿童文学作品访问慕尼黑、法兰克福及海德堡，海德堡大学孔子学院围绕曹文轩作品而在当地市立图书馆举办的活动既有作者、译者、读者的互动，又有深度的作品研讨。特别值得一提的是，2016年4月，曹文轩荣获了具有"儿童文学的诺贝尔奖"之称的"国际安徒生奖"，这在一定程度上缓解了中国儿童文学走向海外与自我艺术身份定位的焦虑。

我们不妨说，相比前几年中国儿童文学在海外世界"基本处于失语状态"，中国当代儿童题材的作品近年来在国际儿童图书市场开始崭露头角，儿童文学作家的创作也渐渐走向国际舞台。除了曹文轩所发挥的引领作用之外，沈石溪、秦文君、李潼、张瀛太创作的儿童文学作品也于2015～2016年在海外翻译出版。

在任何一个国家、民族中，儿童和青少年都是其未来。我们应在创造出更加优秀的中国儿童文学的基础之上，采用各种有效方法，推动更多优秀的中国儿童文学作品“走出去”。

第七，要充满自信地鼓励和支持科幻文学、谍战小说、悬疑小说、网络小说、盗墓小说、推理小说、武侠小说等传统观念中的边缘文学向海外要市场，向海外要读者。2015 年，刘慈欣凭借科幻小说《三体》（*The Three-body Problem*）获得 73 届“雨果奖”最佳长篇故事奖，成为首位摘取“科幻界的诺贝尔奖”的中国作家；2016 年 8 月，郝景芳凭借科幻小说《北京折叠》（*Folding Beijing*）获得“雨果奖”最佳中短篇小说奖；2016，四川作家松鹰凭借《杏的复仇》（*Apricot's Revenge*）获评美国《图书馆杂志》（*Library Journal*）最佳推理小说作者。这三位中国作家所斩获的上述国际大奖，不仅在国内文坛引发强烈反响，也使中国当代科幻文学和悬疑小说出现在世界文坛的聚光灯下。正如姜智芹在《中国文学海外发展报告（2018）》的第十三章“中国当代小说在海外的发展”中敏锐地指出的那样，多年以来，在中国文学的对外译介中，纯文学作品无疑占据主流。不过鉴于中西文化价值的差异和中西叙事方式的不同，翻译出去的纯文学作品并没有在西方世界产生应有的影响，有很多作品没有真正走进西方人的心里。《解密》《三体》等作品在海外的成功传播启示我们，只要把握好思想性，兼顾好艺术性和趣味性，类型文学也能讲好中国故事，传播好中国声音。因此，我们今后在向外传播中国文学的时候要拓宽思路，加强对类型文学的译介，将西方读者喜欢的谍战、科幻、悬疑等小说更多地纳入推介视野，将其作为纯文学翻译的有益补充，让更多的中国当代小说扬帆远航，从中国的变为世界的。

第八，营造更加宽松的创作环境，加强中国文学自身内功建设。俗话说得好，打铁还需自身硬。我们要注意净化本土的文学氛围，不要让权力伤害了文学。过去数年中，特别是 2013 年茅盾文学奖的评选过程中所出现的问题，就是值得警惕的危险信号。在海外翻译家、汉学家看来，在中国当代文学重大奖项评审过程中，“一些文学奖想获得关注而不得，另外一些想躲避质疑也躲不开”，由此引发诸多质疑的声音。如果对这些现象置之不理，显然极其不明智。在中国文学海外传播过程中，我们要学会让市场自身来推动，要放手让作家、汉学家、翻译家、版权代理人、出版商去推动或运作中国文学在海外的发展。我们要把文学奖授予文学，要让中国当代文学通过自身实力来说话，这样才能让中国当代文学保持自己的尊严。

中国当代文学应当依托国家发展的实力，主动、自觉承担推动中国文学“走出去”的历史重任，既推进作家不断挖掘自身的创作潜能，又促进中国文学国际影响力的提升，只有这样，才能保证中国文学的海外发展有光明的前景。

第九，要充分重视持续保持对东亚文化圈、儒家文化圈的影响力，巩固并扩大中国文学在这两个具有高度重合性的文化圈内的传播与辐射。通过这样的传播与辐射，会引发中国文学在这两个文化圈内的二次、三次乃至N次衍生传播或者副传播。这种衍生传播或副传播，首先表现为传播到这两大文化圈的中国文学将极有可能被转译成第三国/地区的语言，为第三国/地区的读者阅读、了解和评价。在世界文化交流中，尽管人们一直对转译有种种尖锐批评，然而在实践领域，转译仍然是文化交流、沟通、对话的有效手段之一。如果我们的当代文学能够持续不断地提升其在东亚文化圈、儒家文化圈的影响力，那自然会为中国当代文学走向世界提供更加广阔的舞台。

与此相联系的是，我们要充分重视在海外华人中传播与发展中国文学。这既可以让海外华人及时把握和了解中国文学的现状和最新成就，也可以促进他们对包括中国文学在内的中国文化的超时空认同，从而通过他们将中国文学传播到海外华人所旅居、侨居、定居的非中国文化国家和地区。在这个意义上，我们完全可以把海外华人视为中国文学海外传播的天然媒介。我们要积极发挥海外华人牵线搭桥的作用，充分依赖他们熟悉自身旅居、侨居、定居地的当地文化和当地习俗的优势，通过开展广泛的国际合作而整合资源、搭建平台，为及时有效地把中国当代文学和作家推介出去提供新的增长空间，从而进一步丰富并拓展中国文学海外传播与发展的有效渠道。

第十，要着力挖掘中国驻外使领馆的文化教育处/组及其他驻外机构、中国文化中心、孔子学院、孔子课堂面向海外世界传播中国文学的潜力，将这些机构打造成中国文学海外传播的综合平台，尤其要高度重视和发挥全球孔子学院在中国文学海外传播与发展中的作用。

无论是从全球孔子学院迄今为止的发展历程来看，还是从孔子学院未来的发展趋势来看，每一所海外孔子学院都会或多或少、或深或浅、或偶然或必然地参与并介入中国文学在海外的发展。从 2004 年至今十多年发展历程中，全球孔子学院无疑已经成长为中国文化“走出去”最为成功的文化名片，其作为汉语国际教育和中国文化海外推广重要平台、重要渠道的形象，已经日益清晰而稳固。

根据孔子学院总部发布的最新数据，截至 2017 年 12 月，全球已经建立了 525 家孔子学院和 1113 所孔子课堂，它们分布在全球 146 个国家和地区，其中在亚洲 34 个国家和地区共有 118 家孔子学院和 101 个孔子课堂，在欧洲 43 国共有 173 家孔子学院和 307 个孔子课堂，在非洲 41 国共有 54 家孔子学院和 30 个孔子课堂，在美洲 22 国共有 161 家孔子学院和 574 个孔子课堂，在大洋洲 6 国共有 19 家孔子学院和 101 个孔子课堂。这些孔子学院和孔子课堂，涵括了当今世界主要的语种和国别地域。

众所周知，在孔子学院面向全球发展的近 14 年历程中，它的多维度功能正日益彰显出来，已经从最初的单纯以汉语教学为核心任务，逐渐发展为以汉语教学为主、其他文化交流活动为辅的运行格局。在此一发展历程中，孔子学院对于推动中国文学在海外的传播所发挥的作用日益明显，所扮演的角色越来越重要。我们知道，语言的传播，从来就不是单纯的语言活动，它势必同该语言赖以生存的那个民族的审美意识、文化习俗、思想观念、价值理想等深层次而又颇为隐秘的问题联系在一起，它们之间往往表现出一种水乳交融、相辅相成的态势。我们认为，通过得体的方式介入中国文学海外传播，既是孔子学院使命与宗旨的题中应有之义，也是其未来成长与发展的必然趋势。

根据我们的观察，就孔子学院在海外传播中国文学的发展历程而言，已经发生了从无到有、由小而多的变化；就孔子学院在中国文学海外传播的资源获取而言，已经从最初等米下锅的求援窘境，逐渐形成择优而推的格局；

就传播途径而言，已经从最初的单向外推，逐渐转变为外推与内引相结合的双向互动交流；就可凭借的手段而言，已经从最初的单打独斗，转变为多元互补的格局；就空间拓展而言，已经从最初的过分倚重欧美国家而转变为如今面向多地域、多文化版图开拓的格局；就历史形态而言，中国当代文学所占的比重已远远超出了中国古典文学，也超出了近现代文学；就孔子学院传播的中国文学样式而言，从最初的以小说为主，逐渐转变为倾向于对外传播涵括小说、诗歌、戏剧、童话、寓言等各体文学样式在内的中国当代文学。

从孔子学院参与中国当代文学海外传播与发展历程中所发生的种种变化来看，我们不难发现，但凡有意在中国文学海外传播方面发力的孔子学院，已经开始有效地运用组合拳。在传统的作家演讲与座谈、诗歌朗诵、作家签名售书之外，全球多地的孔子学院开展的中国文学传播活动，还增加了新的手段，比如，在孔子学院所在国召开中国作家作品研讨会或者新书发布会，在海外创办译介中国文学的杂志、在海外创建传播中国文学的网站等，其中最具有统筹规划性、持续时间最长且最有影响力的，要数北京师范大学与美国俄克拉荷马大学通过俄克拉荷马大学孔子学院这个平台而实施的“中国文学海外传播工程”。

“中国文学海外传播工程”是由国家汉办于2009年9月批准立项、由北京师范大学文学院和美国俄克拉荷马大学文理学院联合承担的中国当代文学英译重大项目。实施该工程的目的，是为了加强中国文学同外国文学的交流和联系，为国外的中国文学爱好者和研究者以及对中国文化和文学感兴趣的各界人士提供一个了解和品鉴当代中国文学景观的窗口。这一工程主要包括三方面具体内容：一是在美国创办全英语杂志《今日中国文学》；二是在美国出版由10部作品组成的“今日中国文学”英译丛书；三是定期和不定期在中、美两国召开“中国文学海外传播”学术研讨会。

截至2018年3月，半年刊《今日中国文学》已经出版了12期，“今日中国文学”英译丛书已经出版包括莫言的《檀香刑》、贾平凹的《废都》、吉狄马加的《黑色狂想曲：吉狄马加诗选》、东西的《后悔录》、食指的《冬天的太阳》和《中国当代短篇小说选》《中国当代中篇小说选》等7部中国当代文学作品。而“中国文学海外传播”学术研讨会业已召开两次。从这些成绩来看，已经比较圆满地实现了工程设立之初的各项预期目标。

自从“中国文学海外传播工程”正式启动以来，国内外多家媒体和诸多专家学者给予了高度关注，随着这项工程的持续实施，美国俄克拉荷马大学孔子学院已经成为全球孔子学院体系内扎实推动中国文学海外传播与发展的领头羊。

除此之外，像美国俄勒冈大学孔子学院、美国波特兰州立大学孔子学院、罗马尼亚布加勒斯特大学孔子学院、拉丁美洲孔子学院中心、古巴哈瓦那大学孔子学院、意大利米兰国立大学孔子学院、奥地利维也纳大学孔子学院、德国汉堡大学孔子学院、德国法兰克福大学孔子学院等多家孔子学院，近年来在利用多种形式和途径向海外传播中国文学方面所做的工作也都可圈可点。

据不完全统计，仅2017年，依托全球孔子学院这个平台而开展的中国文学海外传播活动，就多达60余场次。如果把各国孔子学院所开展的中国文化活动中部分涉及中国文学赏鉴、译介的活动也计算在内的话，得到的统计数字肯定还要高很多。

从长远来看，世界各地的孔子学院所开展的多种形式、多种层次的中国文学传播活动，其效果很可能是持久而意义深远的。在中国文学海外传播过程中，孔子学院完全可以利用自身优势，根据自身特点，结合当地实际情况开展因地制宜的中国文学传播活动。比如，由孔子学院总部/国家汉办组织策划的“刘震云文学电影欧洲行”在2017年3～4月正式启动，行程遍及荷兰、捷克、奥地利、意大利、法国和德国，这不仅是孔子学院总部开创文化项目运营新模式的一次有益尝试，而且也是莱顿、维也纳、米兰、巴黎等多地孔子学院与当地文化机构深度合作、拓宽中欧文化交流渠道的创新模式，同时也有效地拓展了中国当代文学海外传播的新空间。再比如，黑山大学孔子学院举办的“‘我的中国梦’诗文与绘画比赛”，甚至包括很多孔子学院开展的征文比赛，如诺维萨德大学孔子学院举办的首届“一带一路·我和汉语的故事”征文比赛等，都在一定意义上面向海外世界培育中国文学意识。还有一些孔子学院定期或不定期举办的中国诗歌朗诵会，也有益地推动了中国文学在海外的传播。

因地制宜、有所选择地发挥孔子学院在中国文学海外传播与发展中的积极作用，这不仅有助于提升孔子学院自身的内涵式发展，而且有助于建构丰富、立体的中国国际形象，有助于展示中国文化的深层魅力，在世界范围内，在中华民族同世界其他民族之间，搭建较目前更为丰满而富有情感且有温度的民心相通的桥梁。

从中国文学海外传播来看，孔子学院的出现，激活了中国文学海外传播的多重资源，延伸了中国文学海外传播的途径，拓展了中国文学海外传播的空间，丰富了中国文学海外传播的手段与方式。从孔子学院自身长远发展来看，各国孔子学院因地制宜地将中国文学海外传播纳入自己的工作版图，势必从内涵上丰富各地孔子学院自身建设与发展，为其日常汉语教学和中国文化推广活动增加分量和魅力。中国文学海外传播、发展，同全球孔子学院的可持续发展，可以建构一种互利互惠而共赢的格局。

孔子学院介入中国文学海外传播，不仅可以有效拓展中国文学海外传播的空间，而且也可以有效提升中国文学对海外受众的吸引力和感染力，使得中国文学在海外的传播以更加生动、近距离的方式呈现出来。

由于孔子学院的介入，明显增加了中国文学海外传播交流的管道，激发了中外文学双向乃至多向交流沟通的可能性，从而为打造人类命运共同体准备了可资凭借的精神资源。

中国文学的海外发展，是一项着眼于未来，致力于构建人类命运共同体的文化事业。这项事业既非一蹴而就，也非一帆风顺，既需要我们用多种手段和方式，更需要我们运用大智慧去切实推进。我们根据现有的调研，针对中国文学海外发展所提出的以上建议，连同我们在《中国文学海外发展报告（2018）》的十四章中从不同角度提出来的其他建议，仅仅代表我们目前对相关问题的认识，不是也不能被视为我们为中国文学海外发展所提出的一劳永逸的解决方案。

第十章　中国新闻出版“走出去”总论*

第一节　中国新闻出版“走出去”产业发展概况

2015年适逢“十二五”规划收官之年。在“十二五”期间，新闻出版国际化进程大大加快，中国图书版权贸易实现从单向灌输式到双向交互式转型；中国出版业对外投资实现从各自为政式到产业集群式转型；中国出版业国际化路径实现从企业孤军奋战到政府顶层设计和企业市场行为有机结合的转型。进入“十三五”以来，新闻出版业“走出去”政策体系更加完备；新闻出版企业海外投资额显著增长；培育了一批有国际影响力的知名品牌；打造了一批实力雄厚、有国际竞争力的“走出去”龙头企业；培养了一批外向型高层次的新闻出版专业人才。“走出去”国际布局基本完成，我国新闻出版业的国际竞争力、传播力和影响力显著增强。

本节将首先从产业经济发展状况角度对我国新闻出版“走出去”工作做一观察。①

一　产业规模

“十二五”末期，在帮助一大批主题图书、中国经典作品、当代文

---

* 薛维华，博士，北京外国语大学中国文化走出去协同创新中心研究人员，研究方向为比较文学、海外汉学与跨文化交流。

① 本章相关图表数据来源为：国家新闻出版广电总局：《新闻出版产业分析报告》，2015～2017；《中国出版年鉴》，2015～2017。

学、科技、少儿等品类的图书走出国门的同时，出版企业打开了190多个国家和地区出版物市场，境外运营的各种分支机构及销售网点达459家。2015年，新闻出版产业继续保持较快增长，营业收入突破2.1万亿元。全国出版、印刷和发行服务实现营业收入21655.9亿元，较2014年增加1688.8亿元，增长8.5%。2015年底，我国日报发行量、图书出版品种数和总印数已居世界第一，电子出版物总量、印刷业整体规模居世界第二。中国新闻出版业的国际化进程突飞猛进，开启了从中国图书“走出去”到中国出版本土化的探索和转型。

2015年全国累计出口图书、报纸、期刊、音像制品、电子出版物和数字出版物10485.6万美元，增长4.4%，其中数字出版物出口2366.9万美元，增长12.7%，占全部出口金额的22.6%，提高1.7个百分点。哲学社会科学类图书进口数量为52.2万册，降低24.5%；进口金额为1849.2万美元，降低4.6%。

2015~2017年，全国出版、印刷和发行服务实现营业收入不断攀升（见图10-1、图10-2）；在新闻出版产业结构中，2015年出版物进出口营业收入为84.2亿元（占比0.39%），2016年为91.52亿元（占比0.39%），2017年为85.45亿元（占比0.47%），但整体比例不及全年产业总量的0.5%，与同行业发达国家相比依旧存在差距（见表10-1）。

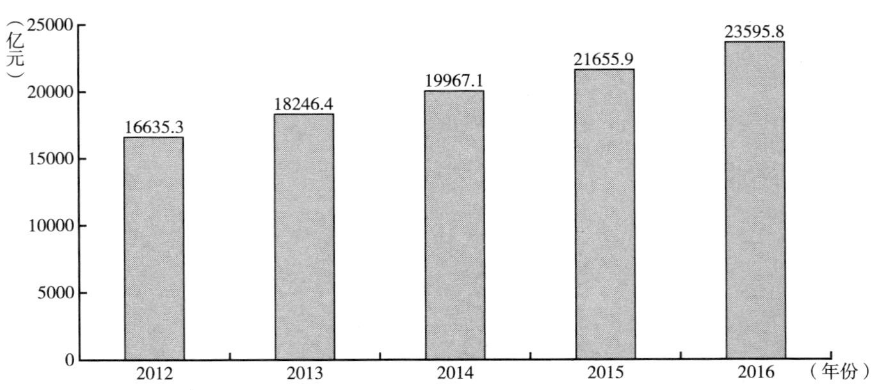

图10-1 2012~2016年历年新闻出版进出口营业收入

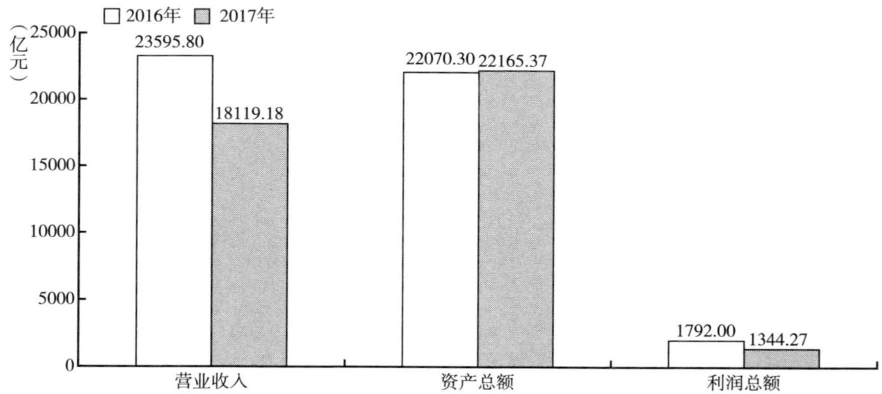

图 10－2 2016～2017 年中国新闻出版进出口营业收入对比

注：2017 年数据不包含数字出版。

表 10－1 2015～2017 年新闻出版产业结构与营业收入

单位：亿元，%

	2015 年		2016 年		2017 年	
产业类别	收入	比重	收入	比重	收入	比重
图书出版	822.55	3.8	832.31	3.53	879.60	4.85
期刊出版	200.99	0.93	193.70	0.82	196.54	1.08
报纸出版	626.15	2.89	578.50	2.45	578.25	3.19
音像制品出版	26.25	0.12	27.51	0.12	28.36	0.16
电子出版物出版	12.41	0.06	13.20	0.06	14.95	0.08
数字出版	4403.85	20.34	5720.85	24.24	—	—
印刷复制	12245.52	56.55	12711.59	53.87	13156.49	72.61
出版物发行	3234.02	14.93	3426.61	14.52	3179.54	17.55
出版物进出口	84.2	0.39	91.52	0.39	85.45	0.47

二 版权贸易

版权贸易是衡量新闻出版“走出去”状况的重要指标。目前，中国已经成为名副其实的世界出版大国。中国图书零售市场码洋在 2012～2016 年达到 327.50 亿元，年均增速 10% 以上，而同期世界其他国家的增速缓慢，英美两国仅为4.1%和3.4%。[①] 从国际出版物版权贸易市场供需结构来看，中外版权贸易逆差不断缩小，双边多边文化交流日益繁荣。虽然国际版权贸易中的英国、美国、日本等文化贸易强国依然具有强劲的市场表现，但是，在政府的政策引导和企业的市场运作双重因素叠加下，中国图书在世界版权贸易市场上的增长态势明显。2012 ~2015 年中国版权引进数量变动不大，除了 2013 年超过 18000 种以外，均保持在 16000 种靠上，其中居于前三位的国家是美国、英国和日本。与之相对的是版权输出数量增长迅速，从 2012 年的 7000 多种，到 2015 年一举突破万种大关，比 2012 年增长了 67.03%，年均增速 16.76%。中国出版物版权贸易逆差大大改善，版权引进和输出之比从 2012 年的 2.1∶1 逐年下降至 2015 年的 1.6∶1。

通过版权贸易，中国新闻出版企业与西方发达国家的交互和对话能力大大提升，一改之前西方思想文化单向占据中国图书市场的局面，中国思想、中国文化和中国观念以图书的形式开始进入西方主流国家，从版权引进和输出的绝对数量对比上看，这种交流或交锋势均力敌。

2015 年，全国引进版权 16467 种，降低 1.37%，输出版权 10471 种，较 2014 年增长 1.73%；版权输出品种与引进品种比例为 1∶1.6，与上年持平。全国累计出口图书、报纸、期刊、音像制品、电子出版物和数字出版物 10485.6 万美元，增长 4.4%。特别值得关注的是，其中数字出版物出口 2366.9 万美元，增长 12.7%，占全部出口金额的 22.6%，提高 1.7 个百分点。哲学社会科学类图书进口数量为 52.2 万册，降低 24.5%；进口金额为 1849.2 万美元，降低 4.6%。

2016 年，全国共引进版权 17252 种（其中引进出版物版权 17174 种），增长 4.77%（其中引进出版物版权增长 7.5%），引进版图书 15416 种；共输出版权 11133 种（其中输出出版物版权 9811 种），较 2015 年增长 6.32%（其中输出出版物版权增长 10.7%，提高 9.2 个百分点，且较引进出版物版

---

① 参见北京开卷信息有限公司《2016 年中国图书零售市场报告》。

权增长速度高出3.2个百分点）；电子出版物版权贸易实现大幅顺差，净输出1047种，增长192.5%，输出品种数量为引进品种数量的5.8倍。数字出版物出口占出版物出口比重也进一步提高。2016年有效控制了版权贸易逆差，扭转了文化软实力对外推广的被动局面。

2017年，全国共引进版权18120项，其中引进出版物版权18037项，包括图书17154项、音像制品511项、电子出版物372项；引进版权总量增长5.03%，其中引进出版物版权增长5.0%。共输出版权13816项，增长24.10%，提高17.8个百分点。其中，输出出版物版权12651项（包括图书10670项、音像制品424项、电子出版物1557项），增长28.9%，提高18.2个百分点，高出引进出版物版权增速（见表10－2）。

表10－2　2015～2017年对外版权贸易总量规模

单位：种，%

年份	2015年		2016年		2017年	
总量指标	数量	较上年增减	数量	较上年增减	数量	较上年增减
引进	16467	－1.37	17252	4.77	18120	5.03
输出	10471	1.73	11133	6.32	13816	24.10

2015～2017年，在政府的支持下，图书版权输出总体数量上升的同时，版权输出的地域和语种也突飞猛进。对“一带一路”沿线国家版权贸易增长显著。对越南、泰国、印度尼西亚、印度、尼泊尔、吉尔吉斯斯坦、阿联酋、黎巴嫩、埃及等“一带一路”沿线国家版权输出增加较多，表现抢眼。

三　出版物对外贸易

2015年，全国累计出口图书、报纸、期刊、音像制品、电子出版物和数字出版物为10485.57万美元（见表10－3），比2014年增长4.4%，其中数字出版物出口2366.9万美元，增长12.7%，占全部出口金额的22.6%，提高1.7个百分点。根据出版物实物进出口数量，我国的图书出口数量大于进口数量，但是从进出口金额看，情况截然相反。国内出版机构在海外设立各类分支机构400多家，与70多个国家的500多家出版机构建立了合作。以上情况表明，中国的出版企业和出版物在“走出去”方面已经迈出了坚实的一步。但与国外发达国家出版企业相比，我国出版企业在全球出版行业中的实力和知名度还相对较弱，缺少在全球范围内知名度和影响力较大的出版集团，出版物在国际市场的竞争力和影响力相对较低。

表10－3　2015年全国出版物对外贸易情况

单位：万册（份、盒、张），万美元

类型	指标	累计出口	累计进口
图书、报纸、期刊	数量	2112.45	2811.75
	金额	7942.6	30557.53
音像制品、电子出版物、数字出版物	数量	11.98	11.62
	金额	2542.97	24207.67
合计	数量	2124.43	2823.37
	金额	10485.57	54765.2

注：数字出版物只能统计金额，故数量指标中均未包含数字出版物。

2016年，全国累计出口图书、报纸、期刊、音像制品、电子出版物、数字出版物数量为2181.69万册（份、盒、张），较2015年增长2.7%；累计出口金额为11010.77万美元，增长5.0%（其中，数字出版物出口3055.3万美元，增长29.1%）；全国出版物进出口经营单位累计出口数量为1766.85万册（份、盒、张），增长13.7%；出口金额为6043.10万美元，增长3.1%。全国累计进口图书、报纸、期刊、音像制品、电子出版物、数字出版物数量为3118.99万册（份、盒、张），增长10.5%；累计进口金额为55911.11万美元（见表10－4），增长2.1%。进出口总额为66921.9万美元（其中，全国出版物进出口经营单位进出口总额为61954.2万美元，增长2.2%）。全国出版物进出口经营单位实现营业收入91.5亿元，增长8.7%；利润总额为3.3亿元，增长41.5%。

表 10－4　2016 年全国出版物对外贸易情况

单位：万册（份、盒、张），万美元

类型	指标	累计出口	进出口经营单位出口	累计进口
图书、报纸、期刊	数量	2169.94	1765.52	3108.18
	金额	7785.11	5886.67	30051.73
音像制品、电子出版物、数字出版物	数量	11.75	1.33	10.81
	金额	3225.66	156.43	25859.38
合计	数量	2181.69	1766.85	3118.99
	金额	11010.77	6043.10	55911.11

注：数字出版物只能统计金额，故数量指标中均未包含数字出版物。

2017 年，全国累计出口图书、报纸、期刊、音像制品、电子出版物、数字出版物数量为 2178.42 万册（份、盒、张），较 2016 年降低 0.15%；累计出口金额为 10764.90 万美元，降低 2.2%，其中，全国出版物进出口经营单位累计出口数量为 1872.65 万册（份、盒、张），增长 6.0%；出口金额为 6188.0 万美元，增长 2.4%。全国累计进口图书、报纸、期刊、音像制品、电子出版物、数字出版物数量为 3269.16 万册（份、盒、张），增长 4.8%；累计进口金额为 66563.22 万美元，增长 19.1%。进出口总额 77328.1 万美元（其中，全国出版物进出口经营单位进出口总额 72751.2 万美元，增长 17.4%）。出版物进出口经营单位实现营业收入 85.5 亿元，同口径增长 2.8%；利润总额为 2.2 亿元。从进出口贸易规模和盈利对比上看，“走出去”工作仍有较大的提升空间（见表 10－5）。

表 10－5　2017 年全国出版物对外贸易情况

单位：万册（份、盒、张），万美元

类型	指标	累计出口	进出口经营单位出口	累计进口
图书、报纸、期刊	数量	2172.02	1870.72	3255.60
	金额	7831.81	6024.66	31978.76
音像制品、电子出版物、数字出版物	数量	6.40	1.93	13.56
	金额	2933.09	163.34	34584.46
合计	数量	2178.42	1872.65	3269.16
	金额	10764.90	6188.0	66563.22

注：数字出版物只能统计金额，故数量指标中均未包含数字出版物。

第二节　中国新闻出版“走出去”的探索与成效

从主要产业数据看，2015～2017年中国新闻出版“走出去”，业已实现缩小新闻出版产业对外贸易逆差的目标，为更好地配合国家战略，提升质量、打造品牌、产生影响，三年来中国新闻出版业走出了一条政府、市场和企业三者有机结合的道路。政府积极加强顶层设计，以组织实施重点工程项目为抓手，支持有实力的中国出版企业参与国际图书市场运作；企业在政府项目的支持下，在市场规则的作用下，或与所在国本土化的出版机构合作，或直接在所在国开展本土化出版活动，以保证中国图书翻译成所在国语言后能有效落地。经过不断探索实践，中国新闻出版呈现出新的发展趋势与特点，也取得了较好成果。

一　国家层面：“一带一路”带动顶层设计，重大项目与平台建设并举，“走出去”形式更加丰富

1. “一带一路”宏观政策指引

随着2013年国家主席习近平先后在国际演讲中提出共同建设“一带一路”倡议，中国开始构建自己的“朋友圈”，利用图书等载体传播中国文化在提升中国话语权和国家文化软实力方面的作用日益凸显，这也意味着中国出版业的国际化发展进入了新的历史阶段。为了促进中国出版国际化水平再上新台阶，中国各级政府部门积极筹划，设立各种措施支持中国出版企业拓展国际市场空间，传播中国文化、中国思想和中国精神，以提升中国国际话语权。

中央各部委相继出台了“走出去”相关的文件，对新闻出版“走出去”产生积极促进作用。在《国务院关于加快发展对外文化贸易的意见》（2014）基础上，2015年相继通过《国务院关于加快发展服务贸易的若干意见》和《国务院关于新形势下加快知识产权强国建设的若干意见》等文件。2016年7月，教育部印发《推进共建“一带一路”教育行动》，该文件作

为《关于做好新时期教育对外开放工作的若干意见》的配套文件，推进“一带一路”沿线教育人文交流；同年12月，文化部发布《文化部“一带一路”文化发展行动计划（2016—2020年）》，力图通过开展“一带一路”国际交流机制建设计划、“一带一路”沿线国家中国文化中心建设计划、丝绸之路文化使者计划、“一带一路”文化贸易拓展计划等12个计划，打造文化交流合作知名品牌，初步形成面向“一带一路”国际文化市场的文化产业发展格局。

同时，在出台《新闻出版业“十二五”时期走出去发展规划》《关于加快我国新闻出版业走出去的若干意见》，基本形成中国图书国际传播的政策体系基础上，国家新闻出版广电总局于2016年正式印发《“十三五”时期新闻出版“走出去”专项规划》，深入推进“一带一路”新闻出版工作，通过向世界推送更多、更好的作品，以践行倡议中“构建人类命运共同体”的责任与使命。

在政策的推动下，我国出版物“走出去”渐入佳境。2015年“一带一路”沿线国家“走出去”项目中，境外投资项目多达52项，参与的中国新闻出版企业有37家，覆盖蒙古国、俄罗斯、哈萨克斯坦、吉尔吉斯斯坦、越南、马来西亚、新加坡、印度尼西亚、菲律宾、印度、巴基斯坦、尼泊尔、波兰、匈牙利、罗马尼亚、塞尔维亚、土耳其、阿联酋、黎巴嫩、约旦、以色列、埃及等22个国家。而截至2016年12月27日CIP数据（图书在版编目数据）显示，有关出版单位共使用26种语言申报出版2664种本土外文图书，较“十二五”时期“走出去”图书年均出版量增加了802种。选题内容涵盖政治法律、经济、文化历史、文学、艺术、科技等领域。

在语种分布上，多语种对照占据榜首，国际通用语言英文稳居第二，日文位列第三。2017年前三个季度CIP数据则显示，“一带一路”相关选题数量已超过840种，第三季度单季度增长量为200余种。在英文、阿拉伯文、法文、西班牙文等版权输出不断增长的同时，越南文、泰文、俄文、尼泊尔文等版权输出实现了较快增长。2017年，在中国图书版权输出语种的前十位中，阿拉伯文、越南文、泰文、俄文等“一带一路”沿线国家主要语种输出2600多种，占比24.3%，与2016年相比增加近900种。从输出国家和地区上看，中国图书版权输出89个国家和地区。越南、印度、黎巴嫩、泰国、马来西亚、俄罗斯等15个“一带一路”沿线国家成为我国版权输出主要目的国，总计输出4000多种图书，占比37%。可见，“一带一路”倡议为中国的海外交流提供了绝佳的平台，也为出版业带来前所未有的发展机遇。

2. 重点工程发挥支撑作用

国家有关部门创新思维、开阔视野、因地制宜，以组织实施重点工程项目为抓手，支持有实力的中国出版企业参与国际图书市场运作，组织实施了经典中国国际出版工程、丝路书香工程、中外图书互译计划、图书版权输出奖励计划等10余个重点工程项目，涵盖版权输出内容生产、翻译出版、传播推广、宣传营销等环节，以项目推动版权输出高质量发展（见表10-6）。

表10-6　中国新闻出版“走出去”重点工程项目

序号	名称	组织部门	启动年份
1	中国图书对外推广计划	中宣部	2006
2	中外图书互译计划	国家新闻出版广电总局	2008
3	经典中国国际出版工程	国家新闻出版广电总局	2009
4	中国文化著作翻译出版工程	中宣部	2009
5	中华学术外译项目	国家社科基金规划办公室	2010
6	中国出版物国际营销渠道拓展工程	国家新闻出版广电总局	2010
7	国家“走出去”基础书目库	国家新闻出版广电总局	2013
8	中国当代作品翻译出版工程	中宣部	2013
9	丝路书香国际出版工程	国家新闻出版广电总局	2014
10	图书版权输出普遍奖励计划	国家新闻出版广电总局	2015

资料来源：相关项目为笔者整理。

国家新闻出版广电总局于2014年开始实施的丝路书香工程，加大对“一带一路”沿线国家的图书“走出去”的支持力度。2015年工程面向“一带一路”沿线64个国家全面实施，资助语种也达到了29个，对出版企业“走出去”提供扶持，并制定工作方案，从欧美传统版权输出市场向

“一带一路”沿线国家拓展。得益于“一带一路”倡议和丝路书香工程，2016 年，阿拉伯文图书实现了快速增长，以 112 种的出版量挺进前四。

经典中国国际出版工程已经出版的项目在美国、英国、法国、德国、俄罗斯、新加坡、韩国、日本等 42 个国家以当地的语言出版发行，涉及英语、西班牙语、阿拉伯语、德语、俄语、法语、日语、韩语、荷兰语、吉尔吉斯语、罗马尼亚语、波兰语、挪威语、葡萄牙语、格鲁吉亚语、塞尔维亚语、泰语、西里尔语、希腊语、匈牙利语、意大利语、越南语等 22 个语种。

2006 年国家推出的“中国图书对外推广计划”，作为中国文化“走出去”的重要一环，向世界说明中国，让世界了解中国。10 多年来，该计划成员单位向海外输出版权达 4254 种，涉及 27 个文版。到 2017 年初，该计划已经同美国、英国、法国、德国等 71 个国家的 603 家出版机构签订资助协议，协议数量达 2676 项，涉及 2973 种图书。

此外，作为中国出版业面向海外的最高奖项，设立于 2005 年的“中华图书特殊贡献奖”主要授予在海外介绍中国、推广中华文化和中国出版物等方面做出突出贡献的外籍及外裔作家、翻译家和出版家。评选项目已成功举办十二届，共奖励了 44 个国家的 108 位作家、翻译家和出版家，在国际社会产生了广泛的影响，成为推动中华文化走向世界的重要品牌活动和有效手段。为了进一步挖掘他们的潜力，发挥他们在各自领域的影响力和号召力，让外国人发出中国声音、抒发中国情感、讲好中国故事，组织实施“外国人写作中国计划”，特利尔撰写的《我与中国》、马克林撰写的《我看中国》等图书在国内和国际市场上都获得好评。

为促进新闻出版“走出去”的各项重点工程，构建了从单纯的图书翻译出版转变为翻译出版、海外设立分支机构、境外参展、建立数据库、海外销售渠道拓展、出版数字化等融合的大型综合性项目，鼓励中国出版企业朝着本土化、市场化、产业化的方向发展。相关项目的实施，对出版“走出去”的意义不仅仅是提供经费，还起到了敦促出版提高效率、规范项目管理制度、引领选题策划方向的作用。正是由于这些宝贵的资助和指导，主题出版和公益性学术出版“走出去”才能充分发挥其产生社会效益的力量。

3. 国际展会突显平台功能

国际书展是国际文化交流的重要舞台，是推动中国图书版权输出的重要平台。近年来，北京国际图书博览会的品牌效应不断加强；行业着力打造了系列重要国际书展中国主宾国活动品牌；支持参加重要国际出版展会；推行国际书展承办权招投标制；搭建服务周边国家的交易平台，辐射周边国家的新闻出版交易平台，加强了与周边国家的文化交流。到2017年，我国已与190多个国家和地区全面推进出版各领域合作，在40多个国际书展上举办交流活动1200多场。通过展览进行展示、版权输出、合作出版等活动，先后在法兰克福书展、伦敦书展、美国BEA书展等18个国际书展上举办中国主宾国活动，架设中国图书版权输出的桥梁，中国出版单位在版权输出、合作出版、产品营销、品牌宣传等方面都取得了实效。在利用好海外的书展平台同时，自有交流平台建设也得到长足发展。如中国图书进出口（集团）总公司承办的北京国际图书博览会BIBF，在参展规模上已经仅次于法兰克福书展，成为全球第二大书展，输出版权占全国近1/3，连续三年超过2500项。

出版“走出去”服务外交大局，展会举办成效显著。为配合党和国家领导人出访，由国务院新闻办公室和国家广播电视总局联合先后在美国首都华盛顿、厄瓜多尔首都基多、智利首都圣地亚哥、泰国首都曼谷、波兰首都华沙等多地举办中国图书展销月等活动。《习近平谈治国理政》、《道路自信：中国为什么能》、《中国道路与中国梦》、《关键词读中国》、“中国文化系列丛书”等反映当代中国政治、经济、文化等内容的主题图书受到重点推荐。

除了书展以外，各类国际漫展、文化展等多种形式的展会都有大批海外出版企业、文化企业参加，成为了解海外市场，以及与海外同行交流合作，寻求合作契机的重要平台。

二　企业层面：从政府主导到企业发力、海外出版市场扩大，国际传播力、竞争力、影响力和认可度不断提升

1. 海外投资力度加大

推动民间资本投入，从版贸交易到资本运作，从欧美主流国家、东南亚

国家延伸到“一带一路”沿线国家、非洲国家等，从大型出版集团主导到中小出版社广泛参与，近年来，中外出版交流合作无论是在深度上还是广度上，都实现了提质增效。

2012 年以前，中国出版企业海外投资的主要方式是设立海外分支机构，经营范围仍然局限于传统的图书出版、发行行业。党的十八大以来，中国出版企业海外投资活动频繁、资金投入多、投资方式多元，特别是中国上市出版集团的大手笔的并购兼并活动十分突出。如凤凰出版传媒集团 2008 年底实现借壳上市以后，2014 年斥资 8500 万美元收购了美国出版国际公司（PIL）的童书业务及其德国等海外子公司的全部股权和资产，2015 年直接投资 2500 万美元成立凤凰美国控股公司。凤凰出版传媒集团投资 9.3 亿元，建设了 15 个对外投资项目，已在美国、法国、英国和澳大利亚拥有稳定的版权输出基地，截至 2017 年 8 月底，集团版权输出国已经遍及埃及、越南、泰国、保加利亚、斯洛文尼亚、土耳其、马来西亚、印度、印度尼西亚等 9 个国家，输出品种 87 种，占全年版权输出总量的 36%；五洲传播出版社打造的 That's Books，是目前国内规模最大的阿拉伯语数字阅读平台；中文天地出版传媒股份有限公司旗下智明星通公司，是一个游戏研发、销售、推广和技术服务平台，2016 年海外收入达 45 亿元，一直在探索如何和出版“走出去”嫁接，目前成立了脑洞工作平台，其核心技术就是全球众筹翻译技术。根据 2012 ~2016 年中外媒体的新闻报道，中国出版企业海外投资项目已经上升至 98 件，已有 400 多家出版单位设立了海外分支机构，海外运作控股，对外投资加大、国际化趋势日趋显著。

2. 在地化水平提升

中国新闻出版企业在进行大手笔的海外并购同时，中国出版机构正在花大力气探索风险相对可控、成本相对较低的国际编辑部模式。目前来看，成立国际编辑部主要在三个方面形成优势。一是契合在海外市场进行本土化运作的市场规律。双方通过市场调研了解当地读者的阅读需求，开发本土化选题。二是风险更具可控性，比直接在国外设立分公司更有效，风险及成本都低得多。三是更加务实。国际编辑部以项目的形式运作，有利于双方更有针对性地开展合作。符合根据文化差异进行交流合作的特性，有利于中国话语的全球表达，有利于促进不同文化的深入交流与紧密合作。

近年来，这种新兴合作模式得到了广泛实践，成为中国出版对外合作的创新方式之一，也是本土化最有效的合作模式之一。有多家出版社在国际编辑部模式的探索中取得了明显成绩。外研社与保加利亚、波兰、法国的出版社合作，先后建立了“中国主题编辑部”，取得了非常重要的出版成果；中译出版社重点与“一带一路”沿线国家合作建立“中国主题国际编辑部”，包括罗马尼亚、英国、印度、斯里兰卡、匈牙利、塞尔维亚、突尼斯等国，目前已与合作伙伴共同出版了多部中国作品，这些图书颇受当地读者的喜爱；中国大百科全书出版社分别与美国宝库山出版社和施普林格·自然集团合作成立国际编辑部，共同探索学术出版的合作发展之路；外文出版社依据国家外交、外宣战略布局，优先着眼大国、周边和“一带一路”沿线国家，以地区、国别和语种规划为重点，着力与相关国家知名主流出版机构加强合作，在其内部建立“中国主题图书联合编辑室（部）”，建立长期工作机制，共同策划选题，根据当地市场情况承接翻译、版权输出、图书销售发行等职能；五洲传播出版社在阿联酋成立海外编辑部之后，还与墨西哥二十一世纪出版社合作建立“中国图书编辑部”，并且取得了一系列出版成果；新世界出版社分别与埃及日出出版社、美国圣智出版集团签约，建立了 2 家“中国图书编辑部”，双方都已形成了非常详细的出版合作计划。

3. 海外渠道拓展

海外渠道建设一直是中国出版“走出去”过程中备受关注的环节，在我国文化领域“一带一路”倡议发展中也占据重要的位置。随着国家文化影响力的增强和出版市场财富的积累，全国各出版集团、出版社在海外渠道建设方面的需求也随之增强。

我国出版业的海外渠道线下平台建设取得了良好成绩。五洲传播出版社的“中国书架”项目、山东友谊出版社的“尼山书屋”工程、中原出版传媒集团公司的中原文化交流中心暨云书网 O2O 地面店值得关注。除此之外，各大出版集团、出版社一系列的海外线下平台建设已经取得了阶段性成就，全球多国多地未来在与中国出版的合作交流方面将更加便捷与通畅。这些出版社的举措，摆脱了原有与国外出版公司合作性质的“走出去”方式，真正开辟了独立“走出去”的新模式，提供了“三平台一机遇”，即中外文化交流的平台，收藏和展示中外文明的平台，国际图书销售平台，以及交流、融合、合作的机遇。基于“三平台一机遇”的条件，文化交流的模式、理念及出版模式的创新才能得到充分的发挥，这也给予了中国出版社更多的发展机遇，使中国出版的综合影响力得到有效提升。

中国出版海外线上平台建设也取得了一定成就，[①] 也有亮点和特色，但与线下平台建设迅猛发展相比，线上平台建设、参与建设的文化出版机构数量和力量仍显不足。值得欣慰的是，2017 年新华文轩公司升级了海外线上销售渠道新西兰文轩网，开发 App 客户端助力海外市场营销。该项目的实施，能够有效解决海外用户购买国内图书的各种限制问题，积极推进中国出版及相关文化产品“走出去”，从文化层面上有力支持了“一带一路”倡议。在海外建设图书线上渠道需要强大的海外资源、雄厚的资本实力以及国际化的线上人才队伍，这都是制约海外线上渠道建设的问题。不过，从长远来看互联网文化经济已经席卷全球，未来中国出版要真正影响世界，还需认真拓展海外线上渠道，持续深耕这一领域。[②]

三 内容层面：主题出版带动提升中国国家形象战略；大众读物的经济效益潜力显现，内生能力提高

1. 主题出版成效突出

据《人民日报》2017 年 9 月 18 日头版报道，《习近平谈治国理政》在三年内已出版 21 个语种，24 个版本，共发行 642 万册，发行到世界 160 多个国家和地区，海外发行量突破 50 万册，创造了近年来我国政治类图书短时间内海外发行量最高纪录。像这样的海外版权输出项目把“一带一路”

① 曹志伟：《2017 年中国出版业变革与发展回顾》，《现代视听》2018 年第 1 期。

② 颜维琦、曹继军：《中国出版“走出去”迈入 2.0 时代》，《光明日报》2017 年 8 月 17 日。

沿线国家和周边国家作为目标市场，迎合了目标国读者渴望了解新时期中国国际战略合作倡导、与中国合作共赢的需求，表明中国主题出版“走出去”在多年的耕耘之后，已经实现阶段性胜利，在国际舞台上初步完成社会效益目标。

在2017年北京图书博览会上，版贸输出量创历史新高，主题类图书排在输出前列。人民出版社《习近平讲故事》英文版、俄文版和日文版版权签约，外文出版社《摆脱贫困》英、法文版首发，《中国工农红军长征史》英文版首发，都是图博会主题类图书版权输出的杰出代表。在2017年上海书展上，以“讲好中国故事与对外话语体系建设”为主题的第四届中国学术出版“走出去”高端论坛在上海交通大学举办。中国出版“走出去”迈入2.0时代，成为本届论坛最突出的共识。与会56家中外出版商联合发布《“一带一路”学术出版合作倡议》。8月19日，中国·山东“一带一路”图书版权贸易洽谈会在济南举行。版贸会以“书香一带一路，文化交汇融通”为主题，在展会设计和图书选品上特意向“一带一路”沿线国家，特别是阿拉伯语国家倾斜，针对性强，取得了丰硕成果。“一带一路”倡议成为出版“走出去”强有力的火车头，为主题图书的“走出去”提供了方向和动力。

在世界各大书展上，主题出版物的表现也彰显了“走出去”的强大力量。2017年阿布扎比国际书展开幕，中国担任主宾国，中阿出版发展高峰论坛在会场隆重举行。10月11日，中国展团携2000多种讲述“中国故事”的图书参加了全球最大的国际图书博览会——德国法兰克福书展。

2. 大众读物展现活力

随着新闻出版“走出去”各项政策的大力推行，中国的优质读物和优秀作家也更频繁地出现在国际读者的视野中，中国畅销书在国外受到热捧的新闻逐渐开始见诸报端，中国文化由此展现出更大的魅力。2015年8月，刘慈欣凭借科幻小说《三体》获得第73届雨果奖最佳长篇小说奖；2016年4月，中国儿童文学作家曹文轩凭借作品《草房子》获得“国际安徒生奖”；2016年8月，80后女作家郝景芳凭借《北京折叠》摘得第74届雨果奖最佳中短篇小说奖。自莫言2012年捧得诺贝尔文学奖以来，中国作家不断捧得国际大奖，从侧面说明了他们的作品在国际阅读领域已经不只是吸引了人们的注意，更是开始建立广泛的读者基础，在海外大卖特卖，其影响力和覆盖面都是前人所难及的。

2017 年，由周梅森的同名作品改编的反腐题材电视剧《人民的名义》热播后，吸引了众多外媒的关注，受到海外出版人追捧，该书简体版前三个月销量即破 100 万册。版权推介工作借势得以成功开展，从 2017 年 1 月中文版图书出版后，仅仅半年内即向 12 个国家和地区输出版权，几乎一举囊括了大多数常见语种。

刘慈欣《三体》、麦家《解密》等作品在国际市场上热销数年后，表现依旧抢眼。2016 年 9 月《三体》三部曲出齐，在美国市场上的销售状况与国内市场一样火爆，在《纽约时报》畅销书榜单排第 19 位。在美国亚马逊网上书店 2018 年第一周的畅销书排行榜上，出版近四年的《三体》第一部仍然高居所有文学作品第 16 位（电子版）和第 18 位（纸质版）。

麦家《解密》在 2014 年推出英文版后不久，就被世界权威杂志《经济学人》评为年度图书，在西方世界热销。两年内被陆续翻译成 33 种语言文字，行销 100 多个国家，席卷了小语种图书市场。2017 年 6 月 23 日，在第二届北京出版交流周上，麦家带着来自德国、以色列、澳大利亚的三位编辑，分享了《解密》走向欧洲、南美市场的故事，让更多的中国作家和作品借鉴其成功经验。

从《三体》《解密》到《人民的名义》，这些在海外大受欢迎的中国畅销书，在中国的畅销书排行榜上不一定能占据绝对领先地位，却能受到海外读者的青睐。这其中有能够“讲好中国故事”的一面；从另一个角度来看，传统上认为更偏重社会效益的一些选题，同样在销量上也能创造出好的成绩，展现出中国作家、中国作品的国际魅力。[①]

3. 数字出版助力“走出去”

近年来，对外版权贸易与出版物出口平稳增长，数字出版物（主要为

① 冀钦：《2017 年中国出版“走出去”战略观察》，《中国图书评论》2018 年 4 月。

数据库、电子书等数字内容产品，不含游戏）出口占比进一步提高。

海外数字发行平台正在逐步建立。中国国际图书贸易集团与美国亚马逊公司自2011年起就开始合作成立亚马逊“中国书店”。截至2015年上半年，品种已达39万种，销售范围覆盖全球185个国家和地区，发行26万册。2017年亚马逊公司与中国图书进出口（集团）总公司达成战略合作，亚马逊美国网站的中文图书数量实现高速增长。目前，亚马逊美国网站已拥有几十万册中文纸质书，Kindle中文电子书店图书数量超过11万册。亚马逊全球出版持续挑选中国优秀文学作品并专门成立译者平台，将高质量的翻译作品介绍给全球读者，贾平凹、陈忠实、冯唐、虹影、韩寒、刘心武、秦明等多位知名作家的作品已通过亚马逊美国网站成功“走出去”。

另外，中国图书进出口（集团）总公司开发的“易阅通”已有6万多种电子书上线。五洲传播出版社建立的That's books多文版中国数字内容运营平台，上线销售图书3000余种，内容涉及英文、西班牙文、阿拉伯文、法文、德文、俄文等近20种语言文字。借助互联网，我国网络小说也在欧美、东南亚广受欢迎。尤其是武侠、仙侠类的玄幻小说成为电子书“走出去”的新星。这其中，华裔在其中起到了重要的作用。2014年开始，美国出现一批粉丝自发组织的以翻译和分享中国网络小说为主的网站，主要通过打赏的方式来支持翻译。华裔Ren建立的Wuxiaworld网站在2016年3月的点击量就超过了5亿次，读者来自全球100多个国家和地区，当年该网站与起点网签订了10年协定，被授权翻译和出版起点网的电子书。[1]

社会科学文献出版社是直属于中国社会科学院的社会科学专业学术出版机构，顺应数字出版的潮流，在业内率先大力发展数字出版，全力打造中国发展与中国经验、国际国别问题研究等数字产品线，推出了皮书数据库、列国志数据库、“一带一路”数据库等8个数据库产品。目前，社科文献出版社的数据库产品已销往美国、加拿大、德国、英国、澳大利亚、日本6个国

① 见《出版“走出去”：回望来路　眺望前方》，《中国文化报》2017年3月6日。

家，美国国会图书馆、德国柏林图书馆、哈佛大学、耶鲁大学等知名公图和高校都是社科文献数据库产品的忠实用户。

第三节 新时代中国新闻出版“走出去”的思考与建议

新闻出版“走出去”是一项长远的事业，“走出去”的目的是“走进去”“扎下来”“活下去”，不能只是为了“出去”而出去，否则这种“走出去”是不可持续的。随着国家实力不断彰显，发出中国声音，讲好中国故事，拥有国际话语权和媒介影响力的要求不断提升，更期待新闻出版“走出去”落地生根，实质性培育国际读者群，完成国内与国外资源和市场的完美嫁接，使“走出去”工作成效由表及里，在广度和深度上不断提升，形成长远盈利模式。

一 加快体制机制创新，加强国际传播能力建设，给予良好的政策支持

深化新闻出版“走出去”体制机制改革涉及多领域、多方面的利益关系，难免产生利益冲突；同时，出口渠道较为单一、不规范的市场竞争破坏正常市场秩序、知识产权保护概念薄弱造成盗版问题、出版物针对性差，不符合国外读者阅读喜好等，也在影响中国新闻出版“走出去”。从这些方面看，中国新闻出版“走出去”依旧任重道远。

1. 政策市场有机结合

从政府主导转为指导，把海外市场的被动接受变为海外市场的主动参与，在尊重市场的同时有效避开恶性市场竞争。一是深化新闻出版“走出去”管理体制改革。加快政府职能转变，简政放权、放管结合、优化服务，提高行政效能，激发新闻出版“走出去”的市场活力和社会创造力，加快与世界接轨，开拓国际市场。二是构建促进新闻出版“走出去”的普惠机制。国家必须制定优惠政策措施，从政策保障、资金投入、技术支持、人才培养、环境营造等方面对新闻出版“走出去”的产

品与企业提供普惠支持和激励。三是健全创新新闻出版“走出去”对外开放机制。新闻出版“走出去”面对的是国际受众，必须构建开放、有序的对外合作机制，创新构建有利于新闻出版“走出去”的国际要素有序流动、资源高效配置、市场深度融合的对外开放机制。从宏观上看，需要国家制定更为长远的发展规划和具体的工作方案，对施行的“走出去”政策、工程进行科学的评估，追绩问效，避免急功近利的政绩工程。

2. 充分调动海外资源

从企业方面看，需要出版企业自觉自动走向台前，继续加强海外资本建设，积极与国内外优质内容平台合作，与海外平台资源共享联动，通过讲好“中国故事”、传扬中国理念，展示全面、立体的中国；要具有前瞻性的国际化视野，建立国际通用的现代出版运营模式，找准目标，稳扎稳打，同时注重培养和储备专业的人才队伍；要创新对外宣传方式、“走出去”的方式与途径，学会“借船出海”、“落地海外”和“多边联合”的三种模式。“借船出海”就是借助世界其他国家新闻出版机构和版权发行机构宣传我国的新闻出版内容；“落地海外”就是实现和扩大我国新闻出版企业对外投资和跨国经营，鼓励具有竞争优势和经营管理能力的新闻出版企业通过对外投资和跨国经营等多种途径，在海外兴办新闻出版企业，创办报刊，以本土化方式传播中国文化。“多边联合”就是积极争取和更多的国家新闻出版企业形成联合协作的合作关系，为“走出去”提供更加宽广的平台。这样才有利于我国积极参与国际新闻出版贸易规则的制定，争取国际话语权，增强我国在国际新闻出版领域的国际地位。①

二　加大内容创新，尊重差异化、突出特色化、实现品牌化，不断优化、提质增效

中国新闻出版“走出去”在十九大之后进入“新常态”，要实现从“又

① 刘少华、苗羽亭：《新闻出版“走出去”：问题与应对策略思考》，《管理观察》2017 年第 12 期。

快又好”到“又好又快”的转变，提质增效成为出版“走出去”的新任务。出版“走出去”，必须以内容为本。内容是基础、翻译是重点、选题是关键，既要充分尊重和理解对象国文化，也要充分秉持与彰显中国文化内涵和特色。

1. 突出中国特色，讲好中国故事

配合中国更多地承担大国责任的举措，中国出版业更加清晰地意识到“人类命运共同体”的重要意义。在出版“走出去”进入新时期，反映中国传统文化的内容虽仍占据重要地位，但体现当代中国建设成就与精神风貌的作品所占比例逐渐扩大，从国外读者接受角度出发开发的“走出去”选题也会越来越多。“传统文化的当代阐释”和“中国道路的学术表达”体现了这一趋势，要更加鲜明地体现中国风格、中国气派、中国精神、中国力量，“用国际语言讲好中国故事”。为此，在内容生产上要突出思想内涵、故事驱动，提升感染力和可读性，使海外读者真正认识中国、理解中国、读懂中国。

2. 加强国别研究，提升传播能力

2016 年，全国出版社“走出去”情况调查结果显示，2010～2015 年，全国版权输出数量年平均增长率超过 20%。但全国仅有一半的出版社输出过图书版权，版权输出地是 78 个国家，且其中 30 个国家引进版权数量低于 10 种，排名前 8 位的国家和地区引进量占 73.6%。从中国文化海外传播的长远战略布局考虑，很多国家和地区的文化市场和图书出版市场发展潜力较大，亟待开发。新闻出版应当针对“一带一路”沿线国家读者市场，加强一国一策，有针对性地主动做好内容和产品设计。必须加强对象国研究，找准主题，挖掘既有中国特色，又可以与世界分享的价值观，逐步形成产品的系列化、规模化，进一步形成模式化、品牌化，持久在海外市场发酵，提高文化认同度，形成国际影响。

3. 加强语种建设，提升翻译质量

“一带一路”沿线国家涉及的语种有 52 个，除英、法、俄、西班牙、阿拉伯等联合国工作语言外，还有 40 多个为非通用语种，我国相关的翻译人才极其匮乏，许多交流只好借用第三方语言英语，不利于双方的深度合作，亟须开展和加强多语种翻译人才的培养。由于语言壁垒、中外文化差异、读者阅读习惯等方面的制约，尽管中国有着众多的优秀作家和作品，但在海外读者中的影响力仍较弱。除了加强国别研究，更要通过加强语种建设，提高翻译水平和质量，与对象国出版人、译者、学者进行深入交流磨合，以利于海外读者了解深层次的中国文化。

4. 加强国际合作，促进国际化组稿与合作出版

合作出版将是新时期出版“走出去”的主要方式和路径。通过合作出版可以在降低成本的同时实现本土化运作，实现内容、资源、技术的优化配置，降低生产成本，这也是出版国际化的一项优势。国内出版社可以利用现有与海外机构合作的优势和资源，邀请国际知名作家、汉学家和出版人集中与集团内出版社开展出版洽谈签约，发挥海外汉学家、智库和媒体的作用，共同策划出版中国主题图书、开展联合营销宣传，发挥海外机构的本土市场拓展积极性，使出版产品真正进入国际主流市场。

三 “走进去”加强本土化的平台建设

为了进入国际市场，中国出版企业必须了解国际出版市场的状况，按国际图书出版规则和专业分工办事。要大力实施本土战略，切实服务国外读者，提高海外本土出版能力，更好地制定市场策略，以本土语言出版打入本地主流营销渠道。要充分发挥中国拥有丰富内容的资源优势，发挥海外出版机构了解市场、掌握渠道的先天优势，通过合作出版、收购或设立海外出版机构等方式，以本土语言出版更多反映中国的图书，并使其通过海外主流渠道真正走近海外读者。

1. 面向全球组织外文稿件

随着国内学者用外文撰写学术论文的能力以及部分出版单位国际影响力的增强，国内出版单位进行全球组稿已成为新常态。只要选题能够为国外出版单位接受，在获得版权收入的同时，在国外同步上市出版有益无害。考虑到国内图书价格和国外的差距，这种操作办法也受到国内读者的欢迎。典型案例如上海交通大学出版社与施普林格出版集团共同出版的《转化医学出

版工程》，浙江大学出版社与施普林格出版集团共同出版的《浙江大学学报》（英文版）等。

2. 设立境外分支机构

境外设立分支机构主要包括在国外开书店、办分社、设编辑部等，招聘一批本土的选题策划人才和出版经营人才，提高中国书刊在海外出版的针对性，策划出版适销对路的产品，从而打通海外发行渠道，进入主流市场。此外，也可通过兼并、参股、收购国外的出版企业，或在海外成立合资公司。如人民卫生出版社的人民卫生出版社美国有限责任公司、清华大学出版社的日本株式会社树立社收购及运营、北京语言大学出版社的北京语言大学出版社北美分社投资建设项目、上海交通大学出版社的中国－南亚科技出版中心、山东友谊出版社的尼山书屋走出去工程、江苏教育出版社的美国 PIL 公司并购项目等，都已经与海外企业开展深度合作，建立了本土化的出版社，从内容、语种、编辑到印制、营销、发行等各个环节实现本土化。

3. 打造面向国际的出版平台

加强一体化渠道平台建设，用好国际书展，深入调研海外市场，在有条件的地区建设一批有影响力的海外书店，在条件尚不成熟的地区建设海外书架。加强国家合作出版的能力建设，以资源换资源，以市场换市场。除了利用国外出版商已有的平台，国内出版单位同样可以组织相关资源打造自己的国际出版平台，从根本上扭转对国外大型出版商平台和渠道的依赖，走出一条自力更生的道路。例如浙江大学出版社成立“一带一路”重大项目出版平台，与由浙江大学、北京大学、中科院牵头组建的“一带一路”合作与发展协同创新中心，共同研发“一带一路”主题图书出版。[①] 除书展平台之外，还可利用一些专业的会议、论坛，集中聚焦了垂直领域的专家、作者、学者以及从业人员，这对于走出去合作的展开将更加有效。在条件成熟的国家，可采取独资、合资、参股、合作、代理等形式，形成差异化经营的海外

① 韩建民、熊小明：《从“走出去”到“走进去”：中国出版业国际化的路径选择》，《出版与印刷》2018 年第 1 期。

出版公司、发行公司、书店、网店等，甚至可以考虑建设集出版、销售、展览、娱乐、交流等一体的综合文化中心，全方位立体式地推进“走出去”。

四　加快媒介融合，做好网络数字服务、数字出版

数字出版是新兴的“走出去”核心形式，数字出版的最大优势在于可以直接面向全球用户，通过数字出版“走出去”，利用数字化扩展国际阅读空间，已经成为海外诸多出版机构的核心手段。移动互联的发展突破了“走出去”在时间、空间和成本上的限制，极大提升了“走出去”的覆盖范围和影响程度，为加快“走出去”提供了一个前所未有的发展良机。只有快速融入国际出版融合发展的新潮流，抓住数字出版飞速发展的机遇，才能实现中国图书“走出去”的弯道超车，在规模和影响上得到大幅提升。

1. 加大外向型数字出版

加强数字出版“走出去”工作，策划生产一批有影响力的数字出版产品，并将其推向海外。我国的先期探索尝试主要表现为数字出版产品出口和数字出版物的海外销售，如中国出版集团就以电子书、数据库等形式向俄罗斯、英国、美国、加拿大、日本等国家输出数千种图书、多项专业数据库，社会科学文献出版社的数据库产品销往全球多个国家。如今，我国电子书在海外出版发展已经相对稳定，出版单位可以选择海外读者最富兴趣的中国特色文化内容，如历史、旅游、美食、中医、武侠等，制作成电子书、新媒体图画书、App 产品等形式，在全球通用的销售渠道，如苹果商城 App Store、谷歌 Android Market 及亚马逊 Amazon Kindle 等线上运营，点对点直接推向海外读者。

2. 加强数字服务平台建设

信息化已成为大型出版集团走国际化之路的利器，网络平台则成为企业经营活动获取、传递、共享和应用信息的强大支撑。利用国际知名出版集团在数字出版技术、营销平台和渠道方面的巨大优势，将国内出版单位现有的内容资源数字化，面向全球分发，可为提升出版物和科研人员的国际传播力和影响力创造条件。例如，2017 年爱思唯尔与科学出版社合作，为其《科学通报》提供传播平台、推广渠道和数据分析服务，提升了该刊物的国际

影响力。大型出版集团推进国际化工作时都非常重视数字服务平台的建设，因为其集约化强、综合服务能力强，在输出产品的时候，价格就会更高，相应的谈判能力也更强。因此，中国的出版传媒集团也应尽快实现数字化转型，通过数字服务平台支撑参与国际化竞争。如中国对外翻译公司推出的“译云”项目集聚了翻译语言资源和译者人才，为“走出去”提供基础性服务。中国图书进出口（集团）总公司推出的“易阅通”国际数字资源交易与服务平台，则聚合国内外数字资源130多万种，通过打通国际营销渠道，实质性地推进了中国数字出版“走出去”，为海外机构客户提供了荐购、阅读、管理、整合一站式综合解决方案。

3. 融合媒体运营

“十三五”时期，媒体融合是行业发展的重要关键词，也是加速出版“走出去”，帮助国内大型出版集团实现弯道超车，成为国际知名出版集团的关键。随着移动互联网、智能物联网、大数据、云计算、3D打印、VR虚拟现实等新媒体技术的不断发展与突破，其在出版领域的应用也将大范围普及。“十三五”时期的数字出版“走出去”，除了电子书和数据库以外，也要与时俱进，打造融合出版物、游戏出版物等，充分利用社交媒体，形成热点事件，在输出国家形成现象级产品，增加“走出去”的影响力。中国在此领域具有媲美欧美发达国家的先进性，如果以融合媒体或智能终端为载体，提供趣味性和娱乐性的阅读体验，将会极大减少“走出去”过程中跨文化传播的障碍，逐步渗透进入国际主流阅读市场、文化市场。①

五 “走出去”人才力量依旧薄弱，专业人才队伍建设亟待加强

我国新闻出版“走出去”的人才培养要求高、难度大，必须熟悉国际新闻出版情况，能够进行精细化、专业化的经营与管理，急需市场调研、版权贸易、专业技术、语言翻译等多方面的人才。这支人才队伍也是我国新闻出版“走出去”的薄弱领域。因此，要加快新闻出版“走出去”专业人才

① 杜都：《“十三五”时期出版“走出去”新常态》，《出版广角》2016年第12期。

队伍建设，亟须进行人才结构战略性调整，优化配置，学习和创新管理运营模式，营造良好的新闻出版“走出去”人才引进、培养和发展环境。

1. 组织出版业人才培训

加强新闻出版“走出去”人才队伍建设，首先要加强版权经理、外向型编辑的能力。可以通过短期培训、中长期工作实习等形式快速提升现有团队的国际化视野和“走出去”能力。同时通过与科研院所的交流合作，定向培养翻译人才、版权人才和跨国经营管理人才等，从编印发等专业板块、专业内容，延伸到资源管理、数字出版、文化创意、云计算、大数据等产业链条的培训。如中国出版集团、凤凰出版集团等都举办过国际化人才培养班，将人才输送到产业发达的国家和地区，通过集中制、快节奏、多层次、高密度、宽领域的课程安排，在引领世界出版潮流与先进技术的学习与实践中消化吸收国际化的思想、创意、理念与模式，得到快速成长，并将学到的精华用于之后的“走出去”工作实践。

2. 充分挖掘跨界人才

在具有海外市场拓展能力的人才稀缺的情况下，要解决人才问题就要创新外向型人才的引进机制。除了传统的出版、翻译人才，对于有一定海外工作实践的国际化人才可以进行跨行业挖掘。要根据业务发展情况，大胆尝试吸纳不同领域人才，快速形成具有实战经验的“走出去”队伍。对于跨界挖掘的人才，通过出版业务的再培训便可以使其成为有着丰富海外拓展经验的一线人员。随着其出版经验和数据的不断积累，这些人员将真正成为具备跨文化跨专业管理能力的复合型人才。

3. 积极引进海外人才

提高国际出版物的质量和内容水平，一方面，需要加强培养国内高级翻译人才，增加翻译作品数量，提高翻译质量，切实提升中国图书的国际竞争力。同时也要努力凝聚一大批了解中国文化的海外翻译家、作者，吸纳他们加入撰写中国主题图书的作者队伍。他们既能找准海外读者的兴趣点，又能在中西方文化差异中转换自如，准确反映当代中国。同时，为了更好地实施出版“走出去”的国际战略，出版集团在本土化平台建设初期，也可采用出版企业内部选拔为主、海外“空降”人才为辅的战略，通过海外人才对本土化战略的理解，让项目执行更为顺畅，更加快速地开拓当地市场。

六　加快建立评估指标标准

中国新闻出版“走出去”是一个系统工程，不仅要追求规模，更要讲求质量效果。2016 年 12 月，中共中央、国务院印发关于《进一步加强和改进中华文化走出去工作的指导意见》，明确提出要建立健全中华文化“走出去”效果评估体系，做好前期评测分析、中期跟踪研判、后期反馈矫正。这就需要我们加快建立科学有效的中华文化“走出去”效果评估体系，矫正文化“走出去”过程中出现的一些不当问题和盲目趋势。中国新闻出版“走出去”作为中华文化“走出去”的重要环节，开展效果评估不仅是统筹“加强”文化“走出去”的工作需要，更是科学“改进”文化“走出去”的迫切需要。

1. 坚持国家立场，在世界范围内开展评估，形成国家整体层面的效果评估体系

重点对国家财政支持下的“走出去”项目进行系统性评估。虽然目前在部分企业、行业细分领域已经开展了自我评估实践，但尚不能形成整体性的效果评价体系。另外，要坚持国际化取向，在世界范围内进行评估。不仅涉及行业领域评估，更需要站在国家立场，开展区域国别研究评估，还需要对西方国家文化传播力和国际影响力的横向了解，在对西方文化国际影响力的对比中，总结经验，查找不足，为“走出去”整体推进提供决策参考，提升对外传播能力。

2. 坚持国家主导、第三方评估、国际智库评价、行业自我评价相结合，多维度构建中华文化“走出去”效果评估体系

由于语言文化的障碍，尤其在大多数非通用语种国家专业数据库建设滞后的情况下，整体性评价数据的获取相对困难，需要加强与对象国汉学家和智库合作开展实质性评估研究，以从国家标准、战略需要的高度推动“走出去”效果评估和研究工作，站在国家立场上协助行业制定评估体系与评

价标准。既要坚持国家研判、第三方评估，也要积极鼓励各行业自我评价，更要重视国际智库对中华文化“走出去”的相关评估，调动国际智库成为开展效果评估的可靠学术力量，建立信息共享机制，综合分析、科学研判，进而形成国家对外文化传播效果的整体性评价，多维度构建效果评估体系。

3. 坚持评估与研究并举，强化目标观念，实施全流程管理，加强事后综合评估

“走出去”效果评估是集战略性与操作性、实践性与理论性于一体的国家任务。评估是手段，研究是主体。应当由政府统筹指导、学术力量作为主体参与，确保评估工作和相关成果产出既符合国家标准和工作要求，又科学有力。评估工作是量化研究与质性分析相结合的学术工程，要兼顾经济效益和社会效益，不可偏废，确保评价工作的科学有效，对内容产品的策划、成本预算、执行进度、质量管理、宣传推广等各个环节实行综合性、全局性、时效性和动态性的评估与管理。

第十一章　中国哲学社会科学“走出去”总论*

习近平总书记在党的十九大报告中明确指出，“意识形态决定文化前进方向和发展道路。……要深化马克思主义理论研究和建设，加快构建中国特色哲学社会科学，加强中国特色新型智库建设”。① 哲学社会科学具有传承人类文明、传播先进文化的重要作用，哲学社会科学的发展水平体现着一个国家和民族的思维能力、精神状态和文明素质。推动哲学社会科学“走出去”，是让世界了解中华文化渊源、理解中华文化价值、推动中华文化传播、支持当代中国发展的重要途径，对于提升国家软实力具有重要意义。

党的十八大以来，随着我国社会主义事业的不断推进发展，来自高校、社科院、党校（行政学院）、部队院校、党政研究部门等系统的广大哲学社会科学工作者，在科研中坚持以马克思主义为指导，取得了许多突破性进展。在国际学术舞台上，中国学者不断发出中国声音，增强了中国学术话语权，中国哲学社会科学研究的国际学术影响力不断增加。中国学者积极参与国际性重大问题的研究，为世界持续发展贡献中国智慧、提供中国方案，增强了中国哲学社会科学研究的使命感，提升了中国哲学社会科学的学术自觉和学术自信。

总体上说，目前中国哲学社会科学“走出去”已形成良好的发展态势，

---

* 张朝意，北京外国语大学教授；管永前，北京外国语大学副教授。

① 习近平：《决胜全面建成小康社会　夺取新时代中国特色社会主义伟大胜利——在中国共产党第十九次全国代表大会上的报告》，《人民日报》2017 年 10 月 28 日。

成为我国开展国际人文交流合作的重要组成部分，质量和水平逐步提高。从广度看，不仅与亚洲、欧美地区的传统交流合作得到巩固和提升，而且拓展了与大洋洲、拉美、非洲等地区的交流合作；不仅部属高校，而且很多地方高校成为国际学术交流合作的活跃主体。从深度看，已从邀请国外学者来华讲学、举办国际学术会议，向国外讲学、海外发行外文刊物、在国外单独或共建研究机构、联合开展课题研究等深度合作转变。在肯定成绩的同时，我们也应清醒地认识到，与时代要求和国家需求相比，中国哲学社会科学在“走出去”方面还有较大差距。首先是高层次外向型人才不足。具有国际视野、通晓国际规则，具有良好外语水平的复合型人才不足，是制约中国哲学社会科学“走出去”的瓶颈所在。其次是层次和水平不高。对中国经验、中国道路的总结凝练还不够深入，话语体系还不够适应，对外介绍、传播力度还不够大，宣传推广的手段和渠道还比较有限。最后是机制不活。投入不够，资源比较分散，缺乏整体规划和配合，相关政策措施并不配套，没有形成有效的整体合力。

正如习近平总书记所指出的：“在解读中国实践、构建中国理论上，我们应该最有发言权，但实际上我国哲学社会科学在国际上的声音还比较小，还处于有理说不出、说了传不开的境地。”① 我国哲学社会科学工作者必须增强紧迫感、使命感，加快提升哲学社会科学国际话语能力，讲好中国故事，传播好中国声音，树立好中国形象，努力向世界贡献中国智慧、提供中国方案。

第一节　中国哲学社会科学“走出去”面临的新使命、新要求

哲学社会科学“走出去”，是中华文化“走出去”的重要组成部分。改革开放以来，中国哲学社会科学以开放促改革、以开放促发展，国际交流与

① 习近平：《在哲学社会科学工作座谈会上的讲话》，《人民日报》2016年5月19日。

合作取得显著成效。在新时代新的起点上，推动中国哲学社会科学“走出去”，对于深入推进哲学社会科学繁荣发展，进一步提升高等教育国际化水平，扩大中国学术的国际影响力，妥善回应外部关切，增进国际社会对我国基本国情、价值观念、发展道路、内外政策的了解和认识，展现我国文明、民主、开放、进步的形象，增强我国国际话语权，具有十分重要的意义。哲学社会科学工作者在落实中华文化“走出去”战略、建设社会主义文化强国的伟大进程中，承担着光荣使命和崇高责任。我们一定要科学分析、准确把握国际国内新形势新要求，深刻认识新时代哲学社会科学“走出去”的新使命新任务，增强紧迫意识、责任意识。

第一，中国哲学社会科学“走出去”是应对全球化挑战，提升国家文化软实力的必然要求。当今世界正处在大发展大变革大调整时期，经济全球化、世界多极化、文化多元化的趋势更加明显，国家文化软实力已成为综合国力竞争中的战略主导角色。面对金融危机、能源资源、气候变化、粮食安全、公共卫生、重大自然灾害等各类全球性重大挑战和威胁，需要人类的共同智慧去应对。可以说，世界的问题就是中国的问题，中国的问题也是世界的问题。从这个意义来讲，传统的关起门来搞研究，已经行不通了。如何应对国际利益格局的新变化，更好地抓住机遇，提升国家文化软实力；如何应对全球性问题的挑战，提升我国的学术创新能力和国际影响力，成为摆在我们面前的重大而紧迫的课题，迫切需要哲学社会科学深入研究和科学回答。

第二，中国哲学社会科学“走出去”是将中国介绍给世界，展示中国新形象的重要途径。改革开放 40 年来，我国经济社会快速发展，综合国力显著增强，各项事业取得了举世瞩目的伟大成就，已成为全球第二大经济体，进入由大国向强国迈进的关键阶段。“中国奇迹”在国际上的吸引力、影响力越来越大，世界各国对我国的发展经验和理论更加关注。当前，中国学术的国际影响力与中国在世界上的经济政治地位极不相称，西方国家掌握国际话语权的大格局没有根本改变，西方对中国的了解远远不及中国对西方的了解。如何将中国介绍给世界，向国际社会广泛深入地宣传介绍中国特色社会主义发展理念、发展道路和制度特点，宣传介绍当代中国的崭新面貌和发展前景，宣传介绍中华文化对人类文明的卓越贡献，使中国发展道路和经验在国际上得到更多的理解和认同，为我国改革开放和现代化建设事业营造良好的国际舆论环境，是哲学社会科学工作者所面临的重大而紧迫的任务，高校有实力、更有责任担当起这一重大责任。

第三，中国哲学社会科学“走出去”是促进中华文化海外传播，扩大国际交流与合作的重大举措。文化是意识形态、价值观念、宗教信仰、道德水平等多方面的集中体现，是潜在的、隐形的国家发展软实力。语言和文化、经济与文化、科技与文化、哲学社会科学与文化等，都有着良好的互动关系。推进哲学社会科学“走出去”，需要借助中国文化的魅力，通过文化载体，加强哲学社会科学的国际交流和传播。近年来，中国文化交流和语言学习的国际需求不断加大，国际学术交流与合作日益增多，这说明各国对于中华五千年文明充满了兴趣。把中华文化传播出去，推进中西文化的理解和融合，加强文明互鉴，对于新时代的中国发展具有无比重要的价值。

第二节　中国哲学社会科学“走出去”研究现状

哲学社会科学一般可以划分为人文学科和社会科学两大类，其中，哲学、历史学、考古学、文学、语言学、艺术学等学科归属于人文学科，教育学、经济学、社会学、政治学等归属于社会科学。

近年来，中国哲学社会科学成果如何“走出去”已经成为学术界、期刊界和科研管理部门热议的话题。学术期刊作为学术成果集中记录和交流传播的基本载体，在推动科研创新、繁荣学术文化、促进科技进步和经济社会发展等方面发挥着不可替代的作用。然而，中国学术研究尤其是哲学社会科学研究成果的国际影响力一直以来都缺乏比较系统、科学的研究。清华大学《中国学术期刊（光盘版）》电子杂志社肖宏等学者，基于《中国学术期刊国际引证年报》（2012～2016），运用文献计量学和对比分析方法，定量分析了我国哲学社会科学论文在2011～2015年的各项评价指标和数据，为系统、客观地评估我国哲学社会科学的国际影响力规模与程度提供了一种新的客观分析方法和参考依据。①

根据《中国学术期刊国际引证年报》（2012～2016）统计，我国每年约有2100种哲学社会科学期刊及其成果至少被国际期刊引用1次。在统计年2011～2015年，共计有2687种国内哲学社会科学期刊产生了国际引用频次。根据2016年《中国学术期刊国际引证年报》数据统计，15149种统计源期刊分别来自全球103个国家和地区，具有相当程度的代表性、广泛性。入选统计源期刊最多的20个国家中又以美国和英国最多，分别为5412种和4567种，远超其他国家。

一　我国哲学社会科学国际影响力的现状与趋势

数据统计显示，我国2600余种哲学社会科学期刊在统计年2011～2015年各年的国际他引总被引频次从2011年的15157次提高到2015年的40494次，年均增长率为27.8%，呈现较快增长趋势，社会科学类成果约占74%，远大于人文学科26%的占比。从中文期刊、英文期刊和中英文期刊国际影响力的各项指标对比可以看出，英文期刊品种规模虽小，但刊均国际他引影响因子、刊均国际他引总被引则分别是中文期刊的14.2倍和1.7倍，其国际影响力整体高于中文期刊。

总体而言，我国哲学社会科学期刊及其成果的国际影响力与国际优秀期刊及其成果的国际影响力规模与水平相比仍存在较大差距，国际总被引体量还不够大。这说明，要掌握国际哲学社会科学领域的学术话语权，以中国当代哲学社会科学研究成果去影响国际同行，尚需在内容和形式上加大外向输出的能力，在期刊“走出去”方面也应加大投入。

我国哲学社会科学各学科的国际影响力也存在不均衡现象，只有经济学、教育学、管理学、语言学、政治学等国际影响力优势明显，其他很多学科相对薄弱，说明学者和学术期刊要关注所在领域国际范围内的创新研究，

① 肖宏、张义川、汤丽云、伍军红、孙秀坤、孙隽、李芳芳：《我国哲学社会科学国际影响力研究——基于国际文献大数据的分析（2011—2015年）》，《中国社会科学评价》2017年第4期。

努力参与国际范围内学术界共同关注的话题；对于立足中国特色国情开展的学术研究，也应该站在面向世界的角度，做好中国观点、中国理论的阐释。

英文期刊的国际影响力表现整体优于中文期刊，说明学术交流语言在中国学术成果国际化过程中发挥着关键作用。中国哲学社会科学学者在参与国际对话和交流过程中，除了要提高学术质量和加强学术创新，也应充分重视学术交流语言这一问题。

二　受国际关注的中国哲学社会科学研究机构、学者、热点和期刊

数据统计显示，2005～2014 年发表的哲学社会科学成果的国际被引频次约占全部国际被引频次的 80%，而 2010～2014 年发表的哲学社会科学成果的国际被引频次约占全部国际被引频次的 50%，说明近 5 年来我国哲学社会科学领域的研究越来越受到国际同行的关注。2015 年共有 2500 余个国内机构的哲学社会科学成果产生了国际引次，约有 1.9 万个作者获得至少 1 个国际引次。在近 5 年入选的 186 种 TOP 期刊中，有 38 种期刊入选 5 次，占比 20.4%。

通过对文献大数据的进一步挖掘和分析发现，我国产生国际引用的哲学社会科学成果在时间分布上呈现出跨度长、集中度较高等特点。其中，中国人民大学、北京大学、北京师范大学及中国社会科学院等成为我国哲学社会科学领域国际影响力较高的研究机构，国际高被引中国作者如段成荣、方晓义、蔡昉、伍新春等，亦主要来自这些机构。这说明，我国高校和中国社会科学院在哲学社会科学领域的研究工作关注国际交流程度较高，而其他专业机构和地方研究机构尚需开拓国际视野，加强国际交流，扩大学术成果的国际化和影响力。期刊方面，中国社会科学院主办的 *China & World Economy*、*Social Sciences in China* 以及北京体育大学主办的《北京体育大学学报》等期刊是我国哲学社会科学学术期刊“走出去”的优秀代表。

三　关注我国哲学社会科学的海外地区、机构和学者

数据统计显示，2015 年共有 98 个海外国家和地区的 1980 个研究机构、6175 名学者引用了我国哲学社会科学的研究成果。其中，被引频次较高的国

家和地区既有美国、英国、澳大利亚等西方发达国家，也有新加坡、日本、韩国等亚洲国家。在引用我国哲学社会科学成果的海外研究机构中，有259家被引频次不少于10次。斯坦福大学、哈佛大学、李约瑟研究所和慕尼黑大学等引用较多的海外机构均为设有东亚研究相关专业的全球一流大学和海外汉学研究重镇。英国沃里克大学国际关系教授沙恩·布思林等外国学者和美国威斯康星大学麦迪逊分校刘思达等华裔专家是最为关注和引用我国哲学社会科学成果的海外学者。加强同这些地区、机构和专家的国际交流与合作，将会比较有效地带动我国哲学社会科学领域学术成果的国际交流与应用。

以上基于国际文献大数据的我国哲学社会科学国际影响力发展现状与趋势分析，可为全面落实习总书记“增强我国哲学社会科学研究的国际影响力”要求、加快实施我国哲学社会科学“走出去”战略、着力提升我国国家文化软实力等重大战略规划和创新发展问题上，提供一种新的客观分析方法和科学决策参考依据。

第三节 中国哲学社会科学“走出去”年度报告编撰的原则与内容

《中国哲学社会科学“走出去”年度报告（2018）》是在前两部《中国文化“走出去”年度报告》基础上，首次按照专业、行业分卷组织编写的海外传播报告，主要包括8部分内容。分别是总论、中国马克思主义理论研究成果“走出去”、中国经济学研究“走出去”、中国法律文化“走出去”、中国国际关系学术成果“走出去”、2015～2016年度语言学国际化进展述评、中国学者参加哲学社会科学国际学术会议情况、中国学者在国际哲学社会科学期刊上发表论文情况（2014～2017）。

一 总论

本章主要介绍中国哲学社会科学“走出去”面临的新使命新要求、中国哲学社会科学“走出去”研究现状和本书的基本框架与主要内容。

二　中国马克思主义理论研究成果“走出去”

当代中国的快速发展，引起了国际社会的广泛关注。中国所坚持的中国特色社会主义道路、中国特色社会主义理论和中国特色社会主义制度，创造了人类社会发展史上惊天动地的发展奇迹，使中华民族焕发出新的蓬勃生机。本章通过对国内中国马克思主义理论研究成果的译介、“走出去”情况及国外学界关于“中国道路”、“中国模式”及中国特色社会主义理论的研究成果进行收集分析，归纳国内中国马克思主义理论研究成果的译介情况，国外学界对当前中国特色社会主义理论、中国发展模式的主要认识并对之加以具体分析，同时提出一些提升中国特色社会主义国际影响力的相关建议。

就国内而言，中国马克思主义理论研究成果“走出去”主要以译文、译著等形式集中体现在对马克思主义基础理论、中国特色社会主义理论与实践、社会主义核心价值等方面的译介和传播上。整体来看，目前中国马克思主义理论研究成果走出去的路径、方式还比较分散，尚未形成集中效应、规模效应。在搜集和整理相关资料过程中，发展国家社科基金中华学术外译项目、中国社会科学英文版及权威出版社的相关外文出版是目前中国马克思主义理论研究成果“走出去”的主要渠道。尽管中国马克思主义理论研究成果“走出去”的工作已经从多方面展开，并产生一些积极效果和影响，但相较于“让世界了解中国”这一目标还有较大距离。相较于国外学界对中国马克思主义理论研究成果的主动性研究，目前国内对中国马克思主义理论研究成果的主动性译介、传播力度还有待加强，传播主题还有待延伸，传播途径还有待拓展。

就国外而言，海外学界对中国马克思主义理论研究成果的主动性研究日益兴盛，其主要聚焦于对“中国道路”、“中国模式”及“中国特色社会主义”等核心内容的研究上，并主要以学术论文或研究报告的形式体现在国外的知名文献数据库中，各国学术界具有代表性的成果大多以英文发表。在对 EBSCO、SAGE Journals、Wiley、JSTOR 等国外知名文献数据库 2016 年收录的英文研究成果，以“中国道路”（Chinese Path）、“中国模式”（Chinese

Model）、“北京共识”（Beijing Consensus）、“中国社会主义”（Chinese Socialism）等词语作为关键词进行搜索后发现以下两点。第一，从成果数量看，2016 年国外主要数据库对于“中国道路”进行研究的成果较少，而关注“中国模式”“北京共识”的研究成果较多，对于“中国社会主义”的研究成果在数量上明显高于其他关键词。第二，对这些搜索结果分析后得出的结论是国外学界对中国发展的理论和实践关注度是不断提升的；国外学界总体上认为中国是社会主义国家，但是对中国特色社会主义理论的认知仍有提升空间；国外学界在分析评价中国的发展时，还是倾向于传播时间更长、更为熟悉的话语及观察视角，如“中国模式”“北京共识”等；而由我国最新提出的“中国道路”在对外传播的效果上仍有较大提升空间。

总体上说，我国马克思主义理论研究成果主动性“走出去”滞后于国外学界对中国马克思主义理论研究成果，特别是中国特色社会主义理论及其实践成果的主动性译介和研究。当前，要真正地推动中国马克思主义理论研究成果“走出去”，提升中国特色社会主义的国际影响力，需从以下几方面着手。首先，中国马克思主义理论研究成果源于中国特色社会主义的伟大实践，源于马克思主义基本原理与中国具体实际相结合。其次，通过延伸传播主题、拓展传播渠道、加强传播力度，推进中国马克思主义理论研究成果“走出去”和中国特色社会主义的国际影响力。最后，要推进中国马克思主义理论研究成果“走出去”，提升中国特色社会主义的国际影响力，必须坚持中国特色和社会主义的主流方向。

三　中国经济学研究“走出去”

基于 2015 ~2016 年 SSCI 经济学期刊发表的中国学者论文总量、论文结构、作者数量、作者单位、被引用数量等指标的分析，可以得出三点结论。一是中国经济学研究走出去成果明显。改革所带来的经济学研究的日益繁荣和开放所引发的国际学术交流的不断扩大与深入，使中国经济学研究者迅速了解国际经济学研究的前沿课题，逐步掌握国际经济学的最新研究方法、规范化学术语言和国际化成果发表渠道，越来越多的中国经济学研究成果被国际经济学期刊录用和发表，越来越多的国外学者和机构与中国学者和机构合作开展经济学研究，进一步推动了中国经济学研究“走出去”。二是中国经济学研究“走出去”的不平衡性依然突出。虽然我国有越来越多的经济学研究机构和学者的研究成果逐步在国际经济学界占有一席之地，但只是集中于北京大学、中国科学院、中国人民大学和清华大学等少数研究机构的少数学者，登载中国学者论文的 SSCI 经济学期刊也只是集中于为数不多的几种刊物，中国经济学研究“走出去”人员、机构和刊物等各方面都严重失衡，不利于中国经济学研究“走出去”的可持续发展。三是中国经济学研究“走出去”之路仍然任重道远。伴随着越来越多的中国学者在 SSCI 经济学期刊发表论文，论文数量呈增长态势，但质量仍有待提高，一个突出表现就是中国学者在 SSCI 经济学期刊发表论文的被引频次偏低，这和我国在世界经济中的地位极不匹配，表明我国从世界经济中心成长为世界经济研究中心还有很长的路要走。

四　中国法律文化“走出去”

在中国文化走向世界的过程中，法律文化占据了重要地位，对提升我国文化国际影响力产生了不可替代作用。适应对外开放不断深化，完善涉外法律法规体系，促进构建开放型经济新体制；积极参与国际规则制定，推动依法处理涉外经济、社会事务，增强我国在国际法律事务中的话语权和影响力，运用法律手段维护我国主权、安全、发展利益；强化涉外法律服务，维护我国公民、法人在海外及外国公民、法人在我国的正当权益，依法维护海外侨胞权益；深化司法领域国际合作，完善我国司法协助体制，扩大国际司法协助覆盖面，这些均是我国促进法律文化走出的重大举措。

2015～2016 年，我国采取多种形式积极主动向外宣传和弘扬中华优秀法治文化，充分发挥了民间法律外交的作用，加快了树立法治强国形象的步伐，提升了法治中国的国际地位和影响。中国法学会积极践行民间法律外交，是中国法律“走出去”的先行者。提出法律交流“五个走出去”策略：法治文化先出去、法律服务跟出去、法学家讲出去、法律机制建出去、法律规则输出去，彰显民间法律外交特色。中外10多家单位加入“法律外交战略合作伙伴计划”，自2012年该计划发起以来，迄今为止已有包括中国政法大学中欧法学院在内的国内外150多家法学法律机构参与其中，对保障与促进国内外法学法律界的交流与合作发挥了重要作用。中国对外法学交流工作取得了卓越进展，围绕深化区域法律合作，举办了一系列有影响的活动，主办、协办和参加国际会议10次，签署12份《双边合作备忘录》；成立了“中国－非洲法律外交研究中心”，积极推进“法律外交战略合作伙伴计划”，新增伙伴50个。中国法律外交取得重大成就：倡议发起多达12次以上的区域论坛和研讨会；举办了多届“中外法律人才交流项目”以及“中外法律培训基地”研修班；签署了《中非合作论坛——约翰内斯堡行动计划（2016—2018）》《昆明宣言》《中国－南亚法律合作共同宣言》《新德里宣言》《中国与拉美和加勒比国家合作规划（2015—2019）》等战略性文件；成立了中非联合仲裁中心、中非法律研究中心、中欧法律研究中心、中国－拉美法律研究中心和培训基地等重要法律机构；成立了中国法律外交研究中心；发动大量中国法学学者进行海外讲学；继续推动“法律外交战略合作伙伴计划”，促进中外法律文化交流等。

总之，2015～2016年是中国对外法律交流极为重要的两年。在这两年中，虽然交流过程中充满了困难和挑战，中国积极巩固了与许多国家、地区的法律交流，也打开了与很多国家、地区的法律交流大门，取得了显著成就，为中国法律文化走出去、中外法律文化交流创建了坚实基础。

五 中国国际关系学术成果“走出去”

近年来，作为政治学和传播学聚合领域的国际传播研究，越来越受到关注和青睐，研究成果日益增多。国际关系学术成果“走出去”的重要目的就是要把中国重大战略阐释好，消除国际社会对中国的疑虑，反对少数国家对中国的污蔑和抹黑，讲好中国故事、传递好中国声音，促进世界了解中国的立场和主张，使外界对中国有一个客观公正的认知与评价，帮助中国建立一个比较好的外部舆论环境。

通过检索可以看到，2015～2016年，中国国际关系领域的学者，在以SSCI和A&HCI为代表的国际学术期刊上的发文量，再创历史新高。这样的成绩，一方面是学者们自身不断努力和整个国际关系学科领域水平提高的必然结果，另一方面也与国家对国际关系学科的重视程度逐渐提高有较大的关系。放眼中国学术界，精通外语、有海外留学背景的人才越来越多，这一现象直接提高了中国国际关系学界的国际化程度。

从国际大环境来看，中国现在所处的时代非常有利于中国国际关系学术成果“走出去”。和平发展、合作共赢是当今世界的时代主题，各国都希望可以相互尊重、互利共赢，这就为中国国际关系学术成果“走出去”营造出良好的国际大环境。中国国际关系学术成果“走出去”首先应当充分地理解世界发展变化的文化背景，在注重主流传播的同时，还要关注到发展中国家的文化发展诉求，构建具有实际意义的价值观和话语体系。中国国际关系学术成果“走出去”还要强调中国价值观的世界意义。中国主张的多元文化、和谐世界、世界民主、合作共赢，不仅是中国的主流价值取向，同时也是许多国家，特别是发展中国家的价值取向，具有世界意义。中国对外宣示和解读这些主流价值观，不仅能够体现全球发展趋势，获得世界上广泛的认可和赞同，而且通过对话交流可以逐步打破西方价值观制定的游戏规则，建立“我们新的公平公正的国际话语体系”。中国国际关系学术成果“走出去”还要强调中国责任，强调中国学者有责任向世界介绍和解读近年来中国社会的深刻变化，推动中国哲学社会科学走向世界，使中国国际关系学术成果真正地“走出去”。总之，中国学者应该为中国学术热在全球范围的持续升温做出自己应有的贡献。

六　2015～2016年度语言学国际化进展述评

中国文化走出去的一个重要特点是“中国学术、国际表达”，本章以语言学学科中的语言政策研究领域为案例，进行了分析。2015～2016年，语言政策研究领域在国际论文发表、英文专著、国际会议上都取得了一定的进展，向世界传递了中国学者的声音，凸显了语言政策研究学者在国际学界的话语权，为中国文化进一步走向世界积累的宝贵经验。面对现有研究中存在的问题，我们认为中国文化走出去的前提是在国际视野的前提下，研究方法的主流化、研究问题的中国化，并在此基础上逐步进行理论创新。

七　中国学者参加哲学社会科学国际学术会议情况

哲学社会科学国际学术会议对哲学社会科学的发展和中国文化的对外传播具有重要作用和意义，本章主要对中国学者参加的哲学社会科学国际学术会议情况展开深入分析与阐述。

据不完全统计，2015 ~2016 年度有中国学者参加的人文社科方向的国际学术会议共有 416 次，涵盖 18 个学科门类，组织单位覆盖 82 个国内外学校和单位，举办地点覆盖亚洲、欧洲、拉丁美洲、北美洲、非洲。绝大多数会议由高校组织，主要分为国内高校独立组织、国内高校与国内单位（包括高校）联合组织、国内高校与国外单位（包括高校）联合组织、国外高校独立组织、政府或非政府组织独立组织五大类型。

与 2013 ~2014 年度相比较，2015 ~2016 年度中国学者参加的哲学社会科学国际学术会议有以下几个方面的特点。一是会议召开次数增幅较大；二是规模较大的会议召开次数增幅巨大；三是在同年度中所召开哲学社会科学方向的国际学术会议中规模较大会议所占的比率有所提高；四是国内高校与国外单位（包括高校）联合组织的哲学社会科学方向的国际学术会议有较大幅度的增长；五是各个学科的会议召开次数与排名发生了较大变化。

2015 ~2016 年度，有中国学者参加的国际会议情况能取得较大的进展与进步，主要有以下几个方面的原因：一是国家对“一带一路”倡议的重视引发了学术界对一带一路问题研究的热潮；二是中拉关系、中阿关系的新进展引起了学术界对中拉关系和中阿关系研究的重视；三是国家对哲学社会科学发展的政策支持与引导。

2015 ~2016 年度中国学者参加的哲学社会科学国际学术会议在数量和规模上都有了较大的发展，且以中国举办为主，这说明了我国举办国际会议的能力得到了不断的提高，但同时也存在一些问题。首先，我国召开的哲学社会科学方向的国际学术会议在规模上仍偏小；其次，我国召开的哲学社会科学方向的国际学术会议仍存在质量不高的问题；最后，我国召开的哲学社会科学国际学术会议存在较为严重的学科不平衡的问题。这说明哲学社会科学领域的相关高校及单位对于召开国际学术会议仍存在着一定的功利主义倾向，需要相关部门的规范和引导。

八　中国学者在国际哲学社会科学期刊上发表论文情况（2014～2017）

以 SSCI 和 A&HCI 这两个数据库为主要参照体系，通过分析中国学者在世界具有影响力的刊物上所发表的论文数量、涉及的学科及其趋势等，可以为中国哲学社会科学走向国际的进程定位提供一定的数据支撑，为中国哲学社会科学“走出去”提供一个相对客观、且具有延续性的统计指标。通过在 WOS 平台进行检索，2014～2017 年，中国学者（含香港、澳门，不含台湾，此为该数据库的默认分类）在 SSCI 上共发表文章 60600 篇，在 A&HCI 上共发表文章 5342 篇。通过对比历史数据，我们可以得出一个基本结论：2014～2017 年这四年里，中国哲学社会科学领域在国际化方面取得了非常显著的进展。

从世界范围来看，中国学者近四年来在 SSCI 和 A&HCI 上的发文量非常可观，已稳居世界前列。与美国相比，尽管差距仍然巨大（美国是我国的 8.9 倍），但比四年前的差距（13.5 倍）也有了可观幅度的减小；与欧洲传统社会科学大国德国相比，差距已有了明显缩小；相比法国，我国学者的发文量则从四年前的略有优势（高出 9%）发展为明显优势（高出约 51%），相对于亚洲的其他学术大户日本和新加坡，我们的领先优势仍然非常明显。此外，中国学者的合作对象范围相比之前有了极大的拓展，说明中国社会科学学者近年来所关注的重点领域达到了高度的国际化，且中国学者在学术规范化方面取得了较大的进步，能够获得越来越多国际同行的认可；另一方面反映出 SSCI 和 A&HCI 的西方视角和英语独大，依然制约着中国及其他国家和地区的学者加入其中。

从2014～2017年的数据分析来看，在SSCI和A&HCI期刊上发表文章对中国人文社会科学学者而言已经是一件越来越平常的事了。如今，在“量”已得到显著提高的当下，如何提高论文的“质”，应当是人文社会科学学者需要思考的重要问题。对此，我们建议抓住以下几点。首先，对于已经能在SSCI和A&HCI刊物中发表论文的学者而言，应当不满足于“发表”本身，而需要更加关注发表之后的影响（例如通过考察被引情况、国际同行评价等途径），从中寻找出学术规律，以期写出更高质量的文章。其次，我们要清楚认识到，SSCI和A&HCI收录期刊并不能等同于“顶级”刊物，每个学科内都还有公认的顶尖期刊，数量更少，发表更难，但其国际影响力也与普通刊物不可同日而语。因此，有必要对这两大数据库所收录的期刊进行再分类和再评价，以筛选出其中更权威的一批，进行重点引导，这也是学术发展到一定阶段之后的必然趋势。此外，我们也不要忘记将眼光投向英语之外的平台，在语言条件允许的情况下，与非英语学术圈的交流亦非常必要。在这方面，国内教授语种最多的北京外国语大学一直在探索更为全面的评价体系。近年来，根据对象国的文化地位及其人文社科成果的重要性与影响力等因素，经各语种专家学者推荐、评审，已形成一批《非英语国家重要学术期刊目录》（首批105种，两年修订一次），引导教师在其上发表成果。这对于尊重文化多元性、提高我国人文社科学术影响力等都具有非常积极的作用，值得推广。

总之，在人文社会科学的诸多评价标准中，SSCI和A&HCI仅是其中两个，它们作为一种人文社会科学国际化程度的最基本的评价机制，起到了其历史作用，对中国学者走向国际发挥了重要的引领作用。然而我们也要清醒地认识到其局限性。要提高自身的影响力和学术价值，中国人文社会科学学者势必还需要向更高峰迈进。

附　录

习近平主席在联合国日内瓦总部发表《共同构建人类命运共同体》（2017年1月18日，日内瓦）

尊敬的联合国大会主席汤姆森先生，

尊敬的联合国秘书长古特雷斯先生，

尊敬的联合国日内瓦总部总干事穆勒先生，

女士们，先生们，朋友们：

一元复始，万象更新。很高兴在新年伊始就来到联合国日内瓦总部，同大家一起探讨构建人类命运共同体这一时代命题。

我刚刚出席了世界经济论坛年会。在达沃斯，各方在发言中普遍谈到，当今世界充满不确定性，人们对未来既寄予期待又感到困惑。世界怎么了、我们怎么办？这是整个世界都在思考的问题，也是我一直在思考的问题。

我认为，回答这个问题，首先要弄清楚一个最基本的问题，就是我们从哪里来、现在在哪里、将到哪里去？

回首最近100多年的历史，人类经历了血腥的热战、冰冷的冷战，也取得了惊人的发展、巨大的进步。上世纪上半叶以前，人类遭受了两次世界大战的劫难，那一代人最迫切的愿望，就是免于战争、缔造和平。上世纪五六十年代，殖民地人民普遍觉醒，他们最强劲的呼声，就是摆脱枷锁、争取独立。冷战结束后，各方最殷切的诉求，就是扩大合作、共同发展。

这 100 多年全人类的共同愿望，就是和平与发展。然而，这项任务至今远远没有完成。我们要顺应人民呼声，接过历史接力棒，继续在和平与发展的马拉松跑道上奋勇向前。

人类正处在大发展大变革大调整时期。世界多极化、经济全球化深入发展，社会信息化、文化多样化持续推进，新一轮科技革命和产业革命正在孕育成长，各国相互联系、相互依存，全球命运与共、休戚相关，和平力量的上升远远超过战争因素的增长，和平、发展、合作、共赢的时代潮流更加强劲。

同时，人类也正处在一个挑战层出不穷、风险日益增多的时代。世界经济增长乏力，金融危机阴云不散，发展鸿沟日益突出，兵戎相见时有发生，冷战思维和强权政治阴魂不散，恐怖主义、难民危机、重大传染性疾病、气候变化等非传统安全威胁持续蔓延。

宇宙只有一个地球，人类共有一个家园。霍金先生提出关于“平行宇宙”的猜想，希望在地球之外找到第二个人类得以安身立命的星球。这个愿望什么时候才能实现还是个未知数。到目前为止，地球是人类唯一赖以生存的家园，珍爱和呵护地球是人类的唯一选择。瑞士联邦大厦穹顶上刻着拉丁文铭文“人人为我，我为人人”。我们要为当代人着想，还要为子孙后代负责。

女士们、先生们、朋友们!

让和平的薪火代代相传，让发展的动力源源不断，让文明的光芒熠熠生辉，是各国人民的期待，也是我们这一代政治家应有的担当。中国方案是：构建人类命运共同体，实现共赢共享。

理念引领行动，方向决定出路。纵观近代以来的历史，建立公正合理的国际秩序是人类孜孜以求的目标。从 360 多年前《威斯特伐利亚和约》确立的平等和主权原则，到 150 多年前日内瓦公约确立的国际人道主义精神；从 70 多年前联合国宪章明确的四大宗旨和七项原则，到 60 多年前万隆会议倡导的和平共处五项原则，国际关系演变积累了一系列公认的原则。这些原则应该成为构建人类命运共同体的基本遵循。

主权平等，是数百年来国与国规范彼此关系最重要的准则，也是联合国及所有机构、组织共同遵循的首要原则。主权平等，真谛在于国家不分大小、强弱、贫富，主权和尊严必须得到尊重，内政不容干涉，都有权自主选择社会制度和发展道路。在联合国、世界贸易组织、世界卫生组织、世界知识产权组织、世界气象组织、国际电信联盟、万国邮政联盟、国际移民组织、国际劳工组织等机构，各国平等参与决策，构成了完善全球治理的重要力量。新形势下，我们要坚持主权平等，推动各国权利平等、机会平等、规则平等。

日内瓦见证了印度支那和平问题最后宣言的通过，见证了冷战期间两大对峙阵营国家领导人首次和解会议，见证了伊朗核、叙利亚等热点问题对话和谈判。历史和现实给我们的启迪是：沟通协商是化解分歧的有效之策，政治谈判是解决冲突的根本之道。只要怀有真诚愿望，秉持足够善意，展现政治智慧，再大的冲突都能化解，再厚的坚冰都能打破。

“法者，治之端也。”在日内瓦，各国以联合国宪章为基础，就政治安全、贸易发展、社会人权、科技卫生、劳工产权、文化体育等领域达成了一系列国际公约和法律文书。法律的生命在于付诸实施，各国有责任维护国际法治权威，依法行使权利，善意履行义务。法律的生命也在于公平正义，各国和国际司法机构应该确保国际法平等统一适用，不能搞双重标准，不能“合则用、不合则弃”，真正做到“无偏无党，王道荡荡”。

“海纳百川，有容乃大。”开放包容，筑就了日内瓦多边外交大舞台。我们要推进国际关系民主化，不能搞“一国独霸”或“几方共治”。世界命运应该由各国共同掌握，国际规则应该由各国共同书写，全球事务应该由各国共同治理，发展成果应该由各国共同分享。

1862 年，亨利 · 杜楠先生在《沙斐利洛的回忆》中追问：能否成立人道主义组织？能否制定人道主义公约？“杜楠之问”很快有了答案，次年，红十字国际委员会应运而生。经过 150 多年发展，红十字成为一种精神、一面旗帜。面对频发的人道主义危机，我们应该弘扬人道、博爱、奉献的精神，为身陷困境的无辜百姓送去关爱，送去希望；应该秉承中立、公正、独立的基本原则，避免人道主义问题政治化，坚持人道主义援助非军事化。

女士们、先生们、朋友们!

大道至简，实干为要。构建人类命运共同体，关键在行动。我认为，国际社会要从伙伴关系、安全格局、经济发展、文明交流、生态建设等方面作出努力。

——坚持对话协商，建设一个持久和平的世界。国家和，则世界安；国家斗，则世界乱。从公元前的伯罗奔尼撒战争到两次世界大战，再到延续40余年的冷战，教训惨痛而深刻。“前事不忘，后事之师。”我们的先辈建立了联合国，为世界赢得70余年相对和平。我们要完善机制和手段，更好化解纷争和矛盾、消弭战乱和冲突。

瑞士作家、诺贝尔文学奖获得者黑塞说：“不应为战争和毁灭效劳，而应为和平与谅解服务。”国家之间要构建对话不对抗、结伴不结盟的伙伴关系。大国要尊重彼此核心利益和重大关切，管控矛盾分歧，努力构建不冲突不对抗、相互尊重、合作共赢的新型关系。只要坚持沟通、真诚相处，“修昔底德陷阱”就可以避免。大国对小国要平等相待，不搞唯我独尊、强买强卖的霸道。任何国家都不能随意发动战争，不能破坏国际法治，不能打开潘多拉的盒子。核武器是悬在人类头上的“达摩克利斯之剑”，应该全面禁止并最终彻底销毁，实现无核世界。要秉持和平、主权、普惠、共治原则，把深海、极地、外空、互联网等领域打造成各方合作的新疆域，而不是相互博弈的竞技场。

——坚持共建共享，建设一个普遍安全的世界。世上没有绝对安全的世外桃源，一国的安全不能建立在别国的动荡之上，他国的威胁也可能成为本国的挑战。邻居出了问题，不能光想着扎好自家篱笆，而应该去帮一把。“单则易折，众则难摧。”各方应该树立共同、综合、合作、可持续的安全观。

近年来，在欧洲、北非、中东发生的恐怖袭击事件再次表明，恐怖主义是人类公敌。反恐是各国共同义务，既要治标，更要治本。要加强协调，建立全球反恐统一战线，为各国人民撑起安全伞。当前，难民数量已经创下第二次世界大战结束以来的历史纪录。危机需要应对，根源值得深思。如果不是有家难归，谁会颠沛流离？联合国难民署、国际移民组织等要发挥统筹协调作用，动员全球力量有效应对。中国决定提供 2 亿元人民币新的人道援助，用于帮助叙利亚难民和流离失所者。恐怖主义、难民危机等问题都同地缘冲突密切相关，化解冲突是根本之策。当事各方要通过协商谈判，其他各方应该积极劝和促谈，尊重联合国发挥斡旋主渠道作用。禽流感、埃博拉、寨卡等疫情不断给国际卫生安全敲响警钟。世界卫生组织要发挥引领作用，加强疫情监测、信息沟通、经验交流、技术分享。国际社会应该加大对非洲等发展中国家卫生事业的支持和援助。

——坚持合作共赢，建设一个共同繁荣的世界。发展是第一要务，适用于各国。各国要同舟共济，而不是以邻为壑。各国特别是主要经济体要加强宏观政策协调，兼顾当前和长远，着力解决深层次问题。要抓住新一轮科技革命和产业变革的历史性机遇，转变经济发展方式，坚持创新驱动，进一步发展社会生产力、释放社会创造力。要维护世界贸易组织规则，支持开放、透明、包容、非歧视性的多边贸易体制，构建开放型世界经济。如果搞贸易保护主义、画地为牢，损人不利己。

经济全球化是历史大势，促成了贸易大繁荣、投资大便利、人员大流动、技术大发展。本世纪初以来，在联合国主导下，借助经济全球化，国际社会制定和实施了千年发展目标和 2030 年可持续发展议程，推动 11 亿人口脱贫，19 亿人口获得安全饮用水，35 亿人口用上互联网等，还将在 2030 年实现零贫困。这充分说明，经济全球化的大方向是正确的。当然，发展失衡、治理困境、数字鸿沟、公平赤字等问题也客观存在。这些是前进中的问题，我们要正视并设法解决，但不能因噎废食。

我们要从历史中汲取智慧。历史学家早就断言，经济快速发展使社会变革成为必需，经济发展易获支持，而社会变革常遭抵制。我们不能因此踟蹰不前，而要砥砺前行。我们也要从现实中寻找答案。2008 年爆发的国际金融危机启示我们，引导经济全球化健康发展，需要加强协调、完善治理，推动建设一个开放、包容、普惠、平衡、共赢的经济全球化，既要做大蛋糕，更要分好蛋糕，着力解决公平公正问题。

去年9月，二十国集团领导人杭州峰会聚焦全球经济治理等重大问题，通过《创新增长蓝图》，首次将发展问题纳入全球宏观政策框架，并制定了行动计划。

——坚持交流互鉴，建设一个开放包容的世界。“和羹之美，在于合异。”人类文明多样性是世界的基本特征，也是人类进步的源泉。世界上有200多个国家和地区、2500多个民族、多种宗教。不同历史和国情，不同民族和习俗，孕育了不同文明，使世界更加丰富多彩。文明没有高下、优劣之分，只有特色、地域之别。文明差异不应该成为世界冲突的根源，而应该成为人类文明进步的动力。

每种文明都有其独特魅力和深厚底蕴，都是人类的精神瑰宝。不同文明要取长补短、共同进步，让文明交流互鉴成为推动人类社会进步的动力、维护世界和平的纽带。

——坚持绿色低碳，建设一个清洁美丽的世界。人与自然共生共存，伤害自然最终将伤及人类。空气、水、土壤、蓝天等自然资源用之不觉、失之难续。工业化创造了前所未有的物质财富，也产生了难以弥补的生态创伤。我们不能吃祖宗饭、断子孙路，用破坏性方式搞发展。绿水青山就是金山银山。我们应该遵循天人合一、道法自然的理念，寻求永续发展之路。

我们要倡导绿色、低碳、循环、可持续的生产生活方式，平衡推进2030年可持续发展议程，不断开拓生产发展、生活富裕、生态良好的文明发展道路。《巴黎协定》的达成是全球气候治理史上的里程碑。我们不能让这一成果付诸东流。各方要共同推动协定实施。中国将继续采取行动应对气候变化，百分之百承担自己的义务。

瑞士军刀是瑞士“工匠精神”的产物。我第一次得到一把瑞士军刀时，我就很佩服人们能赋予它那么多功能。我想，如果我们能为我们这个世界打造一把精巧的瑞士军刀就好了，人类遇到了什么问题，就用其中一个工具来解决它。我相信，只要国际社会不懈努力，这样一把瑞士军刀是可以打造出来的。

女士们、先生们、朋友们！

中国人始终认为，世界好，中国才能好；中国好，世界才更好。面向未来，很多人关心中国的政策走向，国际社会也有很多议论。在这里，我给大家一个明确的回答。

第一，中国维护世界和平的决心不会改变。中华文明历来崇尚“以和邦国”、“和而不同”、“以和为贵”。中国《孙子兵法》是一部著名兵书，但其第一句话就讲：“兵者，国之大事，死生之地，存亡之道，不可不察也”，其要义是慎战、不战。几千年来，和平融入了中华民族的血脉中，刻进了中国人民的基因里。

数百年前，即使中国强盛到国内生产总值占世界 30% 的时候，也从未对外侵略扩张。1840 年鸦片战争后的 100 多年里，中国频遭侵略和蹂躏之害，饱受战祸和动乱之苦。孔子说，己所不欲，勿施于人。中国人民深信，只有和平安宁才能繁荣发展。

中国从一个积贫积弱的国家发展成为世界第二大经济体，靠的不是对外军事扩张和殖民掠夺，而是人民勤劳、维护和平。中国将始终不渝走和平发展道路。无论中国发展到哪一步，中国永不称霸、永不扩张、永不谋求势力范围。历史已经并将继续证明这一点。

第二，中国促进共同发展的决心不会改变。中国有句古语叫“落其实思其树，饮其流怀其源”。中国发展得益于国际社会，中国也为全球发展作出了贡献。中国将继续奉行互利共赢的开放战略，将自身发展机遇同世界各国分享，欢迎各国搭乘中国发展的“顺风车”。

1950 年至 2016 年，中国累计对外提供援款 4000 多亿元人民币，今后将继续在力所能及的范围内加大对外帮扶。国际金融危机爆发以来，中国经济增长对世界经济增长的贡献率年均在 30% 以上。未来 5 年，中国将进口 8 万亿美元的商品，吸收 6000 亿美元的外来投资，中国对外投资总额将达到 7500 亿美元，出境旅游将达到 7 亿人次。这将为世界各国发展带来更多机遇。

中国坚持走符合本国国情的发展道路，始终把人民权利放在首位，不断促进和保护人权。中国解决了13亿多人口的温饱问题，让7亿多人口摆脱贫困，这是对世界人权事业的重大贡献。

我提出“一带一路”倡议，就是要实现共赢共享发展。目前，已经有100多个国家和国际组织积极响应支持，一大批早期收获项目落地开花。中国支持建设好亚洲基础设施投资银行等新型多边金融机构，为国际社会提供更多公共产品。

第三，中国打造伙伴关系的决心不会改变。中国坚持独立自主的和平外交政策，在和平共处五项原则基础上同所有国家发展友好合作。中国率先把建立伙伴关系确定为国家间交往的指导原则，同90多个国家和区域组织建立了不同形式的伙伴关系。中国将进一步联结遍布全球的“朋友圈”。

中国将努力构建总体稳定、均衡发展的大国关系框架，积极同美国发展新型大国关系，同俄罗斯发展全面战略协作伙伴关系，同欧洲发展和平、增长、改革、文明伙伴关系，同金砖国家发展团结合作的伙伴关系。中国将继续坚持正确义利观，深化同发展中国家务实合作，实现同呼吸、共命运、齐发展。中国将按照亲诚惠容理念同周边国家深化互利合作，秉持真实亲诚对非政策理念同非洲国家共谋发展，推动中拉全面合作伙伴关系实现新发展。

第四，中国支持多边主义的决心不会改变。多边主义是维护和平、促进发展的有效路径。长期以来，联合国等国际机构做了大量工作，为维护世界总体和平、持续发展的态势作出了有目共睹的贡献。

中国是联合国创始成员国，是第一个在联合国宪章上签字的国家。中国将坚定维护以联合国为核心的国际体系，坚定维护以联合国宪章宗旨和原则为基石的国际关系基本准则，坚定维护联合国权威和地位，坚定维护联合国在国际事务中的核心作用。

中国－联合国和平与发展基金已经正式投入运营，中国将把资金优先用于联合国及日内瓦相关国际机构提出的和平与发展项目。随着中国持续发展，中国支持多边主义的力度也将越来越大。

女士们、先生们、朋友们！

对中国来讲，日内瓦具有一份特殊的记忆和情感。1954 年，周恩来总理率团出席日内瓦会议，同苏联、美国、英国、法国等共同讨论政治解决朝鲜问题和印度支那停战问题，展现和平精神，为世界和平贡献了中国智慧。1971 年，中国恢复在联合国的合法席位、重返日内瓦国际机构后，逐步参与裁军、经贸、人权、社会等各领域事务，为重大问题解决和重要规则制定提供了中国方案。近年来，中国积极参与伊朗核、叙利亚等热点问题的对话和谈判，为推动政治解决作出了中国贡献。中国先后成功向国际奥委会申办夏季和冬季两届奥运会和残奥会，中国 10 多项世界自然遗产和文化自然双重遗产申请得到世界自然保护联盟支持，呈现了中国精彩。

女士们、先生们、朋友们！

中国古人说：“善学者尽其理，善行者究其难。”构建人类命运共同体是一个美好的目标，也是一个需要一代又一代人接力跑才能实现的目标。中国愿同广大成员国、国际组织和机构一道，共同推进构建人类命运共同体的伟大进程。

1 月 28 日，中国人民将迎来农历丁酉新年，也就是鸡年春节。鸡年寓意光明和吉祥。“金鸡一唱千门晓。”我祝大家新春快乐、万事如意！

谢谢大家。

国务院《关于加快发展对外文化贸易的意见》
（国发〔2014〕13号）

各省、自治区、直辖市人民政府，国务院各部委、各直属机构：

近年来，随着改革开放的推进，我国对外文化贸易的规模不断扩大、结构逐步优化，但核心文化产品和服务贸易逆差仍然存在，对外文化贸易占对外贸易总额的比重还较低，有待进一步加强。加快发展对外文化贸易，对于拓展我国文化发展空间、提高对外贸易发展质量，对于继续扩大改革开放、转变经济发展方式，对于稳增长促就业惠民生、提升国家软实力、全面建成小康社会具有重要意义。为进一步做好有关工作，现提出以下意见：

一、总体要求

（一）指导思想。

立足当前，着眼长远，改革创新，完善机制，统筹国际国内两个市场、两种资源，加强政策引导，优化市场环境，壮大市场主体，改善贸易结构，加快发展对外文化贸易，在更大范围、更广领域和更高层次上参与国际文化合作和竞争，把更多具有中国特色的优秀文化产品推向世界。

（二）基本原则。

坚持统筹发展。将发展文化产业、推动对外文化贸易与促进经济结构调整、产业结构优化升级相结合，与扩大国内需求、改善人民群众生活相结合，促进服务业发展、拉动消费和投资增长。坚持政策引导。切实转变政府职能，依法监管，减少行政干预，加大政策支持力度，营造对外文化贸易发展的良好环境。

坚持企业主体。着力培育外向型文化企业，鼓励各类文化企业从事对外文化贸易业务，到境外开拓市场，形成各种所有制文化企业积极参与的文化出口格局。

坚持市场运作。进一步发挥市场在文化资源配置中的积极作用，激发社会活力，创新文化内容和文化走出去模式，努力打造我国文化出口竞争新优势。

（三）发展目标。

加快发展传统文化产业和新兴文化产业，扩大文化产品和服务出口，加大文化领域对外投资，力争到2020年，培育一批具有国际竞争力的外向型文化企业，形成一批具有核心竞争力的文化产品，打造一批具有国际影响力的文化品牌，搭建若干具有较强辐射力的国际文化交易平台，使核心文化产品和服务贸易逆差状况得以扭转，对外文化贸易额在对外贸易总额中的比重大幅提高，我国文化产品和服务在国际市场的份额进一步扩大，我国文化整体实力和竞争力显著提升。

二、政策措施

（一）明确支持重点。

1. 鼓励和支持国有、民营、外资等各种所有制文化企业从事国家法律法规允许经营的对外文化贸易业务，并享有同等待遇。进一步完善《文化产品和服务出口指导目录》，定期发布《国家文化出口重点企业目录》和《国家文化出口重点项目目录》，加大对入选企业和项目的扶持力度。

2. 鼓励和引导文化企业加大内容创新力度，创作开发体现中华优秀文化、展示当代中国形象、面向国际市场的文化产品和服务，在编创、设计、翻译、配音、市场推广等方面予以重点支持。

3. 支持文化企业拓展文化出口平台和渠道，鼓励各类企业通过新设、收购、合作等方式，在境外开展文化领域投资合作，建设国际营销网络，扩大境外优质文化资产规模。推动文化产品和服务出口交易平台建设，支持文化企业参加境内外重要国际性文化展会。鼓励文化企业借助电子商务等新型交易模式拓展国际业务。

4. 支持文化和科技融合发展，鼓励企业开展技术创新，增加对文化出口产品和服务的研发投入，开发具有自主知识产权的关键技术和核心技术。支持文化企业积极利用国际先进技术，提升消化、吸收和再创新能力。

（二）加大财税支持。

1. 充分发挥财政资金的杠杆作用，加大文化产业发展专项资金等支持力度，综合运用多种政策手段，对文化服务出口、境外投资、营销渠道建设、市场开拓、公共服务平台建设、文化贸易人才培养等方面给予支持。中央和地方有关文化发展的财政专项资金和基金，要加大对文化出口的支持力度。

2. 对国家重点鼓励的文化产品出口实行增值税零税率。对国家重点鼓励的文化服务出口实行营业税免税。结合营业税改征增值税改革试点，逐步将文化服务行业纳入“营改增”试点范围，对纳入增值税征收范围的文化服务出口实行增值税零税率或免税。享受税收优惠政策的国家重点鼓励的文化产品和服务的具体范围由财政部、税务总局会同有关部门确定。

3. 在国务院批准的服务外包示范城市从事服务外包业务的文化企业，符合现行税收优惠政策规定的技术先进型服务企业相关条件的，经认定可享受减按15%的税率征收企业所得税和职工教育经费不超过工资薪金总额8%的部分税前扣除政策。

（三）强化金融服务。

1. 鼓励金融机构按照风险可控、商业可持续原则探索适合对外文化贸易特点的信贷产品和贷款模式，开展供应链融资、海外并购融资、应收账款质押贷款、仓单质押贷款、融资租赁、银团贷款、联保联贷等业务。积极探索扩大文化企业收益权质押贷款的适用范围。鼓励金融机构对符合信贷条件的国家文化出口重点企业和项目提供优质金融服务。

2. 支持符合条件的国家文化出口重点企业通过发行企业债券、公司债券、非金融企业债务融资工具等方式融资。积极发挥专业增信机构作用，为中小文化企业发行中期票据、短期融资券、中小企业集合票据、中小企业私募债券等债务融资工具提供便利。支持符合条件的文化出口项目发行非金融企业资产支持票据和证券公司资产证券化产品。鼓励有跨境投资需求的文化企业在境内发行外币债券。支持文化出口企业在国务院批准的额度内，赴香港等境外人民币市场发行债券。

3. 鼓励保险机构创新保险品种和保险业务，开展知识产权侵权险，演艺、会展、动漫游戏、出版物印刷复制发行和广播影视产品完工险和损失险，团体意外伤害保险、特定演职人员人身意外伤害保险等新型险种和业务。对国家文化出口重点企业和项目，鼓励保险机构提供出口信用保险服务，在风险可控的前提下可采取灵活承保政策，优化投保手续。

4. 鼓励融资性担保机构和其他各类信用中介机构开发符合文化企业特点的信用评级和信用评价方法，通过直接担保、再担保、联合担保、担保与保险相结合等方式为文化企业提供融资担保服务，多渠道分散风险。利用中小企业发展专项资金等对符合条件的融资性担保机构和担保业务予以支持。

5. 推进文化贸易投资的外汇管理便利化，确保文化出口相关跨境收付与汇兑顺畅，满足文化企业跨境投资的用汇需求。支持文化企业采用出口收入存放境外等方式提高外汇资金使用效率。简化跨境人民币结算手续和审核流程，提升结算便利，降低汇率风险。鼓励境内金融机构开展境外项目人民币贷款业务，支持文化企业从事境外投资。

（四）完善服务保障。

1. 尽快培育国家文化出口重点企业成为海关高信用企业，享受海关便捷通关措施。对图书、报纸、期刊等品种多、时效性强、出口次数频繁的文化产品，经海关批准，实行集中申报管理。为文化产品出口提供24小时预约通关服务等便利措施。对文化企业出境演出、展览、进行影视节目摄制和后期加工等所需暂时进出境货物，按照规定加速验放。对暂时出境货物使用暂准免税进口单证册（ATA单证册）向海关申报的，免于向海关提供其他担保。

2. 减少对文化出口的行政审批事项，简化手续，缩短时限。对国有文化企业从事文化出口业务的编创、演职、营销人员等，不设出国（境）指标，简化因公出国（境）审批手续，出国一次审批、全年有效。对面向境外市场生产销售外语出版物的民营文化企业，经批准可以配置专项出版权。

3. 加强相关知识产权保护，研究开展文化知识产权价值评估，及时提供海外知识产权、法律体系及适用等方面咨询，支持文化企业开展涉外知识产权维权工作。加强对外文化贸易公共信息服务，及时发布国际文化市场动态和国际文化产业政策信息。着力培养对外文化贸易复合型人才，积极引进各类优秀人才。建立健全行业中介组织，发挥其在出口促进、行业自律、国际交流等方面的作用。

三、组织领导

建立健全由商务、宣传文化、外交、财税、金融、海关、统计等部门组成的对外文化贸易工作联系机制，加强统筹协调，整合资源，推动相关政策措施的落实，依法规范对外文化贸易工作。加强对外文化贸易统计工作，完善文化领域对外投资统计，统一发布对外文化贸易和对外投资统计数据。结合《文化及相关产业分类（2012）》，修订完善文化产品和服务进出口统计目录。

各地区、各有关部门要按照本意见的要求，切实加强对外文化贸易工作的组织领导，明确任务落实责任，尽快制定具体实施方案，完善和细化相关政策措施，扎实做好相关工作，确保取得实效。

2014 年 3 月 3 日

《关于实施中华优秀传统文化传承发展工程的意见》

文化是民族的血脉，是人民的精神家园。文化自信是更基本、更深层、更持久的力量。中华文化独一无二的理念、智慧、气度、神韵，增添了中国人民和中华民族内心深处的自信和自豪。为建设社会主义文化强国，增强国家文化软实力，实现中华民族伟大复兴的中国梦，现就实施中华优秀传统文化传承发展工程提出如下意见。

一、重要意义和总体要求

1. 重要意义。中华文化源远流长、灿烂辉煌。在5000多年文明发展中孕育的中华优秀传统文化，积淀着中华民族最深沉的精神追求，代表着中华民族独特的精神标识，是中华民族生生不息、发展壮大的丰厚滋养，是中国特色社会主义植根的文化沃土，是当代中国发展的突出优势，对延续和发展中华文明、促进人类文明进步，发挥着重要作用。

中国共产党在领导人民进行革命、建设、改革伟大实践中，自觉肩负起传承发展中华优秀传统文化的历史责任，是中华优秀传统文化的忠实继承者、弘扬者和建设者。党的十八大以来，在以习近平同志为核心的党中央领导下，各级党委和政府更加自觉、更加主动推动中华优秀传统文化的传承与发展，开展了一系列富有创新、富有成效的工作，有力增强了中华优秀传统文化的凝聚力、影响力、创造力。同时要看到，随着我国经济社会深刻变革、对外开放日益扩大、互联网技术和新媒体快速发展，各种思想文化交流交融交锋更加频繁，迫切需要深化对中华优秀传统文化重要性的认识，进一步增强文化自觉和文化自信；迫切需要深入挖掘中华优秀传统文化价值内涵，进一步激发中华优秀传统文化的生机与活力；迫切需要加强政策支持，着力构建中华优秀传统文化传承发展体系。实施中华优秀传统文化传承发展工程，是建设社会主义文化强国的重大战略任务，对于传承中华文脉、全面提升人民群众文化素养、维护国家文化安全、增强国家文化软实力、推进国家治理体系和治理能力现代化，具有重要意义。

2. 指导思想。高举中国特色社会主义伟大旗帜，全面贯彻党的十八大和十八届三中、四中、五中、六中全会精神，坚持以马克思列宁主义、毛泽东思想、邓小平理论、“三个代表”重要思想、科学发展观为指导，深入贯彻习近平总书记系列重要讲话精神和治国理政新理念新思想新战略，紧紧围绕实现中华民族伟大复兴的中国梦，深入贯彻新发展理念，坚持以人民为中心的工作导向，坚持以社会主义核心价值观为引领，坚持创造性转化、创新性发展，坚守中华文化立场、传承中华文化基因，不忘本来、吸收外来、面向未来，汲取中国智慧、弘扬中国精神、传播中国价值，不断增强中华优秀传统文化的生命力和影响力，创造中华文化新辉煌。

3. 基本原则。

——牢牢把握社会主义先进文化前进方向。坚持中国特色社会主义文化发展道路，立足于巩固马克思主义在意识形态领域的指导地位、巩固全党全国人民团结奋斗的共同思想基础，弘扬社会主义核心价值观，培育民族精神和时代精神，解决现实问题、助推社会发展。

——坚持以人民为中心的工作导向。坚持为了人民、依靠人民、共建共享，注重文化熏陶和实践养成，把跨越时空的思想理念、价值标准、审美风范转化为人们的精神追求和行为习惯，不断增强人民群众的文化参与感、获得感和认同感，形成向上向善的社会风尚。

——坚持创造性转化和创新性发展。坚持辩证唯物主义和历史唯物主义，秉持客观、科学、礼敬的态度，取其精华、去其糟粕，扬弃继承、转化创新，不复古泥古，不简单否定，不断赋予新的时代内涵和现代表达形式，不断补充、拓展、完善，使中华民族最基本的文化基因与当代文化相适应、与现代社会相协调。

——坚持交流互鉴、开放包容。以我为主、为我所用，取长补短、择善而从，既不简单拿来，也不盲目排外，吸收借鉴国外优秀文明成果，积极参与世界文化的对话交流，不断丰富和发展中华文化。

——坚持统筹协调、形成合力。加强党的领导，充分发挥政府主导作用和市场积极作用，鼓励和引导社会力量广泛参与，推动形成有利于传承发展中华优秀传统文化的体制机制和社会环境。

4. 总体目标。到2025年，中华优秀传统文化传承发展体系基本形成，研究阐发、教育普及、保护传承、创新发展、传播交流等方面协同推进并取得重要成果，具有中国特色、中国风格、中国气派的文化产品更加丰富，文化自觉和文化自信显著增强，国家文化软实力的根基更为坚实，中华文化的国际影响力明显提升。

二、主要内容

5. 核心思想理念。中华民族和中国人民在修齐治平、尊时守位、知常达变、开物成务、建功立业过程中培育和形成的基本思想理念，如革故鼎新、与时俱进的思想，脚踏实地、实事求是的思想，惠民利民、安民富民的思想，道法自然、天人合一的思想等，可以为人们认识和改造世界提供有益启迪，可以为治国理政提供有益借鉴。传承发展中华优秀传统文化，就要大力弘扬讲仁爱、重民本、守诚信、崇正义、尚和合、求大同等核心思想理念。

6. 中华传统美德。中华优秀传统文化蕴含着丰富的道德理念和规范，如天下兴亡、匹夫有责的担当意识，精忠报国、振兴中华的爱国情怀，崇德向善、见贤思齐的社会风尚，孝悌忠信、礼义廉耻的荣辱观念，体现着评判是非曲直的价值标准，潜移默化地影响着中国人的行为方式。传承发展中华优秀传统文化，就要大力弘扬自强不息、敬业乐群、扶危济困、见义勇为、孝老爱亲等中华传统美德。

7. 中华人文精神。中华优秀传统文化积淀着多样、珍贵的精神财富，如求同存异、和而不同的处世方法，文以载道、以文化人的教化思想，形神兼备、情景交融的美学追求，俭约自守、中和泰和的生活理念等，是中国人民思想观念、风俗习惯、生活方式、情感样式的集中表达，滋养了独特丰富的文学艺术、科学技术、人文学术，至今仍然具有深刻影响。传承发展中华优秀传统文化，就要大力弘扬有利于促进社会和谐、鼓励人们向上向善的思想文化内容。

三、重点任务

8. 深入阐发文化精髓。加强中华文化研究阐释工作，深入研究阐释中华文化的历史渊源、发展脉络、基本走向，深刻阐明中华优秀传统文化是发展当代中国马克思主义的丰厚滋养，深刻阐明传承发展中华优秀传统文化是建设中国特色社会主义事业的实践之需，深刻阐明丰富多彩的多民族文化是中华文化的基本构成，深刻阐明中华文明是在与其他文明不断交流互鉴中丰富发展的，着力构建有中国底蕴、中国特色的思想体系、学术体系和话语体系。加强党史国史及相关档案编修，做好地方史志编纂工作，巩固中华文明探源成果，正确反映中华民族文明史，推出一批研究成果。实施中华文化资源普查工程，构建准确权威、开放共享的中华文化资源公共数据平台。建立国家文物登录制度。建设国家文献战略储备库、革命文物资源目录和大数据库。实施国家古籍保护工程，完善国家珍贵古籍名录和全国古籍重点保护单位评定制度，加强中华文化典籍整理编纂出版工作。完善非物质文化遗产、馆藏革命文物普查建档制度。

9. 贯穿国民教育始终。围绕立德树人根本任务，遵循学生认知规律和教育教学规律，按照一体化、分学段、有序推进的原则，把中华优秀传统文化全方位融入思想道德教育、文化知识教育、艺术体育教育、社会实践教育各环节，贯穿于启蒙教育、基础教育、职业教育、高等教育、继续教育各领域。以幼儿、小学、中学教材为重点，构建中华文化课程和教材体系。编写中华文化幼儿读物，开展“少年传承中华传统美德”系列教育活动，创作系列绘本、童谣、儿歌、动画等。修订中小学道德与法治、语文、历史等课程教材。推动高校开设中华优秀传统文化必修课，在哲学社会科学及相关学科专业和课程中增加中华优秀传统文化的内容。加强中华优秀传统文化相关学科建设，重视保护和发展具有重要文化价值和传承意义的“绝学”、冷门学科。推进职业院校民族文化传承与创新示范专业点建设。丰富拓展校园文化，推进戏曲、书法、高雅艺术、传统体育等进校园，实施中华经典诵读工程，开设中华文化公开课，抓好传统文化教育成果展示活动。研究制定国民语言教育大纲，开展好国民语言教育。加强面向全体教师的中华文化教育培训，全面提升师资队伍水平。

10. 保护传承文化遗产。坚持保护为主、抢救第一、合理利用、加强管理的方针，做好文物保护工作，抢救保护濒危文物，实施馆藏文物修复计划，加强新型城镇化和新农村建设中的文物保护。加强历史文化名城名镇名村、历史文化街区、名人故居保护和城市特色风貌管理，实施中国传统村落保护工程，做好传统民居、历史建筑、革命文化纪念地、农业遗产、工业遗产保护工作。规划建设一批国家文化公园，成为中华文化重要标识。推进地名文化遗产保护。实施非物质文化遗产传承发展工程，进一步完善非物质文化遗产保护制度。实施传统工艺振兴计划。大力推广和规范使用国家通用语言文字，保护传承方言文化。开展少数民族特色文化保护工作，加强少数民族语言文字和经典文献的保护和传播，做好少数民族经典文献和汉族经典文献互译出版工作。实施中华民族音乐传承出版工程、中国民间文学大系出版工程。推动民族传统体育项目的整理研究和保护传承。

11. 滋养文艺创作。善于从中华文化资源宝库中提炼题材、获取灵感、汲取养分，把中华优秀传统文化的有益思想、艺术价值与时代特点和要求相结合，运用丰富多样的艺术形式进行当代表达，推出一大批底蕴深厚、涵育人心的优秀文艺作品。科学编制重大革命和历史题材、现实题材、爱国主义题材、青少年题材等专项创作规划，提高创作生产组织化程度，彰显中华文化的精神内涵和审美风范。加强对中华诗词、音乐舞蹈、书法绘画、曲艺杂技和历史文化纪录片、动画片、出版物等的扶持。实施戏曲振兴工程，做好戏曲“像音像”工作，挖掘整理优秀传统剧目，推进数字化保存和传播。实施网络文艺创作传播计划，推动网络文学、网络音乐、网络剧、微电影等传承发展中华优秀传统文化。实施中国经典民间故事动漫创作工程、中华文化电视传播工程，组织创作生产一批传承中华文化基因、具有大众亲和力的动画片、纪录片和节目栏目。大力加强文艺评论，改革完善文艺评奖，建立有中国特色的文艺研究评论体系，倡导中华美学精神，推动美学、美德、美文相结合。

12. 融入生产生活。注重实践与养成、需求与供给、形式与内容相结合，把中华优秀传统文化内涵更好更多地融入生产生活各方面。深入挖掘城市历史文化价值，提炼精选一批凸显文化特色的经典性元素和标志性符号，纳入城镇化建设、城市规划设计，合理应用于城市雕塑、广场园林等公共空间，避免千篇一律、千城一面。挖掘整理传统建筑文化，鼓励建筑设计继承创新，推进城市修补、生态修复工作，延续城市文脉。加强“美丽乡村”文化建设，发掘和保护一批处处有历史、步步有文化的小镇和村庄。用中华优秀传统文化的精髓涵养企业精神，培育现代企业文化。实施中华老字号保护发展工程，支持一批文化特色浓、品牌信誉高、有市场竞争力的中华老字号做精做强。深入开展“我们的节日”主题活动，实施中国传统节日振兴工程，丰富春节、元宵、清明、端午、七夕、中秋、重阳等传统节日文化内涵，形成新的节日习俗。加强对传统历法、节气、生肖和饮食、医药等的研究阐释、活态利用，使其有益的文化价值深度嵌入百姓生活。实施中华节庆礼仪服装服饰计划，设计制作展现中华民族独特文化魅力的系列服装服饰。大力发展文化旅游，充分利用历史文化资源优势，规划设计推出一批专题研学旅游线路，引导游客在文化旅游中感知中华文化。推动休闲生活与传统文化融合发展，培育符合现代人需求的传统休闲文化。发展传统体育，抢救濒危传统体育项目，把传统体育项目纳入全民健身工程。

13. 加大宣传教育力度。综合运用报纸、书刊、电台、电视台、互联网站等各类载体，融通多媒体资源，统筹宣传、文化、文物等各方力量，创新表达方式，大力彰显中华文化魅力。实施中华文化新媒体传播工程。充分发挥图书馆、文化馆、博物馆、群艺馆、美术馆等公共文化机构在传承发展中华优秀传统文化中的作用。编纂出版系列文化经典。加强革命文物工作，实施革命文物保护利用工程，做好革命遗址、遗迹、烈士纪念设施的保护和利用。推动红色旅游持续健康发展。深入开展“爱我中华”主题教育活动，充分利用重大历史事件和中华历史名人纪念活动、国家公祭仪式、烈士纪念日，充分利用各类爱国主义教育基地、历史遗迹等，展示爱国主义深刻内涵，培育爱国主义精神。加强国民礼仪教育。加大对国家重要礼仪的普及教育与宣传力度，在国家重大节庆活动中体现仪式感、庄重感、荣誉感，彰显中华传统礼仪文化的时代价值，树立文明古国、礼仪之邦的良好形象。研究提出承接传统习俗、符合现代文明要求的社会礼仪、服装服饰、文明用语规范，建立健全各类公共场所和网络公共空间的礼仪、礼节、礼貌规范，推动形成良好的言行举止和礼让宽容的社会风尚。把优秀传统文化思想理念体现在社会规范中，与制定市民公约、乡规民约、学生守则、行业规章、团体章程相结合。弘扬孝敬文化、慈善文化、诚信文化等，开展节俭养德全民行动和学雷锋志愿服务。广泛开展文明家庭创建活动，挖掘和整理家训、家书文化，用优良的家风家教培育青少年。挖掘和保护乡土文化资源，建设新乡贤文化，培育和扶持乡村文化骨干，提升乡土文化内涵，形成良性乡村文化生态，让子孙后代记得住乡愁。加强港澳台中华文化普及和交流，积极举办以中华文化为主题的青少年夏令营、冬令营以及诵读和书写中华经典等交流活动，鼓励港澳台艺术家参与国家在海外举办的感知中国、中国文化年（节）、欢乐春节等品牌活动，增强国家认同、民族认同、文化认同。

14. 推动中外文化交流互鉴。加强对外文化交流合作，创新人文交流方式，丰富文化交流内容，不断提高文化交流水平。充分运用海外中国文化中心、孔子学院，文化节展、文物展览、博览会、书展、电影节、体育活动、旅游推介和各类品牌活动，助推中华优秀传统文化的国际传播。支持中华医药、中华烹饪、中华武术、中华典籍、中国文物、中国园林、中国节日等中华传统文化代表性项目走出去。积极宣传推介戏曲、民乐、书法、国画等我国优秀传统文化艺术，让国外民众在审美过程中获得愉悦、感受魅力。加强“一带一路”沿线国家文化交流合作。鼓励发展对外文化贸易，让更多体现中华文化特色、具有较强竞争力的文化产品走向国际市场。探索中华文化国际传播与交流新模式，综合运用大众传播、群体传播、人际传播等方式，构建全方位、多层次、宽领域的中华文化传播格局。推进国际汉学交流和中外智库合作，加强中国出版物国际推广与传播，扶持汉学家和海外出版机构翻译出版中国图书，通过华侨华人、文化体育名人、各方面出境人员，依托我国驻外机构、中资企业、与我友好合作机构和世界各地的中餐馆等，讲好中国故事、传播好中国声音、阐释好中国特色、展示好中国形象。

四、组织实施和保障措施

15. 加强组织领导。各级党委和政府要从坚定文化自信、坚持和发展中国特色社会主义、实现中华民族伟大复兴的高度，切实把中华优秀传统文化传承发展工作摆上重要日程，加强宏观指导，提高组织化程度，纳入经济社会发展总体规划，纳入考核评价体系，纳入各级党校、行政学院教学的重要内容。各级党委宣传部门要发挥综合协调作用，整合各类资源，调动各方力量，推动形成党委统一领导、党政群协同推进、有关部门各负其责、全社会共同参与的中华优秀传统文化传承发展工作新格局。各有关部门和群团组织要按照责任分工，制定实施方案，完善工作机制，把各项任务落到实处。

16. 加强政策保障。加强中华优秀传统文化传承发展相关扶持政策的制定与实施，注重政策措施的系统性协同性操作性。加大中央和地方各级财政支持力度，同时统筹整合现有相关资金，支持中华优秀传统文化传承发展重点项目。制定和完善惠及中华优秀传统文化传承发展工程项目的金融支持政策。加大对国家重要文化和自然遗产、国家级非物质文化遗产等珍贵遗产资源保护利用设施建设的支持力度。建立中华优秀传统文化传承发展相关领域和部门合作共建机制。制定文物保护和非物质文化遗产保护专项规划。制定和完善历史文化名城名镇名村和历史文化街区保护的相关政策。完善相关奖励、补贴政策，落实税收优惠政策，引导和鼓励企业、社会组织及个人捐赠或共建相关文化项目。建立健全中华优秀传统文化传承发展重大项目首席专家制度，培养造就一批人民喜爱、有国际影响的中华文化代表人物。完善中华优秀传统文化传承发展的激励表彰制度，对为中华优秀传统文化传承发展和传播交流作出贡献、建立功勋、享有声誉的杰出海内外人士按规定授予功勋荣誉或进行表彰奖励。有关部门要研究出台入学、住房保障等方面的倾斜政策和措施，用以倡导和鼓励自强不息、敬业乐群、扶正扬善、扶危济困、见义勇为、孝老爱亲等传统美德。

17. 加强文化法治环境建设。修订文物保护法。制定文化产业促进法、公共图书馆法等相关法律，对中华优秀传统文化传承发展有关工作作出制度性安排。在教育、科技、卫生、体育、城乡建设、互联网、交通、旅游、语言文字等领域相关法律法规的制定修订中，增加中华优秀传统文化传承发展内容。加大涉及保护传承弘扬中华优秀传统文化法律法规施行力度，加强对法律法规实施情况的监督检查。充分发挥各行政主管部门在传承发展中华优秀传统文化中的重要作用，建立完善联动机制，严厉打击违法经营行为。加强法治宣传教育，增强全社会依法传承发展中华优秀传统文化的自觉意识，形成礼敬守护和传承发展中华优秀传统文化的良好法治环境。各地要根据本地传统文化传承保护的现状，制定完善地方性法规和政府规章。

18. 充分调动全社会积极性创造性。传承发展中华优秀传统文化是全体中华儿女的共同责任。坚持全党动手、全社会参与，把中华优秀传统文化传承发展的各项任务落实到农村、企业、社区、机关、学校等城乡基层。各类文化单位机构、各级文化阵地平台，都要担负起守护、传播和弘扬中华优秀传统文化的职责。各类企业和社会组织要积极参与文化资源的开发、保护与利用，生产丰富多样、社会价值和市场价值相统一、人民喜闻乐见的优质文化产品，扩大中高端文化产品和服务的供给。充分尊重工人、农民、知识分子的主体地位，发挥领导干部的带头作用，发挥公众人物的示范作用，发挥青少年的生力军作用，发挥先进模范的表率作用，发挥非公有制经济组织和社会组织从业人员的积极作用，发挥文化志愿者、文化辅导员、文艺骨干、文化经营者的重要作用，形成人人传承发展中华优秀传统文化的生动局面。

《文化部“一带一路”文化发展行动计划（2016—2020年）》

为深入贯彻十八大和十八届三中、四中、五中、六中全会精神，深入贯彻习近平总书记系列重要讲话精神，落实经国务院授权，由国家发展改革委、外交部、商务部联合发布的《推动共建丝绸之路经济带和21世纪海上丝绸之路的愿景与行动》（以下简称《愿景与行动》），加强与“一带一路”沿线国家和地区的文明互鉴与民心相通，切实推动文化交流、文化传播、文化贸易创新发展，特制定本行动计划。

一、指导思想与基本原则

（一）指导思想

高举中国特色社会主义伟大旗帜，以邓小平理论、“三个代表”重要思想和科学发展观为指导，深入贯彻落实习近平总书记系列重要讲话精神，坚持社会主义先进文化前进方向，认真贯彻落实《愿景与行动》的整体部署，助推“一带一路”沿线国家和地区积极参与文化交流与合作，传承丝路精神，促进文明互鉴，实现亲诚惠容、民心相通，推动中华文化“走出去”，扩大中华文化的国际影响力，为实现《愿景与行动》总体目标和全面推进“一带一路”建设，夯实民意基础。

（二）基本原则

政府主导，开放包容。坚持文化对外开放战略布局，发挥政府引领统筹作用，加强与“一带一路”沿线国家和地区政府间文化交流，着力建立长效合作机制，充分发挥国内各省区市优势，鼓励社会力量积极参与、共同建设。

交融互鉴，创新发展。秉承和而不同、互鉴互惠的理念，尊重“一带一路”沿线国家和地区人民的精神创造和文化传统，以创新为动力，充分运用互联网思维和新科技手段，推动“一带一路”多元文化深度融合。

市场引导，互利共赢。兼顾各方利益和关切，遵循国际规则和市场规律，充分发挥市场在资源配置中的重要作用，调动各方积极性，将文化与外交、经贸密切结合，形成文化交流、文化传播、文化贸易协调发展态势，实现互利共赢。

二、发展目标

准确把握“一带一路”倡议精神，全方位提升我国文化领域开放水平，秉承立足周边、辐射“一带一路”、面向全球的合作理念，构建文化交融的命运共同体。着力实现以下目标：

——文化交流合作机制逐步完善。与“一带一路”沿线国家和地区政府、民间文化交流合作机制进一步健全，部际、部省等工作机制进一步完善。形成政府统筹、社会参与、市场运作的整体发展机制和跨地区、跨部门、跨行业的文化交流合作协调发展态势。

——文化交流合作平台基本形成。加快在“一带一路”沿线国家和地区设立中国文化中心，形成布局合理、功能完备的设施网络。以“一带一路”为主题的各类艺术节、博览会、交易会、论坛、公共信息服务等平台建设逐步实现规范化和常态化。

——文化交流合作品牌效应充分显现。打造文化交流合作知名品牌，继续扩大“欢乐春节”品牌在沿线国家的影响，充分发挥“丝绸之路文化之旅”、“丝绸之路文化使者”等重大文化交流品牌活动的载体作用。

——文化产业及对外文化贸易渐成规模。面向“一带一路”国际文化市场的文化产业发展格局初步形成，文化企业规模不断壮大，文化贸易渠道持续拓展，服务体系建设初见成效。

三、重点任务

（一）健全“一带一路”文化交流合作机制

积极与“一带一路”沿线国家和地区签署政府间文件，深化人文合作委员会、文化联委会等合作机制，为“一带一路”文化发展提供有效保障。加强上海合作组织成员国文化部长会晤、中国—中东欧国家文化部长会议、中阿文化部长论坛、中国与东盟“10+1”文化部长会议等高级别文化磋商。推动与沿线国家和地区建立非物质文化遗产交流与合作机制。与沿线国家和地区建立文化遗产保护和世界遗产申报等方面的长效合作机制。支持国家艺术基金与沿线国家和地区的同类机构建立合作机制。

完善部省合作机制，鼓励各省区市在文化交流、遗产保护、文艺创作、文化旅游等领域开展区域性合作。发挥海外侨胞以及港澳台地区的独特优势，积极搭建港澳台与“一带一路”沿线国家和地区文化交流平台。充分考虑和包含以妈祖文化为代表的海洋文化，构建21世纪海上丝绸之路文化纽带。引导和扶持社会力量参与“一带一路”文化交流与合作。

专栏1　“一带一路”文化交流合作机制建设

1. “一带一路”国际交流机制建设计划

积极贯彻落实我国与“一带一路”沿线国家和地区签订的文化合作（含文化遗产保护）协定、年度执行计划、谅解备忘录等政府间文件，加强我国与“一带一路”沿线国家和地区文化交流与合作机制化发展，推动成立“丝绸之路国际剧院联盟”、“丝绸之路国际图书馆联盟”、“丝绸之路国际博物馆联盟”、“丝绸之路国际美术馆联盟”、“丝绸之路国际艺术节联盟”、“丝绸之路国际艺术院校联盟”等，与“一带一路”沿线地区组织和重点国家逐步建立城际文化交流合作机制。

2. “一带一路”国内合作机制建设计划

建立“一带一路”部省对口合作机制，共同研究制定中长期合作规划，在项目审批、资金、人才、技术等方面予以支持，建立对口项目合作机制和目标任务考核机制，研究提出绩效评估办法。

（二）完善“一带一路”文化交流合作平台

优先推动“一带一路”沿线国家和地区的中国文化中心建设，完善沿线国家和地区的中心布局。着力打造以“一带一路”为主题的国际艺术节、博览会、艺术公园等国际交流合作平台。鼓励和支持各类综合性国际论坛、交易会等设立“一带一路”文化交流板块。逐步建立“丝绸之路”文化数据库，打造公共数字文化支撑平台。

专栏2　“一带一路”文化交流合作平台建设
3. “一带一路”沿线国家中国文化中心建设计划 落实《海外中国文化中心发展规划（2012－2020年）》，优先在缅甸、马来西亚、印度尼西亚、越南、匈牙利、罗马尼亚、保加利亚、哈萨克斯坦、白俄罗斯、塞尔维亚、拉脱维亚、土库曼斯坦、以色列等“一带一路”沿线国家设立中国文化中心。 4. “一带一路”文化交流合作平台建设计划 将“中国新疆国际民族舞蹈节”、“丝绸之路国际艺术节”、“海上丝绸之路国际艺术节”、“丝绸之路（敦煌）国际文化博览会”、“厦门国际海洋周”、“中国海洋文化节”等活动打造成国际交流合作平台，建设“海上丝绸之路（泉州）艺术公园”和“中阿友谊雕塑园”等重点项目平台。 鼓励中国－亚欧博览会、中国－阿拉伯国家博览会、中国－东盟博览会、中国西部国际博览会、中国（深圳）国际文化产业博览交易会、中国西部文化产业博览会等综合性平台设立“一带一路”文化交流板块。

（三）打造“一带一路”文化交流品牌

在“一带一路”沿线国家和地区打造“欢乐春节”、“丝绸之路文化之旅”等重点交流品牌以及互办文化节（年、季、周、日）等活动，扩大文化交流规模。

与“一带一路”沿线国家和地区共同遴选“丝绸之路文化使者”，通过智库学者、汉学家、翻译家交流对话和青年人才培养，促进思想文化交流。推动中外文化经典作品互译和推广。

积极探索与“一带一路”沿线国家和地区开展同源共享的非物质文化遗产的联合保护、研究、人员培训、项目交流和联合申报。加大“一带一路”文化遗产保护力度，促进与沿线国家和地区在考古研究、文物修复、文物展览、人员培训、博物馆交流、世界遗产申报与管理等方面开展国际合作。鼓励地方和社会力量参与文化遗产领域的对外交流与合作。

繁荣“一带一路”主题文化艺术生产，倡导与沿线国家和地区的艺术人才和文化机构联合创作、共同推介，搭建展示平台，提升艺术人才的专业水准和综合素质，为丝路主题艺术创作储备人才资源。

专栏3 “一带一路”文化交流品牌建设

5. “丝绸之路文化之旅”计划

打造“丝绸之路文化之旅”品牌，到2020年，实现与“一带一路”沿线国家和地区文化交流规模达30000人次、1000家中外文化机构、200名专家和100项大型文化年（节、季、周、日）活动。联合沿线国家和地区共同开发“丝绸之路”文化旅游精品线路及相关文创产品。邀请“一带一路”沿线国家和地区知名艺术家来华举行“意会中国”采风创作活动，推动沿线国家的国家级艺术院团及代表性舞台艺术作品开展交流互访，形成品牌活动。

6. “丝绸之路文化使者”计划

开展与“一带一路”沿线国家和地区的智库交流与合作，举办青年汉学家、翻译家研修活动，邀请800名著名智库学者、汉学家、翻译家来华交流、研修。实施“一带一路”中国文化译介人才发展计划。与周边国家举办文化论坛。与沿线国家和地区合办代表国家水准和民族特色的优秀艺术家互访、文化艺术人才培训和青少年交流活动。培养150名国际青年文物修复和博物馆管理人才。

7. “一带一路”艺术创作扶持计划

支持与“一带一路”沿线国家和地区文化机构在戏剧、音乐、舞蹈、美术等领域开展联合创作，在国内“一带一路”沿线区域实施“中华优秀传统艺术传承发展计划”，通过国家艺术基金对“一带一路”主题艺术创作优秀项目予以支持。

8. “一带一路”文化遗产长廊建设计划

与“一带一路”沿线国家和地区共同实施考古合作、文物科技保护与修复、人员培训等项目，实施文物保护援助工程。举办以“丝绸之路文化遗产”为主题的研讨交流活动。推进海上丝绸之路申遗以及世界文化遗产“丝绸之路：长安－天山廊道的路网”扩展项目。

（四）推动“一带一路”文化产业繁荣发展

建立和完善文化产业国际合作机制，加快国内“丝绸之路文化产业带”建设。以文化旅游、演艺娱乐、工艺美术、创意设计、数字文化为重点领域，支持“一带一路”沿线地区根据地域特色和民族特点实施特色文化产业项目，加强与“一带一路”国家在文化资源数字化保护与开发中的合作，积极利用“一带一路”文化交流合作平台推介文化创意产品，推动动漫游戏产业面向“一带一路”国家发展。顺应“互联网＋”发展趋势，推进互联网与文化产业融合发展，鼓励和引导社会资本投入“丝绸之路文化产业带”建设。持续推进藏羌彝文化产业走廊建设。

专栏4　“一带一路”文化产业发展

9. “丝绸之路文化产业带”建设计划

鼓励国内“一带一路”沿线文化企业跨区域经营，实现文化旅游互为目的地和客源地，建设具有代表性的特色文化产品生产和销售基地。运用文化产业项目服务平台，加强对丝绸之路文化产业重点项目征集发布、宣传推介、融资洽谈、对接落地等全方位服务。将国内“一带一路”沿线区域符合条件的城市纳入扩大文化消费试点范围，逐步建立促进文化消费的长效机制。

10. 动漫游戏产业“一带一路”国际合作行动计划

发挥动漫游戏产业在文化产业国际合作中的先导作用，面向“一带一路”各国，聚焦重点，广泛开展。搭建交流合作平台、开展交流推广活动，促进互联互通，构建产业生态体系。发挥中国动漫游戏产业创新能力强、产业规模大的优势，培育重点企业，实施重点项目，开展国际产能合作，实现中国动漫游戏产业与沿线国家合作规模显著扩展、水平显著提升，为青少年民心相通发挥独特作用。

11. “一带一路”文博产业繁荣计划

推进“互联网＋中华文明”及“文物带你看中国”项目，提高“一带一路”文化遗产与旅游、影视、出版、动漫、游戏、建筑、设计等产业结合度，促进文物资源、新技术和创意人才等产业要素的国际流通。

（五）促进“一带一路”文化贸易合作

围绕演艺、电影、电视、广播、音乐、动漫、游戏、游艺、数字文化、创意设计、文化科技装备、艺术品及授权产品等领域，开拓完善国际合作渠道。推广民族文化品牌，鼓励文化企业在“一带一路”沿线国家和地区投资。鼓励国有企业及社会资本参与“一带一路”文化贸易，依托国家对外文化贸易基地，推动骨干和中小文化企业的联动整合、融合创新，带动文化生产与消费良性互动。

专栏5　“一带一路”文化贸易合作

12. “一带一路”文化贸易拓展计划

扶持外向型骨干文化企业与“一带一路”沿线国家和地区文化企业围绕重点领域开展项目合作。开展1000人次文化贸易职业经理人、创意策划人和经营管理人才的交流互访。在国内举办的国际文化会展推出“一带一路”专馆或专区，支持国内文化企业到“一带一路”沿线国家和地区参加知名文化会展。

四、保障措施

（一）组织保障

运用好对外文化工作部际联席会议机制，在文化部“一带一路”工作领导小组指导下，根据本规划明确职责分工，制定实施方案，强化督促检查，形成工作合力。

（二）政策法规保障

签署和落实国际间政府文化合作协定，全面落实国家文化、外交和贸易政策，加强文化领域知识产权保护。建立和完善文化事业、文化产业和对外文化贸易的相关法律法规体系，引导企业自觉遵守国际法律和贸易规则。

（三）资金保障

完善财政投入机制，设立文化部“一带一路”文化交流专项资金。鼓励社会力量参与，引导社会资本投入“一带一路”文化发展建设。鼓励政策性、商业性金融机构发挥优势探索支持“一带一路”文化发展建设的有效模式，为“一带一路”文化项目提供多元化金融服务。

（四）人才保障

培养一支政治坚定、业务精通、外语娴熟、纪律严明、作风过硬的文化外交人才队伍。加大非通用语人才储备，引导文化艺术专业技术人才和复合型经营管理人才投身于“一带一路”文化工作。有针对性地开展“一带一路”文化交流培训工作，加强“一带一路”文化人才队伍建设，提升人才队伍的素质和能力。

（五）评估落实

建立“一带一路”文化发展重点项目库，定期对落实情况进行检查、评估、总结，宣传推广先进经验和有效做法。

文化部办公厅

2016年12月30日

后　记

2012年我主编了《中国文化走出去年度研究报告（2012卷）》，这是国内第一本跨部门、跨行业、跨学科，从整体上总结中国文化“走出去”全局经验和教训的年度报告。当时报告是作为我主持的国家社科基金特别委托项目“中国文化海外传播动态数据库”的一项成果，那份报告是一个集体的成果，国家外文局前总编黄友义先生、国家广电总局外事司港澳台处的闫成胜处长、人民卫生出版社的胡国臣总编、《中华文化报》国际部叶飞主任、《中国社会科学》杂志社李存娜编辑、北京师范大学文学院院长张建教授，以及北京外国语大学的何明星、陶秀敖、刘琛等参加了写作。

2016年，我主编了《中国文化“走出去”年度研究报告（2015卷）》。这是对2013～2015年间的中国文化“走出去”做了全面的回顾和总结。在这次写作中，我已经感觉到中国文化在海外的发展是一个复杂丰富的过程，仅仅靠一本研究报告已经无法全面反映这个历史过程。这样，我们在完成《中国文化“走出去”年度研究报告（2015卷）》的基础上，我们又按照行业特点，分别编写了《中国文化“走出去”研究总论》《中国当代文学海外传播研究》《中国文化产业“走出去”研究》《中国哲学社会科学“走出去”研究》《汉语国际传播研究新动态：汉语国际传播文献选编》《中国文化艺术“走出去”研究》《华语与华文教育“走出去”研究》七卷本的论文选编，将几年来在相关领域研究中国文化“走出去”的代表性论文做了汇编。

在2016年工作的基础上，今年我们在组织编写研究报告时，采取了总体研究与分领域研究同时展开的方法，这样可以更为全面、深入地展示中国文化在全球发展的全貌，可以系统总结不同行业和领域文化传播的经验和教训。报告共八卷，分别是：

《汉语国际教育发展报告（2015～2016）》

《海外华文教育研究报告（2018）》

《中国文化艺术国际影响力年度报告（2018）》

《中国广播电影电视海外发展报告（2018）》

《中国媒体微传播国际影响力年度报告（2018）》

《中国动漫游戏海外发展报告（2018）》

《中国文学海外发展报告（2018）》

《中国哲学社会科学“走出去”年度报告（2018）》

这也是国内首次对文化传播的八个领域分别做具体的研究和总结，通过这次总结研究，北京外国语大学中国文化走出去协同创新中心在对文化传播和中国文化国际影响力的研究上又上了一个新的台阶。[①]

分卷展开研究是为了突出行业和领域的特点，从而能展现出中华文化全球发展的微观世界。但作为一份智库报告，仍需要一个总体的研究报告，从而在宏观上展现出中国文化在全球发展的总体特征。我主编的这本《中国文化“走出去”研究报告总论（2018）》实现了这个目的，这本总论是汇集八卷本的精华而成，这样一卷在手，大体可以掌握中国文化“走出去”的全貌。

各章的作者分别是：

第一章　中国文化“走出去”综述（张西平）

第二章　新形势、新问题、新对策（张西平）

第三章　汉语国际教育发展总论（曾小燕、吴应辉、袁萍、郭晶、梁宇、李东伟）

第四章　海外华文教育发展总论（李伟群、陈水胜）

---

① 很遗憾，由于特殊原因，在今年的分卷研究中，我们缺少了《中国出版“走出去”年度报告》一卷，但在我主编的总论中，我们还是对这一领域做了一个初步的总结。

第五章 中国文化艺术国际影响力总论（叶飞）

第六章 中国广播电影电视海外发展总论（朱新梅）

第七章 中国媒体微传播国际影响力总论（章晓英、卢永春）

第八章 中国动漫游戏海外发展总论（郭靖、宫玉选）

第九章 中国文学海外发展总论（姚建彬）

第十章 中国新闻出版“走出去”总论（薛维华）

第十一章 中国哲学社会科学“走出去”总论（张朝意、管永前）

当编辑完这本总论时，我也将进入“从心所欲不逾矩”的年龄，同时也将正式从研究岗位上退下来。我在北外工作 22 年，大体做了两件事，一件是开启了北外海外汉学研究这个跨学科研究领域，最终建立了一个校级研究所——中国海外汉学研究中心，现在更名为“国际中国文化研究院”，并把一份纯粹的民间学术刊物《国际汉学》发展成为一份正式的国家核心期刊；另一件事就是充分利用自己的海外汉学研究的专业知识，推动北京外国语大学开启中国文化“走出去”这个崭新的研究方向，为国家的文化战略服务。在学校的支持下，建立中国文化走出去协同创新中心，连续出版《中国文化“走出去”研究报告》。

我用李大钊先生的“铁肩担道义，妙手著文章”来概括我的这两件工作。在这样一个历史大变革的时代，“学问”与“家国”必将缠绕着每一个读书人。或许今后我将退回书桌，耕耘我自己的那份学问，将这份“经世致用”之学交给年轻人来做。江山代有才人出，各领风骚数百年，我相信由北京外国语大学中国文化走出去协同创新中心所开启的这份《中国文化“走出去”研究报告》，一定会不断地做下去，成为国家研究中国文化国际影响力的最重要的智库报告。

张西平

2018 年 8 月 17 日写于岳各庄阅园二区游心书屋

图书在版编目（CIP）数据

中国文化“走出去”研究报告总论.2018 / 张西平主编.--北京：社会科学文献出版社，2019.4
（中国文化“走出去”研究报告）
ISBN 978-7-5201-4101-7

Ⅰ.①中… Ⅱ.①张… Ⅲ.①文化交流-研究报告-中国-2018 Ⅳ.①G125

中国版本图书馆 CIP 数据核字（2018）第 293185 号

中国文化“走出去”研究报告
中国文化“走出去”研究报告总论（2018）

主　　编 / 张西平
副 主 编 / 薛维华

出 版 人 / 谢寿光
责任编辑 / 叶　娟　谢　拢

出　　版 / 社会科学文献出版社·国别区域分社（010）59367078
地址：北京市北三环中路甲 29 号院华龙大厦　邮编：100029
网址：www.ssap.com.cn
发　　行 / 市场营销中心（010）59367081　59367083
印　　装 / 三河市龙林印务有限公司

规　　格 / 开　本：787mm×1092mm　1/16
印　张：18.25　字　数：279 千字
版　　次 / 2019 年 4 月第 1 版　2019 年 4 月第 1 次印刷
书　　号 / ISBN 978-7-5201-4101-7
定　　价 / 98.00 元